汉语报刊课研究

HANYU BAOKANKE YANJIU

吴成年 ◎著

图书在版编目(CIP)数据

汉语报刊课研究/吴成年著.—北京：北京大学出版社，2016.3
ISBN 978-7-301-25838-5

Ⅰ.①汉⋯　Ⅱ.①吴⋯　Ⅲ.①汉语-阅读教学-对外汉语教学-教材
Ⅳ.①H195.4

中国版本图书馆 CIP 数据核字（2015）第 199151 号

书　　　名	汉语报刊课研究
著作责任者	吴成年　著
责 任 编 辑	唐娟华
标 准 书 号	ISBN 978-7-301-25838-5
出 版 发 行	北京大学出版社
地　　　址	北京市海淀区成府路 205 号　100871
网　　　址	http://www.pup.cn　新浪微博:@北京大学出版社
电 子 信 箱	zpup@pup.cn
电　　　话	邮购部 62752015　发行部 62750672　编辑部 62753374
印 刷 者	三河市北燕印装有限公司
经 销 者	新华书店
	650 毫米×980 毫米　16 开本　23 印张　330 千字
	2016 年 3 月第 1 版　2016 年 3 月第 1 次印刷
定　　　价	56.00 元

未经许可，不得以任何方式复制或抄袭本书之部分或全部内容。
版权所有，侵权必究
举报电话：010-62752024　电子信箱：fd@pup.pku.edu.cn
图书如有印装质量问题，请与出版部联系，电话：010-62756370

做一个全面发展的教师(代序)

周小兵

一

每一位大学新教师刚上讲台,都会思考以下问题:单位分配给你的课程,是你最喜欢的吗?课程教材编写得合适吗?学生会喜欢你的课吗?教学评估能有好的分数吗?最重要的是,这门课跟你未来的发展(包括教学技能、科研发展)有密切关系吗?

报刊课,在汉语国际教育课程体系中不是核心课程,不少教学机构、老师对此并不重视。但吴成年老师从入职到现在,却一直上这门课,一直乐此不疲。多数教师,上课就是上课。其中有的上课很好,学生喜欢,评估高分,常拿教学奖。但是,像吴成年老师那样,不但课上得好,还编写、出版了一本又一本发行量不错的报刊教材,还发表了一篇又一篇有影响的报刊教学研究论文,就极为罕见了。

记得上世纪80年代初,留学生汉语教学刚起步,综合课比较多。到80年代末90年代初,北语之外的其他高校开始有分技能课:读写、口语、听力、阅读、写作、报刊等。但直到现在,报刊课一直是一门相当难上的课:教材缺乏,教师任课经验不足,效果不如人意。

报刊课难上,原因很多。首先,新闻的时效性与课程的常态性,是该课程无法回避的矛盾。其次,报刊课要妥善处理以下一系列关系:报刊内容与形式、汉语知识与报刊新闻语体知识、汉语一般交际技能与新闻阅读技能、中国与世界……这些关系如何处理?孰轻孰重?最后,让所有教师感到头疼的是:使用正式出版的教材,永远满足不了学生了解当下世界的需求;从当下报刊即时摘取文章,又如何使课程保持规范性、科学性?

吴老师的可敬之处,就在于能迎着困难上,咬紧牙关坚持到底。他在教学中勇于实践,勤于思考:一方面找出教学、教材中的问题,想方设法改善教学和教材,通过实践实验,提升报刊课的教学质量;一方面摸索、概括报刊教学的规律,开展报刊教学的系统研究,从理论方法上推动报刊教学研究的发展。

在近乎处女地的领域,吴成年的辛勤耕耘获得了丰收!手头这本专著,就是吴成年老师十余年来报刊教学研究的结晶。

二

我认真研读了这本专著,发现很多亮点。

第一,报刊课的界定与功能,准确到位。报刊课是一门注重报刊语言形式训练与增进中国国情了解相结合的语言课,是一门以阅读能力为核心、多种其他语言技能训练兼顾的综合(或多种)技能训练课。

此定位,把报刊课与其他语言技能课及阅读课明确区分开来。他还把报刊课的功能概括为四点:(1)提高汉语水平;(2)训练、提高中文报刊阅读能力;(3)了解当代中国国情;(4)了解中文媒体与新闻文体。后三项为报刊课独有。通过定位与功能表述,报刊课在汉语国际教育课程体系中的位置与价值就非常清晰了。

第二,报刊教学的原则、模式、技巧,三位一体。在系统考察研究的基础上,该书明确了报刊课的教学原则,阐明了基本教学模式,展示了多种具体的教学技巧。如何使课内外教学相结合,如何循序渐进培养学习者直接阅读中文报刊的能力,有很多具体措施和方法,有很强的可操作性。第一线的教师,看了很容易学会,很容易使用。

第三,理论方法融合于具体的应用模式。任务型教学法和图式理论对指导外语教学有重要意义。本书作者的高明之处,就是根据具体的教学需求,把这些相关理论方法融合为报刊课的具体应用模式,具有程序化与灵活变通性,加上丰富翔实的案例,让任课教师有章可循。如任务型教学法用于新闻教学,就总结出多种类型:新闻报告、新闻报告＋评论、新闻报告＋评论＋讨论、专题报告、话题讨论。

第四,研制出报刊教学的评估标准。面向教师,拟出报刊课教学评估表,包含具体的教学项目,使教学具有可量化的评估标准。面向学生,拟出报刊课学生成绩评估项目与具体标准。两套评估标准互相参照,可操作性强,为该课程的评估、改进提供了坚实的基础。

第五,教师反思,学生评估,相得益彰。前者考察了一般合作模式、"1＋X"模式(1 名主干教师搭配多名兼职/生手教师),有具体教学评估数据。尤其可贵的是,"1＋X"模式研究包含十三位报刊课生手教师的自我反思总结,加上主干教师的点评,真实反映出生手教师在教学中的成长,为汉语国际教育领域的教师发展研究提供了宝贵的资料和经验。后者考察了不同学习群体对报刊课教学的多角度评价,收集、统计大量的第一手数据,使教学效果的评估有了基于学习者的调查数据,多了一种维度。

第六,报刊教案,多层展示。初级、中级、高级报刊课分别附有教案,内含教学过程的具体安排,PPT 呈现,使教案编写有直观的参照。每个教案,都体现出四种差异性:横向课型差异性,纵向水平差异性,同一学期不同阶段的差异性,不同班级、不同国别学生的差异性。

总之,本书在汉语国际教育界首次对报刊课教学与评估进行了多角度、多层面的系统考察。研究内容广,数据丰富,结论可靠。尤其值得称道的是,它消化了相关的理论模式方法,将它们融化于报刊教学,有大量生动的教学实例,为报刊教学提供了实实在在的参考。

当然,本研究还有进一步完善的空间。如,本书仅对十三位生手教师的教学进行了反思研究,若能进一步对报刊课熟手教师进行访谈和调研,并对比熟手教师的反思,将会拓展汉语教学研究和教师发展研究。再如,调研仅限于北师大,如果能适当拓展,对国内外某些大学的报刊课(包括作者本人在韩国、美国开设的相关课程)进行参照性调研以至系统性调研,研究结论将更有普遍性。最后,如果能使用习得理论和方法,对报刊课学生习得的情况进行考察,就可以跟教学研究形成互动协同的局面和效应,就能在研究的广度、深度、效度上更上一层楼。

三

国际汉语教师,大多可以上多种课型。像吴成年老师这样,入职十余年来上得最多的语言技能课是报刊课,并不多见。可以看出,北师大汉语文化学院安排课程,不仅考虑所有的课都有人上,还考虑到什么教师适合上什么课,如何能把教学和科研有机结合起来,如何让教师不但成为某课程的授课专家,还可能成为教学研究专家。

吴成年老师不负众望,经过十余年的努力,在报刊课教学、教材编写、教学研究这三个方面都取得了可喜的成就,成长为一名全面发展的优秀教师。从他的发展个案,可以看出汉语国际教育领域里教学、教师与教学研究三者的关系。

汉语国际教育,是一个带有交叉学科性质的新兴专业,是一个跟社会、文化发展密不可分的新兴事业。从专业角度看,它涉及汉语作为外语的教学实施,汉语作为外语的教材研发,汉语作为外语的教学和习得研究。它跟大学其他学科、专业相比,既有特性,又有共性。

从事汉语国际教育的教师,应该既是教学者,又是教学的观察者和研究者。要成为一名优秀教师,就必须对自己的教学进行反思,观察、研究自己的教学过程与活动,善于发现问题,善于研究问题,勇于通过多种方式(如改善教材、修订教学设计等)改善教学,以提高教学品质。在反思过程中,需要研习并应用教学理论、模式和方法,需要观察、对比其他教师的教学,需要考察、研究学生对教师施教的反馈和效果。所谓教学研究,就是从教学实际出发,考察教学本身,提高教学质量。它的特点之一,就是研究主体(教师及学生)、研究对象(教师及学生)与研究过程(教学、习得过程)在时间、空间上的重合性。

从吴成年老师的研究可以看出,汉语国际教育领域的教学研究,跟具体的课堂教学,跟实际的教材使用,跟课内课外的师生互动交流,跟教学模式的采用和教学技巧的实施,跟教学评估系统的建立与实施等等,都密切相关。无论是教学理念的具体运用,还是教学设计、内容与方法的改革,都是为了一个目的:促进教学质量的提升,促进师生的全面发展。

每一门课程的教师,都可能成为该课程教学的研究专家。前提是:具有热爱教学、热爱学生、推动专业发展的奉献精神,具有潜心教学观察、善于发现分析问题并勇于改善教学的能力,具备终生学习、不断研习教学理论、把握学术前沿的毅力。

可见,上什么课并不重要。重要的是,立足自己的课型,坚持进行系统的考察、研究。教师们都能这样做,每个课型的教学研究就可以前进一步,汉语国际教育就可以得到健康、协调的发展。

从这个角度看,吴成年老师基于教学实践的研究,对汉语国际教育更有启发性。

2015 年 8 月 2 日

前　言

　　中国自实行改革开放以来,进入了快速发展阶段,中国社会的巨大变化与日益提高的国际地位,吸引着越来越多的汉语学习者在学习汉语的同时,也在关注着中国的发展变化并试图了解当代中国国情。报刊课可谓是应学习者既要学习汉语又要了解当今中国的这种双重需求而生的一门重要课程,与读写、听力、会话等都属于汉语技能课程。自汉语报刊课开设以来,对外汉语教学界对报刊课不断进行探索。在报刊课教学实践的驱动下,在对学界同行已有报刊课研究成果的借鉴中,我也有幸加入到对报刊课探究的队伍中来。

　　我在教学实践中,日益深切地感受到报刊课的魅力,与报刊课似乎有着天然难解的缘分。我至今还清楚地记得,当我刚踏入对外汉语教学这块新领域、从事对外汉语教学时,北京师范大学汉语文化学院领导安排我教三个中级汉语水平外国留学生班的报刊课。自那以后的十多年时间里,我进行过多种对外汉语课程的教学,但教的最多的还是报刊课。甚至在韩国京畿道外国语研修院、美国旧金山州立大学工作期间,也有缘继续开设报刊课,或开设与报刊课密切相关的网络中文阅读课。既然报刊课与我如此有缘,我在有意无意间珍惜这种缘分,多年来一直思考着、探索着报刊课怎么教才能吸引学生、适合学生需求等报刊课的诸多问题。

　　北京师范大学汉语文化学院为我开展报刊课教学、进行报刊课研究提供了多方面的支持与帮助,在此深致谢意。首先,北师大汉院非常重视报刊课教学,曾经整个基础汉语教学阶段9个年级中的6个年级将报刊课列入必修课,与读写、听力、会话并列为基础汉语教学阶段四门主干课程。正因为学院对报刊课的高度重视,才促使我对报刊课教学持之以恒地加以关注与探索下去。其次,北师大汉院历任领导和众多承担报刊课教学的同事、兼职教师、研究生,非常支持我将报刊教学的心得总结上升为可操作性强的教学模式,在汉院众多的报刊教学班推广、试用,并在实际教学中提供了很多建议,共同推动北师大汉院特色的报刊课教学模式的逐渐形成、发展与成熟。再次,我先后申请的3项北师大汉院科研项目和3项北师大教改项目都是关于报刊课研究方面的。这些项目的开展都从不同方面促使我不断深化对报刊课的思考与研究。此外,北师大汉院多国别的教学对象也丰富着报刊课的研究。我曾经教过的一个班十多名外国留学生来自11个国家。这些来自不同国家的留学生共同参与报刊课教学,分享着各自的感受,给报刊课带来迷人的魅力。

感谢北京大学出版社对本书出版的大力支持和帮助,我们之间的愉快合作已经超过了十年,正是这种长期的信任与鞭策,使我在异常忙碌中不敢懈怠与"食言",按期完成了本书的写作。

感谢旧金山州立大学孔子学院和中文部的同事们以及北加州的同行们,大家的鼓励和帮助让我更顺利地适应新环境,让我在继续进行学术探索中不断拓展新的领域。

最后感谢中山大学周小兵教授在百忙之中慷慨应允并为本书撰写了序言,周先生深厚的学术功底与开阔的学术视野令我景仰不已,他的热情勉励与奖掖后学吸引我在学术探索的道路上更坚定地走下去。

由于本书写作的最后阶段身处海外,一些研究资料的查找受限,再加上学识有限,对报刊课教学某些方面的研究错漏之处在所难免,恳切希望得到读者和同仁们的批评指正。

吴成年
于美国旧金山

目　　录

第一章　报刊课的宏观理论研究 …………………………… 1
　　第一节　报刊课的定位与功能 ……………………………… 3
　　第二节　报刊课的教学原则 ………………………………… 8
　　第三节　不同类型的报刊课教学 …………………………… 29

第二章　汉语报刊课的教学模式与教学技巧 ……………… 33
　　第一节　对外汉语报刊课教学的基本模式 ………………… 34
　　第二节　汉语报刊课教学的具体技巧 ……………………… 61

第三章　任务型教学理论、图式理论应用与报刊课教学
　　　　　过程 ……………………………………………………… 69
　　第一节　任务型教学理论在报刊课教学中的应用 ………… 69
　　第二节　图式理论在报刊课教学中的应用 ………………… 92
　　第三节　汉语报刊课教学的基本过程 ……………………… 96

第四章　报刊课教学内容研究 ……………………………… 116
　　第一节　报刊语言的特点与教学对策 ……………………… 116
　　第二节　报刊课的中国国情与文化知识教学 ……………… 123
　　第三节　报刊课的语言技能教学 …………………………… 127

第五章　报刊课学习者对报刊课教学评价之研究 ………… 146
　　第一节　韩国留学生对报刊课教学评价之调查分析 ……… 148
　　第二节　日本留学生对汉语报刊课评价之调查分析 ……… 156
　　第三节　东南亚留学生对中级报刊课评价之调查分析 …… 162
　　第四节　非汉字圈留学生对中级报刊课评价之研究 ……… 167
　　第五节　汉字圈与非汉字圈留学生对中文报刊课评价
　　　　　　之比较研究 ………………………………………… 175

第六章　报刊课"1＋X"模式与教师研究 ………………… 185

第一节　"1＋X"：一种有效的对外汉语教学管理
　　　　模式 ………………………………………………… 185
第二节　报刊课"1＋X"模式实验总结 ………………… 195
第三节　报刊课教师的教学反思与总结 ………………… 200

第七章　报刊课教学评估与测试 ………………………… 224

第一节　对报刊课教师的评估 …………………………… 224
第二节　对学生成绩的评估 ……………………………… 228
第三节　初级报刊课测试题样例及分析 ………………… 232
第四节　中级报刊课测试题与测试结果分析 …………… 238
第五节　高级报刊课测试题及分析 ……………………… 261

第八章　报刊课教案编写 ………………………………… 272

第一节　初级报刊课教案编写 …………………………… 273
第二节　中级报刊课教案编写 …………………………… 296
第三节　高级报刊课教案编写 …………………………… 321

参考文献 …………………………………………………… 348

第一章　报刊课的宏观理论研究

汉语报刊课的设置与20世纪70年代末北京语言学院（即现在的北京语言大学）针对外国留学生的汉语教学开始分技能设课有关。当时中国正开始实行改革开放，特别是1979年中美正式建交，中国与西方国家的关系大大改善，神秘的中国以开放的胸怀拥抱来自不同国家的留学生来华学习汉语。学生的学习规模在快速扩大，其学习层级也不断丰富与完善，而处于快速变化中的中国正吸引着当时在华留学的各国留学生的关注，一门既能够帮助外国留学生学习汉语，又能够帮助外国留学生直接了解中国国情的新课程自然应运而生。最初北京语言学院没有正式出版的报刊教材，都是由承担报刊课教学的老师们内部编辑油印给学生使用。进入20世纪80年代之后，越来越多的中国高校承担针对外国留学生的汉语教学，外国留学生的规模不断扩大、学生学习汉语的层级不再局限于初级水平，中高级学习者的人数也在不断增加，当时开设中高级汉语课的学校普遍借鉴北京语言学院开设多轮、较成熟的分技能设课模式，即一门主干课（精读课或读写课）领头，若干门各有侧重的技能训练课相互配合，如听力课、会话课（口语课）、阅读课、报刊课、写作课等。这种设课的模式基本沿用至今，仍未根本改变。

尽管有学者提出借鉴明德模式[①]或来华短期强化班（如普林斯顿大学在北京师范大学的暑期班，简称"普北班"或PIB；哈佛大学在北京语言大学的暑期班哈佛书院等）的大小班教学模式

[①] 曹贤文《明德模式与中国大陆高校基础汉语教学常规模式之比较》，《暨南大学华文学院学报》，2007年第4期。

来改进分技能设课的模式①，但目前国内主流院校还是延续分技能设课的模式。学者们批评分技能设课的不足主要在于：一是分技能设课所用的整体课时量大，而效果远没有普北班等短期强化班那么明显；二是分技能设课的各课型之间缺乏足够的联系与配合，各课型教师之间缺乏紧密的协调，容易出现不该教的内容重复教，浪费学生的时间，应该教的内容却没有及时教给学生，大小班设课往往大班负责讲解的内容，小班教师根据大班教学的内容进行相应强化，这样大小班紧密联系，不会出现教学内容的过多重复或不应有的缺位；三是语言交际能力往往是听说读写各种技能结合在一起，很少只用单方面的技能而不用其他语言技能。于是分技能设课不利于语言综合应用能力的培养。但分技能设课的长期普通班教学背景与实行大小班的短期强化班教学背景存在明显差异：一是短期强化班学生的整体素质、学习动机普遍强于长期普通班，特别是普北班的学生来自美国常青藤顶尖名校，学习能力、学习的自觉性自然要比长期普通班的一般学生要强；二是短期强化班一般只有8周，这种教学的高强度与高密度在长期班无法复制，即使在短期强化班的后期，不少学生也是感觉异常疲劳；三是短期强化班实行的大小班规模都很小，如普北班大班一般8人左右，小班一般4人左右，师生比非常高，长期普通班如采用大小班的规模编班，教学成本无法承担，自然难以推行。因此，短期强化班看起来很完美，但是在目前难以普遍应用到长期普通班教学中。但短期强化班强调大小班教师之间、同年级教师之间直接的协作与联系，值得长期普通班借鉴，同一年级的同一课型教师之间、同一班级的不同课型教师之间的确要加强沟通与交流，各种课型之间在分工协作中让学习者受益最大化。在分技能设课整体格局没有根本调整之前，目前不少国内高校在中高年级阶段多开设报刊课，如北京师范大学、北京语言大学、对外经贸大学、首都经贸大学、南开大学、东北师范大学、东北大学、哈尔滨大学、复旦大学、华东师范大学、上海交通大学、上海师范大学、南京大学、南京师范大学、中山大学、广州大学、

---

① 汲传波《论对外汉语教学模式的构建》，《汉语学习》，2006年第4期。

四川大学、武汉大学、华中师范大学、华中科技大学等高校。当然，各校之间的报刊课重视程度、开设方式有同有异。

目前海外的不少名校在高年级也开设报刊课，如美国普林斯顿大学、哈佛大学、耶鲁大学，澳洲国立澳大利亚大学，韩国首尔大学、延世大学、外国语大学等。海内外众多高校开设报刊课，体现了汉语学习者的特殊需求。

第一节　报刊课的定位与功能

报刊课的定位要解决"什么课"的问题，报刊课的功能要解决"有什么作用"的问题。

一、报刊课的定位

（一）报刊课是否属于语言课

目前学术界对报刊课的归属比较一致，基本上把报刊课归为语言课，[①] 强调让学生学习报刊语言结构、新词语、长句等。与此同时，一些学者强调报刊课中的文化内容[②]、跨文化知识资源的传播等。

如何看待报刊课语言形式与文化内容的关系？其实报刊语言形式与文化内容是报刊课不可或缺的两个重要组成部分。有学者考虑到报刊语言形式很稳定，报刊内容容易过时，提出报刊课应侧重教语言形式。这种观点有一定的合理性，即强调报刊课语言形式的教学；但有一定的局限性，不能因为报刊内容容易过时就

[①] 参见苏迈凯《对外汉语教学有关报刊阅读方面的几个问题》，《第一届国际汉语教学讨论会论文选》，北京语言学院出版社，1986年；陈君宏《读报课的设置与教学问题》，《第二届国际汉语教学讨论会论文选》，北京语言学院出版社，1988年；华霄颖《报刊课程三议》，《对外汉语教研论丛（第二辑）》，华东师范大学出版社，2002年；徐晶凝《基于语言教学的报刊教材编写问题探析》，《华文教学与研究》，2011年第4期。

[②] 于丛扬《文化与报刊语言教学》，《第二届国际汉语教学讨论会论文选》，北京语言学院出版社，1988年。

不在报刊课中教报刊内容。其实报刊内容正是学习者对报刊课产生浓厚兴趣的原因，也是报刊课的魅力所在。完美的做法应是在报刊课教学中既重视报刊语言形式的教学，也重视报刊内容的教学。当报刊课只重视语言形式教学时，整个课堂教学容易枯燥乏味，让学生最终对报刊课丧失兴趣。

笔者在教报刊课时，曾用过一些老教材，其内容有些过时、枯燥，但报刊教材的语言编选得很好，笔者也曾让学生重点操练报刊语言形式，结果学期末学生对报刊课的评价很低，主要原因是报刊教材的内容陈旧、枯燥，引不起学习者的兴趣。当学生对教学内容缺乏兴趣时，也直接影响到学生对报刊语言形式的学习和掌握，最终直接影响到对报刊课学习的兴趣。因此，当我们强调报刊课是语言课时，千万不要片面地认为我们只要教学生报刊语言形式就行了，而报刊课教学的文化内容也非常重要，两者缺一不可。笔者后来在报刊课教学中，对教学内容进行大胆的改革，如在教报刊语言形式时，鼓励学生阅读感兴趣的最新报刊文章，并轮流在班上做报告，就当前中国正在发生的重要话题进行讨论，学生的学习兴趣一下子提高了不少。这样，学生在报刊课中既可以学到很多报刊语言形式，又可以了解当前中国的国情与发展变化，让学生学以致用，有成就感。可见，在报刊课教学中，固然要重视报刊语言形式的教学，同时也要兼顾报刊文章的内容与时效性、趣味性。

因此，报刊课是语言课毋庸置疑，但在教报刊语言形式的同时，不能忽略学生对了解中国国情、中国话题的需求，应是报刊语言形式与中国国情话题内容的完美结合。

报刊课与中国概况课有何联系与区别？

报刊课与中国概况课都是帮助外国学习者多方面地了解中国国情与社会文化的课程，但报刊课在本质上属于语言课，即报刊课注重在对学习者语言能力培养的基础上让学习者增进对中国国情的了解；而中国概况课本质上属于文化课，首先注重的是让学习者对中国国情的了解。在同样是增进学习者了解中国方面，报刊课与中国概况课也是有所区别。从时间维度来说，报刊课更侧重让学习者了解当前的中国，对历史上的中国会有所涉及，但不是主要的;中国概况课往往让学习者既了解当前的中国,也了解历史上的中国。从内容选取上看,报刊课更多的是围绕话题来进行教学,而中国概况课往往强调知识的系统性与周全性。因此,报刊课与中国概况课同中有异,各有侧重。

(二)报刊课是否属于阅读课

目前学术界大多把报刊课归属为阅读课,但在实际教学中,报刊课与阅读课越来越明显地存在一些差异:

一是报刊课注重教的是报刊选文,而阅读课教的不仅是报刊选文,还包括文学作品等非报刊选文。报刊课选文强调现实性、真实性、文学性、虚幻性作品一般不涉及;阅读课的选文可谓是包罗万象,文体不限。

二是报刊课有让学习者了解中国国情的重要作用,而阅读课侧重于培养学生的阅读能力,并不具有让学习者了解中国国情的作用。

三是阅读课一般注重学习者阅读能力的培养,其他的语言技能一般不作要求。但报刊课越来越趋向综合性,除了培养阅读能力外,还兼顾培养学习者的听、说、写等语言技能以及跨文化交际能力等。

因此,把报刊课仅仅定位为阅读课虽不能说不对,但至少是有局限的,更准确的定位可以概括为:报刊课是以阅读能力为核心,兼顾听、说、写等语言技能的均衡发展。在实际教学中,将报刊课定位为阅读课,容易让教师只注重发展学习者的阅读能力,忽略其他语言技能的发展。将报刊课不定位为阅读课,而定位为以阅读能力为核心,兼顾其他语言技能的发展,这样既可以让学习者多方面受益,语言能力得到多方面的训练,同时也可以避免教学的枯燥。不难想象,若连续两节报刊课都是让学生不停地阅读下去,学生会感到多么乏味;相反,若连续两节报刊课交替训练学习者不同方面的语言技能,学习者在变化中更容易保持学习的兴趣、取得更佳的学习效果。笔者曾多次对报刊学习者进行问卷调查,学习者普遍认为报刊课能提高阅读能力、会话能力、写作能力、跨文化交际能力,但对提高听力作用的评价稍弱些。

因此，仅仅将报刊课定位为语言课、阅读课，并不能很好地揭示报刊课的独特魅力与作用。更精确的定位可以概括为：报刊课是一门注重报刊语言形式训练与增进中国国情了解相结合的语言课；是一门以阅读能力为核心、多种其他语言技能训练兼顾的综合（或多种）技能训练课。

二、报刊课的功能

（一）提高汉语水平、训练语言技能

报刊课与其他语言课的共同功能都是提高学习者的汉语水平，这是所有语言课的共同作用，报刊课也不例外。报刊课应以训练学习者的阅读能力为主，同时兼顾听、说、写等其他语言技能，并注重培养跨文化交际能力。

（二）提高阅读中文报刊的能力

提高阅读中文报刊的能力是报刊课特有的功能，因为中文报刊是一种信息量极其丰富、对外国学习者而言难度很大的文体，需要专门的训练与强化才能形成。报刊课是一门难度与魅力并存的语言课，丰富的信息量吸引着学习者，但过高的难度又排斥着学习者。如何因势利导、扬长补短？这是报刊课强化自身独特的功能需要解决的重要问题。一方面，要不断增强报刊课的魅力，强化报刊课的信息意识；另一方面，要有意识地帮助学习者适应中文报刊的难度，在不断提高中文报刊阅读能力中逐渐化解阅读中文报刊的难度。

在实际的报刊课教学中，仅仅将学习者的学习局限于教材本身并不利于提高学习者阅读中文报刊的能力。因为教材中的报刊文章信息新鲜度随着出版后时间的流逝而减弱，如果教师不及时补充新文章新信息，报刊课的魅力也自然会打折扣；报刊教材的选文一般经过编者的加工，比较规范、难度适中，适合学习者学习，但假如只让学习者学习报刊教材的文章，学习者还是不能真正适应未经加工的原始报刊文章的难度。在现实报刊课教学中，有学习者抱怨，学了两三年报刊课，还是不敢、不会阅读中文报

刊原文。这固然与学习者的汉语水平有关，更与报刊课的教学不得法有关。报刊课教学应该探索多种途径与方法，不断丰富学习者直接阅读中文报刊的经验、不断提高学习者直接阅读中文报刊的能力，最终达到学以致用、直接读懂丰富多彩的中文报刊文章原文的目的。

（三）了解当代中国国情

所有的语言课中，应该说报刊课是离当代中国国情、当今中国社会现实最近、关系最密切的。别的语言课选文有不少是文学作品，但报刊课的选文要求直接反映现实世界，特别是当今中国的发展变化。这对报刊课提出了很大的挑战，别的语言课教材与教学内容的更新速度远没有报刊课的那么快与迫切。如五四时期胡适写的《差不多先生传》离现在快百年了，因为行文生动幽默并富有思想内涵，在目前使用广泛的汉语综合课教材《桥梁》《博雅汉语》中都选了这篇文学作品，并且深受外国学习者的喜爱。但报刊课学习的语料要求不断求新求变，当时很热、引起学习者高度关注的话题，时过境迁，很可能令学习者兴趣索然。如2003年"非典"的话题报道很多，当时的学习者很愿意学习讨论；但时隔十余年后的今天，不会有学习者再对这方面的语料与内容感兴趣。

（四）了解中文媒体与新闻文体

中文媒体丰富多彩，中文报刊新闻的排版与写法灵活多样而又有规律，在当今信息爆炸的时代，如何让外国学习者了解中文媒体的特点，进而学会有针对性的选择与阅读，这是报刊课教学需要给学习者提供的教学功能，别的语言课并没有这方面的功能。

报刊课的上述四项功能，第一项是与所有语言课共有的功能，也是与文化课相区别的功能；后三项是报刊课独有的功能，是与其他语言课相区别的功能。

通过对报刊课的定位与功能的分析，我们可以明确报刊课在整个国际汉语教育课程体系中的定位与独特价值，在与其他众多课程的配合中发挥自身的优势与特点，让学习者多方面受益。

第二节 报刊课的教学原则[①]

对外汉语报刊课教学有着自身的一些规律和特点,能否在教学中自觉把握并体现出这些规律和特点,在一定程度上影响着这门课的开设质量和教学效果,也在一定程度上决定着该门课程开设的成熟程度。国家对外汉语教学领导小组办公室制订的教学大纲对二年级开设的"中国报刊语言基础"的教学作了如下规定:"教学方法是固定教材和临时教材相结合、精读与泛读相结合、语言知识讲授和文化背景介绍相结合。"[②] 该大纲对三年级开设的"中国报刊阅读"作了如下要求:"教学方法是精读与泛读相结合,以读为主,兼顾听说,注重阅读技能的训练和中国社会文化背景知识的介绍,通过课堂讲授和各种练习培养和提高学生对中国报刊深层次的理解能力。"[③] 该大纲对四年级开设的"当代中国话题"的教学作了这样的要求:"教学方法是以读导入说,主要分为阅读——表达——讲评三个步骤。"[④] 大纲的这些规定,对成功开设报刊课有着重要的指导意义,但限于篇幅,对报刊课教学的基本要求不可能作出详尽的阐释,更不可能结合报刊课教学的实际来作具体论述,这样对于教学经验不够丰富的教师,特别是新教师,如何成功地开设报刊课,让报刊课教学体现大纲的基本要求,仍是很大的难题和挑战。目前不少院校存在着报刊课教师不愿教、学生不愿学的现象,这与该课程教学不得法有着密切的关系。要想成功地开设报刊课,自然离不开对该课程教学的基本

---

① 本节内容选自吴成年《对外汉语报刊课教学的基本原则》,见张和生主编《汉语报刊课教学理论与方法》第四章第一节,北京大学出版社,2007年,第171—186页,有改动。
② 国家对外汉语教学领导小组办公室编《高等学校外国留学生汉语言专业教学大纲》(附件二),北京语言文化大学出版社,2002年,第210页。
③ 国家对外汉语教学领导小组办公室编《高等学校外国留学生汉语言专业教学大纲》(附件二),北京语言文化大学出版社,2002年,第213页。
④ 国家对外汉语教学领导小组办公室编《高等学校外国留学生汉语言专业教学大纲》(附件二),北京语言文化大学出版社,2002年,第215—216页。

原则的自觉认识与实践。

一、以学生为中心、以教师为主导的原则

整个对外汉语教学的基本原则之一就是以学生为中心、以教师为主导，报刊课自然也不例外。报刊课作为一门语言技能课，目标是训练留学生的报刊阅读能力。要想有效地实现这一教学目标，就必须充分了解教学对象，根据教学对象的特点与学习规律，选择合理有效的教学方法，充分调动学生的学习积极性，让学生愿意学习，接受这门课程，并从这门课程当中充分受益。在具体的报刊课教学中，体现以学生为中心、以教师为主导的教学原则，这就要求教师在具体的教学活动中应自觉加以实践。

首先，应善于了解分析具体的教学对象，灵活有效地组织教学。目前国内院校的对外汉语教学机构普遍采用的是混合编班的教学形式，往往一个语言班有来自好几个不同国家的学生，学生之间的国家差异、文化差异、地区差异比较明显。因此，国内一些专家提出按国别进行分班、使用按国别编写的教材来组织教学的主张自有其合理性。但考虑到生源的广泛性、随机性和变动性，以及具体办学客观条件的限制，在全国普遍实行按国别来组织分班教学，至少在今后相当长的时间内是不太现实的。混合编班尽管使一个班内个体各方面差异比较大，但不同国家学生之间的接触，可以增进学生对不同文化国情的了解，在对同一话题的探讨中学会多角度地思考问题，对活跃课堂教学气氛也是很有帮助的。根据笔者的教学经验，甚至一些韩国学生不希望一个班全是韩国学生或韩国学生太多，他们认为那样的话，学生之间动不动就说母语，而不是汉语，不利于汉语水平的提高；而一个班的学生如果来自不同的国家，彼此之间的交谈自然多用汉语。所以混合编班对学生提高汉语水平绝非有弊无利，关键在于教师要善于了解学生的个体差异。在具体的教学实践中，仅仅根据一个国别学生的共同特点来套具体的教学对象，难免失之宽泛，还应该在国别的共同特点基础上更深入地了解具体对象。当教师对教学对象的汉语水平、性格特点、兴趣爱好等有了一定的了解后，就可以比较得心应手地组织有效的教学，让全班学生都能受益。比如在学完一段课文内容后，教师组织学生进行讨论时，如果话题比较难，就可以让水平高的、性格外向、喜欢发表看法的学生先发言，再让水平相对低些、性格内向、不太喜欢主动发表看法的学生发言；如果是话题比较容易，这两类学生的发言次序就可以相反。教师熟悉教学对象，就可以合理安排教学任务，让不同的学生都有积极参与的机会，都有成就感。相反，假如教师不了解教学对象，安排的教学任务不当，就可能使汉语水平高的学生受压抑，水平相对低些、性格内向的学生学习受挫、自尊心受损，学生普遍感到学得不痛快。当然，对学生的了解不可能一下子就可以实现，教师应该有意识地在尽可能短的时间内多渠道、多形式地与学生进行互动式沟通，如在对学生进行提问，回答学生的问题，组织学生讨论等教学活动中，不失时机地逐渐加深对学生的了解。对学生越了解，就越能有效地进行报刊课教学。

其次，在安排的每一个教学环节活动中，要充分考虑到学生的个性特点与学习需求，努力使每一个教学环节是因学生而设，符合学生的需求。如有的教师在介绍与课文有关的背景知识时，把报刊课变成了文化知识课，由着自己的专业兴趣大讲特讲起来，学生并不感兴趣，甚至有些反感。对背景知识的介绍应点到为止，学生明白了就行了，教师可以较快地切换到下一个教学环节。课堂的教学时间、教学活动能交给学生的应尽量交给学生，让学生多些练习的机会。

再次，在突出学生的中心地位的同时，要充分发挥教师的主导作用。有些教师上报刊课组织松散随意，不够紧凑，缺乏效率，如让学生大量地朗读，让学生信马由缰地进行话题讨论等等，表面看来学生处于教学活动的中心地位，但教师的主导作用过于淡化，从而影响了整个教学质量，学生的学习有效性得不到充分体现。

以学生为中心、以教师为主导，可以说是报刊课教学的最根本的原则，其他原则莫不服从、体现这一原则。

二、固定教材与补充教材、活材料相结合的原则

报刊课与其他语言技能课在教材使用上有很大的不同，除了

有固定教材之外，还必须使用补充教材或活材料。受出版周期、编者选择角度的限制，固定教材容易过时，于是一些院校的教师不愿教固定教材，学生也不愿学固定教材，认为固定教材没意思。于是学术界有学者主张使用活页式教材或选用最新的报刊文章作为临时教材①。应该承认，这些看法和做法不无道理，有一定的合理性，但这种完全取消固定教材的做法在观念认识和具体教学中存在一定的偏颇之处。

完全使用临时性的材料作为教材，整个教学容易缺乏系统性与规范化，充满着随意性和随机性，选材往往偏重于内容方面，对报刊语言形式很难顾及，对超纲词语、不规范的用语不能进行有效地控制和过滤。这样，虽然学生可以学到鲜活的报刊材料，但所学的报刊材料难以保证规范、适度、系统等，学生学到的不一定是最常用、实用的报刊词语、句式、结构等，课堂教学时间无法保证得到经济合理的使用。

完全使用临时性的材料作为教材，选材的质量与教学效果往往取决于具体教师的水平和能力，这样报刊课教学的起伏性就很大。一门成熟的课程应该有一些基本的路数和规范，包括应有基本固定的教材，这样即使是新教师，也可以根据这些基本的路数和规范以及相当固定的教材，有效地组织教学。完全由教师个人因素来决定使用临时性材料，进而影响决定该门课程的教学质量，恰恰暴露了这门课程开设的不成熟和随意性。特别是对那些教学经验不够丰富、刚开始承担报刊课教学任务的教师来说，让他们来选择临时性的材料作为教材，是勉为其难，也是无法保证质量的。特别是现在国内不少对外汉语教学机构专职教师普遍紧缺，聘请一些兼职教师来承担报刊课教学，是在所难免的，让这些兼职教师自找材料来组织教学，更不太切合实际，难以保证教学质量。

完全使用临时性的材料作为教材，将占用任课教师的大量时间和精力，从选择材料到确定并注释生词、短语、句式、结构，

---

① 李秀坤《报刊语言教材刍议》，国家对外汉语教学领导小组办公室教学业务处编《对外汉语教学与教材研究论文集》，华语教学出版社，1992年。

到练习的编排等，莫不费心费力。此外，花这么大力气编出来的材料的质量完全取决于具体编者，这种材料的质量在整体上自然难以得到保证。即使是富有经验的专职教师，也很难保证有足够的精力来做好这项工作，因为目前国内对外汉语教学机构专职教师的教学任务普遍繁重，同时教几个水平不同的班级、不同的课程是普遍现象，此外大学教师还要不断充电，从事科学研究。这些在客观上限制了报刊课教师不可能普遍采用这种教法，作为个人小范围的选择和尝试无可厚非，但若考虑到大规模的普遍可行性，这种教法的局限性相当大。

同样是有效提高学生的报刊阅读能力，我们更应该选择合理可行、规范稳定而不那么费时费力的方法，那就是将固定教材与补充教材、活材料结合起来，让教师教得更规范、轻松，让学生学得更扎实、系统。

固定教材的确在信息内容上容易过时，远不如临时教材那么鲜活。但固定教材一般是富有教学经验的教师和专家经过精心的选择编排而打造出来的，整体质量比较稳定，水平远高于应急编制的临时教学材料，特别是在报刊话题与课文的选择，生词、短语、句式、结构的确定与注释，以及练习的编写上等，无不慎重考虑、统筹规划，对培养学生的报刊阅读能力无疑能打下坚实的基础。有了固定教材，就可以省却任课教师大量重复性的劳动，可以把更多的精力用在组织教学的其他环节上，也可以让广大新教师从容地组织教学，这样大规模、规范化的报刊课教学自然就成为可能。

肯定固定教材的作用，并非忽视或否定临时教材的作用，只是两者的分工不同，应各司其责，共同支撑起报刊课教学。固定教材主要是提供语言技能的训练，帮助学生获得阅读中文报刊的能力，但获取最新的信息不是固定教材所能肩负的，应由临时教材来充当。临时教材可以让学生在固定教材上所获得的语言技能得到实际应用和巩固提高，并由此获取自己想知道的最新信息和相关知识。

补充教材、活材料的提供方式可以多种多样，如教师根据固定教材所学课文的话题，选择同一话题的最新报刊文章推荐给学生阅读；或让学生根据固定教材所学课文的话题，选择同一话题的最新报刊文章进行阅读；也可以让学生根据自己的兴趣爱好选读一定数量的最新报刊文章。此外，当社会出现重大突发事件或热门话题时，教师或学生也可以选择相关的报刊文章作为教学补充材料。

固定教材与补充教材、活材料的有机结合，既可以让学生比较系统、扎实地学到报刊语言形式、报刊阅读技能，又可以让学生运用所学的报刊语言形式、报刊阅读技能积极获取最新的信息和感兴趣的内容。

三、精读与泛读相结合的原则

报刊阅读可分为精读和泛读两种，这两种阅读能力都很重要。在目前的对外汉语教学中，存在重精读、轻泛读的倾向，学生除了教材上的课文，其他的材料接触甚少，这样学生学了较长时间后，即使汉语水平有了很大的提高，仍然不同程度地存在阅读量少、阅读速度慢的问题。从目前国内对外汉语教学机构设立的语言技能课程来看，主要有精读、会话（口语）、听力（视听说）、报刊这四种课型，有的院校还开有选修性质的阅读（泛读）课。从课程整体设置来说，泛读重视得很不够。会话（口语）、听力（视听说）受课型特点制约，很少有泛读的训练。精读课重点训练学生的词汇、语法等，对学生的泛读训练的量相当少，一般读写（精读）教材每课练习中只有一篇供泛读训练的语言材料，甚至有些教材对这篇泛读的材料不作任何要求，泛读训练在整个教材和课程当中处于可有可无的状态。从体现课型特点与发展学生的阅读能力角度来说，报刊课应该是精读与泛读相结合，让学生两种阅读技能得到协调发展，最终达到读得多、读得快、读得准的教学目标。

根据读报的目的与要求的不同，读报方式一般分为精读与泛读两种。精读要求对文章的字、词、句、篇都要尽量读懂，并深入理解；泛读只要求读懂主要内容，或根据要求读懂文章中的某一部分的内容。从掌握文章内容的比例来看，精读应读懂或掌握文章90%左右的内容；泛读只要求读懂或掌握文章70%左右的内容；从阅读速度来看，精读比泛读慢得多，一般只有泛读速度的一半或不到一半。我们应该根据读报的不同目的与需求，学会运用精读与泛读这两种方式。

在具体的报刊课教学中，应该有机地使用这两种阅读技能。例如，对报刊教材中的课文用精读方式，对报刊教材练习中的阅读材料和课外的阅读材料可用泛读方式。课文中的报刊词语、句式、结构、篇章特点等应熟悉掌握，然后把在课文精读中学习到的报刊词语、句式、结构、篇章特点运用到报刊教材练习中的阅读材料和课外的阅读材料，使课文精读训练的语言形式得到大量的实践运用，不断丰富和巩固所学报刊的语言形式。报刊课文精读中学到的语言形式与阅读技巧也为顺利进行报刊泛读打下了坚实的基础，使报刊泛读的顺利开展成为可能。同时，大量的泛读训练也使学生接触到大量的报刊词语、句式、结构、篇章特点，对进一步提高精读水平起到很好的推动作用。于是，精读与泛读如鸟之双翼，比翼齐飞，不断达到新的高度。

在具体使用教材组织教学时，教师应设法让学生得到泛读的训练。如有的报刊教材的练习中附有一定数量的阅读文章，但没有说明阅读要求、答题时间，甚至练习题也没有。当教师使用这些教材时，可统计出阅读文章的字数，参照教学大纲对不同水平学生泛读速度的要求并结合本班学生的实际阅读速度，计算出学生阅读并答题的参考时间，让学生在做这些阅读材料时，尽量在规定的时间内完成。如果教材练习中的泛读材料没有任何习题，教师应该编制好一些习题，让学生在规定时间内读完并做完这些习题。如果报刊教材中只有课文，没有任何泛读材料，那么教师应根据学生的阅读水平寻找一定数量的与所学课文话题相关的最新报刊文章，并编制好相应的习题，确定好答题时间，然后将这些材料发给学生，让学生在指定时间内完成。教材练习当中的泛读训练最好能在课上让学生完成，并要求学生事先不看这些阅读材料。通过我们的教学实践比较，让学生在课堂上完成指定的泛读练习比在课下效果更好。因为答题时间教师可以严格控制，使学生养成在既定的时间内快速完成阅读任务的良好习惯。当堂做阅读练习，教师还可以及时发现并纠正学生的一些不良阅读习惯，如动嘴唇阅读、点读、一遇到生词就停下来查字典词典等，应引导学生养成良好的阅读习惯。再者，当堂阅读无形中有种竞争的压力，促使每一个学生发挥自己的潜能，努力完成阅读任务。此外，教师还可以当堂发现或解答学生的阅读问题，增进师生互动，不断改进教学。因此，如果教学时间允许，应设法安排一定数量的泛读练习在课堂内完成。《读报纸，学中文》报刊系列教材[①]和教参非常重视报刊精读与泛读的结合，教材中每课练习都有二至三篇与课文话题相关的泛读材料，这些泛读材料标有字数与答题时间，后面附有相应的练习，并在教参中明确要求阅读材料应该在课堂上完成。此外，这套教材还要求学生一周要看1~2篇最新的报刊文章，同时一个星期班上有四位同学作报刊新闻发言。这样，一周时间内，一个学生除了精读一篇课文，还要泛读教材上指定的2~3篇文章、最新的报刊文章5~6篇，精读与泛读的比例达到1∶8或1∶9，从而学生的精读与泛读能力得到很好的训练及协调发展。其他的报刊教材也比较重视精读与泛读的结合，如《报刊语言教程》（上、下）[②]、《报刊阅读教程》（上、下）[③]、《新编汉语报刊阅读教程》（初级、中级、高级）[④]、《中文报刊阅读教程》（德文注释）[⑤]、《读报知中国》（上）[⑥]、《汉语新闻阅读教程》[⑦]、《报纸上的中国》[⑧]、《报纸上的天下》[⑨] 等，

---

① 《读报纸，学中文》报刊系列教材包括中级上、下册（2004 年出版），准高级上、下册（2006、2010 年出版），高级上册（2011 年出版），中级上册第 2 版（2013 年出版），均由北京大学出版社出版。

② 白崇乾、朱建中编《报刊语言教程》（上），北京语言文化大学出版社，1999 年。

③ 王世巽、刘谦功、彭瑞情编《报刊阅读教程》（上），北京语言文化大学出版社，1999 年；彭瑞情、王世巽、刘谦功编《报刊阅读教程》（下），北京语言文化大学出版社，1999 年。

④ 吴丽君编著《新编汉语报刊阅读教程》（初级、中级），北京大学出版社，2000 年；黎敏编著《新编汉语报刊阅读教程》（高级），北京大学出版社，2000 年。

⑤ 周上之、Susian Staehle 编著《中文报刊阅读教程》（德文注释），北京大学出版社，2004 年。

⑥ 吴雅民编《读报知中国》（上），北京语言大学出版社，2005 年。

⑦ 刘谦功、王世巽编著《汉语新闻阅读教程》，北京大学出版社，2005 年。

⑧ 王海龙著《报纸上的中国》（上），北京大学出版社，2004 年。

⑨ 王海龙著《报纸上的天下》（下），北京大学出版社，2004 年。

一般每课有 1~2 篇作为精读的主课文和 1~3 篇作为泛读的报刊文章。

四、阅读与听、说、写等其他语言技能相结合的原则

报刊课的重点是训练报刊阅读能力，但并不是不需要训练其他方面的语言能力，因为学生的语言能力应是听、说、读、写协调发展、综合提高。报刊阅读能力的提高离不开其他语言能力的支持与发展。因此，应站在全面提高学生的综合语言能力的角度去考虑和组织报刊课教学，将报刊阅读训练与听、说、写等能力有机结合起来。

适当的听、说、写能力的训练，可以多方面、多角度促进阅读能力的提高，进一步巩固报刊课所学的报刊语言形式和内容，加深对报刊语言形式的熟悉和对报刊内容的理解。如针对精读部分的内容，教师通过提问，考查学生对阅读材料的理解程度，并通过不同的问题引导学生使用不同的阅读技巧。学生在就阅读材料回答教师提问以及与其他同学讨论的过程中，进一步熟识阅读材料，加深对阅读材料的理解，丰富对阅读材料的思考，甚至在交谈中激发求知的欲望，引起对相关问题进一步阅读思考的兴趣。在就阅读材料的写作训练中，增强对报刊语言形式的使用能力，也进一步将自己的原有知识背景与当下的阅读材料紧密结合起来，深化对中文报刊语言形式、篇章结构的认识与理解，为进一步阅读新的报刊材料打下良好的基础。

适当的听、说、写能力的训练，可以活跃报刊课的教学气氛，促使学生在良好的学习氛围中更有效地提高报刊阅读能力，避免单项技能训练的枯燥乏味与低效率。学生在报刊课上多种语言能力的交替使用，可以及时同教师和其他学生进行沟通和交流，避免单纯面对阅读材料的枯燥，并在回答教师提问、向教师和其他学生发问、与教师和其他学生的讨论中，及时判断、检验自己对阅读材料的理解程度，在与他人的交流沟通中活跃自己的思维，丰富自己的阅读视野和思考角度，为进一步阅读营造轻松的氛围，提供良好的知识储备。

在报刊阅读训练中适当穿插听、说、写能力的训练，可以最

大限度地实现课堂教学的交际性原则。对外汉语教学的最终目标是培养学生的语言交际能力，即学生能够自如、得体地运用语言进行真实的交际。对外汉语教学的每一门课程都在追求并体现这一原则。在报刊阅读教学过程中，适当进行听、说、写的训练，就可以让学生从纯学习的状态自然地过渡到交际的状态，而且这种交际还是自然而然的真实性的交际，如学生在阅读后就阅读材料谈自己真实的看法等，在交际性练习中让课堂教学活动逼近现实的生活场景，提高学生的语言运用能力，从而进一步提高课堂教学质量。

既然报刊阅读能力与听、说、写等其他能力密不可分，那么在具体的报刊课教学实践中如何体现呢？如在讲解报刊课文时，教师应适当地提一些问题，检查学生是否理解了课文内容。如在讲解《读报纸，学中文——中级汉语报刊阅读》（上册）第一课《走进休闲时代》第一段时，可以设计不同的问题，从不同角度考查学生对课文的理解程度。原文如下：

> 宋女士是大学老师，今年"十一"，她一家三口计划去日本游一圈，早早就在旅行社报了名。"有这么多天的假期，干吗不好好休闲一下呢？"和宋女士有同样想法的司机孟师傅，这个暑假全家去北戴河玩了两天，一回来就抱怨说："真没想到北戴河旅游的人这么多，过收费站时竟然有几百辆车被堵在收费口，光旅游大巴就有300多辆。"近几年，到城市周边地区过周末，节假日到全国各地游山玩水或出国旅游成了不少人假日休闲的方式。

针对这段内容，该书的教参依次设计了以下几个问题：（1）宋女士是做什么工作的？（2）今年"十一"，她有什么计划？（3）司机孟师傅全家去什么地方玩了？（4）他一回来就抱怨什么？（5）宋女士和孟师傅的例子说明了什么？

这些问题有直接性提问，也有总结性提问，涵盖了整段课文的主要信息，如果学生都能顺利回答出来，理解这段课文自然不成问题。

在讲练报刊语言点时，教师应设计一些提示性、情景性的问题，让学生在回答操练中熟悉报刊的语言点。如刚才所举的课文第一段中"竟然"是重点学习的语言点，教材中有用法解释和举例说明，同时教参中也设计了一些问题让学生进行回答操练，所提的问题如下：（1）他在北京留学，竟然不知道什么地方？（2）他在北京留学，竟然没去过什么地方？（3）他在北京留学，竟然没吃过什么菜？学生在回答这些问题中，可以熟悉"竟然"一词的用法，从而加深对课文的理解。

　　同时，教师还可以就报刊语言点、报刊文章的内容设计一些话题，引导学生进行讨论，让学生在讨论中熟悉报刊语言点和课文内容。如在讲完上面所举的课文第一段后，可以设计"你的假期是怎么过的"这个话题，促进学生之间的交流。在讲到该课最后一个语言点"不下"时，可以引出"你希望你的月收入不下多少元人民币"的话题，让学生共同讨论。在这种轻松的讨论中，让学生熟悉并掌握"不下"的用法，并让学生介绍一下自己将来的工作收入期望值。这样一来，课堂气氛愉快融洽，学生也很容易就掌握了报刊课文中的重要词语和语言点。

　　此外，教师还可以布置任务，让学生定期阅读最新的中文报刊文章，并写成摘要，在课堂上进行汇报、讨论、交流等。《读报纸，学中文》报刊系列教材和教参就很注重报刊阅读能力与听、说、写等其他能力的紧密结合。比如这套教材每课的练习一要求学生读1~2篇最新的中文报刊文章，并写出摘要，谈谈自己的看法。该系列教材还设计了讨论题，主要围绕课文内容设计了两个容易展开讨论的话题，并提供该课的重要词语、语言点，要求尽量使用这些词语进行讨论。《读报纸，学中文——中级汉语报刊阅读》（上册）第一课《走进休闲时代》的练习七要求尽量使用所提供的该课的重要词语，围绕与课文内容有关的两个话题进行讨论：（1）你们国家一年主要有哪些节假日？人们度过节假日的方式主要有哪些？（2）你喜欢什么样的休闲方式？你到中国的哪些地方旅游过？通过完成这些练习，学生的听、说、读、写几种能力都能得到有机的训练。其他一些报刊教材也有重视对报刊话题进行讨论的练习，如《读报刊看中国》（高级本）、《新编汉语报刊阅读教程》（初级、中级、高级）、《中文报刊阅读教程》（德文注释)、《报纸上的中国》、《报纸上的天下》等,引导学生对相关的话题进行思考、讨论,深化对所学话题的理解。

五、课堂教学与课外阅读相结合的原则

教是为了不教,对外汉语报刊课教学的终极目标是让学生能自己读懂中文报刊,为此,教师应在教学中逐渐培养学生独立阅读中文报刊的能力。如果让学生只满足于读懂教材上的报刊文章,学生最终还是不敢看、不会看原汁原味的中文报刊,报刊课教学的最终目标就无法得到实现,报刊课教学也难以真正体现交际性目的。

让学生的阅读视野仅仅局限于教材本身是不够的,或者是由教师选择一些最新报刊文章让学生阅读也是不够的,因为教材与教师发给学生的材料或多或少都带有人工干预的成分。特别是教材,往往有意识地控制难度,对课文有详细的词语解释,同时还有教师的现场指导、答疑,学生自然容易读懂教材上的文章。教师提供给学生的最新报刊文章往往为经过教师仔细挑选、与学生语言水平比较接近的文章,因此学生基本能看懂。应该说,这两种教学材料都是学生所需的(教材可以让学生系统规范地掌握报刊语言形式和报刊阅读技巧,补充材料可以让报刊课所学到的报刊语言形式和报刊阅读技巧得以及时的应用,并从中了解一些最新的信息内容),但这两种材料仍不能取代让学生独立寻找报刊原文进行阅读的活动。因为学生只有在不断查找、阅读中文报刊原文的过程中,才能真正熟识中文报刊的风格特点,并主动将课堂中所学的报刊语言形式与阅读技巧运用到报刊阅读实践中,在不断克服阅读障碍的过程中发展并形成自己的报刊阅读能力。

从调动学生学习兴趣的角度看,让学生自己寻找报刊原文进行阅读更能激起学生的阅读兴趣。因为教材上的文章以及教师根据教学需要补充给学生的材料更多的是根据学生的水平和多数人的兴趣来选择编排的,不可能照顾到每一个学生的兴趣爱好,所以这些文章都是学生被动接受的材料。教师应该鼓励学生直接接触中文报刊,让他们根据自己的兴趣从众多的报纸中挑选出自己

喜欢的报刊文章，并能读懂主要内容，学会跨越阅读障碍，达到理解报刊文章的目的。兴趣是学生强大的学习动力，学生往往会根据自己的兴趣爱好，调动原有的知识储备，积极地去克服一个个阅读障碍。因为当一个人在做自己喜欢的事情时，就会想方设法地调动各种潜能，以克服所遇到的各种困难。在课堂教学之外，教师有意识地引导学生开辟一片感兴趣的阅读天地，并由此养成定期阅读中文报刊文章的良好习惯，学生就会真正置身于丰富多彩的现实信息社会中，课堂所学到的众多报刊词语、句式、结构等就能不断地得到重现和巩固，甚至在丰富的阅读实践中，还能学到课本上未出现的报刊词语、句式、结构等，对进一步学好教材会很有帮助。

从学习时间的角度看，课堂教学时间非常有限，一周一般只有四节报刊课，而课外可资利用的时间大量存在，教师应该有意识地引导学生在课外阅读最新的中文报刊文章，将报刊课教学由时间非常有限的课堂自然延伸到时间非常充裕的课外，延伸到学生的日常生活中，让读报成为学生业余生活的一部分、一种好习惯。

从生活空间的角度看，留学生生活在中国的现实社会，他们除了想学好汉语，自然也想了解中国的社会现实，而中文报刊与现实生活的紧密联系自然能满足他们直接了解中国社会的需求。当学生能逐渐通过独立阅读报刊文章来了解当地的社会生活，了解当前的中国社会时，自然会有学习的成就感和现实需求的满足感，会认识到报刊课的实用价值。

让学生学会独立阅读报刊文章，对参加 HSK 一类的汉语水平考试大有帮助。现有的 HSK 试题阅读部分占较大的比例，且题量很大，这些试题的阅读材料不是从现有的教材中选取，而是直接从当前的中文报刊文章、文学作品中选取，然后进行适当的人工干预编制而成。有课外独立阅读报刊文章经验的考生对这些阅读试题适应性较强，因为他们已经逐渐形成了在充满阅读障碍的情况下根据上下文进行合理推测的阅读能力，而且他们在课外阅读的中文报刊文章比经过人工干预编制而成的 HSK 阅读材料更难，所以自然对 HSK 阅读材料没有畏难情绪。

刚开始，学生直接接触中文报刊会有恐惧与好奇的心理，教师应及时加以鼓励和疏导，让学生明确报刊课的目的，消除畏难情绪，树立信心。教师应在课堂教学中穿插讲解阅读中文报刊的一些常识、特点，介绍当地几种有影响的报纸，并在课堂上展示一些中文报纸实物，若条件允许，可以带领学生去所在学校的报刊阅览室，让学生实际感受到中文报刊的丰富多彩和独特排版方式，学会根据中文报刊的特点查找自己喜欢的文章。教师应将学生课外读报纳入到整个教学计划当中，可要求学生每周读一定数量的报刊文章，将所读的文章剪贴在笔记本上，教师定期检查，将根据学生一个学期所读的篇数和所写摘要的质量，作为平时成绩考查的一个重要方面，计入期末总成绩中去，从而激励学生在课外进行报刊阅读。

近年来出版的报刊教材都比较重视对读报常识的介绍。如《读报纸，学中文》报刊系列教材的每一册都附有15则读报小常识，以帮助不同水平的学生第一次使用这套教材时都能获得简单实用的读报常识与技巧。该套教材每课的练习一都规定学生每周阅读一定数量的最新报刊文章，确保学生按练习要求自觉完成课外阅读任务。《读报知中国》（上）的每一课都有读报小资料，以及"课后练习和作业"要求学生根据要求阅读最新的中文报纸，完成指定的练习。《汉语新闻阅读教程》每一课都有一则报刊知识，《报纸上的中国》《报纸上的天下》设立专门的章节介绍中文报纸的特点与阅读常识等，以引导学生掌握阅读中文报刊的背景知识、阅读技巧。

根据教学观察，我们发现，报刊课中喜欢课外独立阅读报刊文章的学生往往进步很大，学习成绩比较优秀。如我们所教的一个英国伦敦大学的学生，他刚开始识字量明显比班上其他同学少，汉语水平也比其他同学差，期中考试时勉强及格，是班里最后一名。但我们一直鼓励他克服困难，坚持课外读报。经过不懈的努力，那位学生进步非常明显，期末报刊考试成绩一下子跃入班级前几名。后来回国后他还给我们写了一封感谢信，信中充分肯定了这种独立阅读报刊的做法，认为尽管难度很大，但受益匪浅，并表示在今后的汉语学习中继续坚持这种方式。

六、报刊语言形式与报刊专题内容、文化背景知识相结合的原则

固定教材不能提供最新的信息,但可以提供给学生常用的报刊语言形式和具有长效性的报刊专题内容、文化背景知识,这些对学生阅读最新的中文报刊文章仍然起到很大的作用。在具体的报刊课教学中应避免两种有失偏颇的做法,即只重视报刊语言形式而不重视报刊专题内容、文化背景知识,或只重视报刊专题内容、文化背景知识而不重视报刊语言形式,这两种做法都影响报刊课教学效果的发挥。目前已出版的不少报刊教材,如《报刊阅读教程》(上、下)、《新编汉语报刊阅读教程》(初级、中级、高级)、《中文报刊阅读教程》(德文注释)、《报纸上的中国》、《报纸上的天下》、《读报纸,学中文》报刊阅读系列、《读报知中国》(上)等,都比较重视对报刊常用词语、句式、结构的例释和对报刊专题内容、文化背景知识的介绍。

从学生学习的效果来看,只进行单纯的语言形式教学,学生容易觉得枯燥乏味,而且语言形式的教学仍不等于阅读能力本身,只有将这些丰富的报刊语言形式置于具体的语言环境中,学生才能更容易理解、接受和运用,学生在具体的阅读实践过程中,阅读能力才能不断得到锻炼和提高。因此从思想认识上,教师不应该脱离具体的内容来进行机械的报刊语言形式的讲解和操练。有些教师担心固定教材在内容信息方面容易陈旧过时,不能引起学生的兴趣,这种担心有一定的道理。但教师是教学的主导者,完全可以引导学生充分利用现有教材的可取之处,化不利为有利,让报刊课教学利益最大化。固定教材由于受出版周期的限制,可能不能反映最新的社会动态和信息,但教材一般经过编者的细心挑选编排,课文所涉及的话题往往比较广泛,在当下社会仍具有一定的生命力。就固定教材的具体课文而言,虽然有时不能提供给学生最新信息,但我们可以充分发掘、利用它所提供的稳定的专题内容及文化背景知识的价值。如《读报纸,学中文——中级汉语报刊阅读》(上册)第五课课文《网恋——一朵带刺的玫瑰》,文章开头介绍了新浪网公布的承认有网恋经历的

网民调查数据，然后列举了一个网恋悲剧的例子，接着课文就"网恋为什么吸引人""网恋为什么容易失败"这两个问题进行探讨。这篇课文选自2003年的《中国教育报》，反映的并不是最新的信息，有关网恋的调查数据、所举的网恋悲剧的例子，都不是最新的内容，但教师仍可以引导学生从这些信息中得知有关网恋的基本话题内容：在当今中国有不少网民有过网恋的经历，在这些网恋中出现不少悲剧。而课文重点分析的"网恋为什么吸引人""网恋为什么容易失败"这两部分的内容，无论是问题本身，还是分析的角度看法，都很有说服力，即使在当下，仍有解释力和参考价值。这样，在教师的巧妙引导下，一篇旧文仍能读出它的价值来，对进一步阅读最新的有关网恋方面的报刊文章就能起到很好的示范和引导作用。在学习这篇文章的过程中，教材还安排了重点学习的六个语言点：显然、普及、谈论、暴露、之所以……是因为、凭。学生在操练这些语言点的过程中进一步熟识课文的内容，同时，在理解课文内容的过程中进一步熟识这些语言点的意义与用法。这样的报刊课既可以深化学生对相关专题内容与背景知识的了解，又可以学到常用的报刊语言形式，为课外独立阅读中文最新报刊打下坚实的基础。

在报刊课教学中只注重专题内容与文化背景知识的教学而忽视了报刊语言形式的教学，也是不可取的，因为报刊课毕竟是语言技能课，不是中国概况课、文化知识课。比如有些教师在讲到一些自己感兴趣的报刊课文时，详细地介绍背景知识，并对相关话题充分展示自己的专业知识，这种讲法就有些喧宾夺主，因为报刊课的教学时间非常有限，教师的讲解不能占用过多的时间，在对学生不明白的专题内容和文化背景知识的解答应以解决当下的疑问为度，应点到为止，适可而止，无须发挥过多。如果学生还想进一步了解，教师可以引导学生课外查阅相关的资料或补充一些材料让学生自己阅读。对专题内容与文化背景知识的讲解应紧紧围绕当下所讲的报刊课文来进行，否则报刊课教学的专题内容与文化背景知识讲解就漫无边际。

在讲解报刊课文时，报刊语言形式与报刊专题内容、文化背景知识的结合可以通过提问、讲练语言点与话题讨论的形式来实现。在设计问题时，可以在题干中有意多次重现重要的报刊词语、句式、结构，或巧妙设问考查学生对报刊语言形式和课文专题内容的理解。讲练语言点时通过设计与课文内容相关的情景问题，起到既可以运用课文语言材料、又可以进一步熟识语言点的作用。适当的话题讨论，既可以导出所学的重要报刊语言形式，也可以深化对报刊专题内容以及背景文化知识的理解和认识。这样，报刊语言形式与报刊专题内容、文化背景知识的教学就浑然一体，就能更有成效地提高学生的报刊阅读能力。

七、交际性的原则

报刊课教学体现交际性原则是对外汉语教学的根本目标和要求。对外汉语教学的根本目标是培养学生的语言交际能力，报刊课的直接目标是培养学生的中文报刊的阅读能力，报刊课教学必须体现对外汉语教学的根本目标。这就要求教师在充分体现报刊课型独特性的同时，也能体现出所有语言技能课的共同要求，即以自身课型的独特方式体现出交际性原则。让学生的语言交际能力在报刊课教学中不断得到训练和提高，让学生的学习收益最大化。

留学生生活在中国，渴望了解中国社会，渴望与中国人进行交际，报刊课教学提供了丰富的话题与表达技巧，有助于学生更好地适应现实社会生活，实现与中国人的顺利交际。因此在报刊课教学中，应设法创造真实的交际环境，让学生在一次次的交际练习中提高自己的交际能力，避免课堂教学与现实需要的脱节，从而增强学生学好报刊课的兴趣与动力。

在报刊课教学中适当开展交际性训练，可以及时检测学生对阅读材料的理解程度，深化学生对相关专题的了解与认识，有助于营造轻松活跃的课堂气氛，激发学生浓厚的学习兴趣，提高报刊课的教学效果。

报刊课实现交际性原则可以通过提问、语言点操练、话题讨论、报刊新闻述评等方式来实现。

在讲解报刊课文时，除了提一些学生能够直接从字面上就可以找到答案的问题，还可以提一些需要思考、需要深层次阅读的问题，以加深学生对相关专题与文化背景知识的理解。如在讲解《读报纸，学中文——中级汉语报刊阅读》（上册）第一课①第四段时就可以巧妙地设计一些问题，在交际性问答中帮助学生对课文进行深入理解。该段原文如下：

> 可不是吗，改革开放以前，中国的旅游业几乎是专为外国游客准备的。国际经验显示：只有当人们的收入达到一定水平时，才会产生休闲度假的想法。20世纪90年代以来，我国人民生活逐渐走向富裕，在城市，人们的收入已达到500—1000美元，旅游休闲走进人们的生活，并进入了一个快速发展期。我国在第十个五年计划中，第一次写进了人们的休假问题，并明确提出要实行职工带工资的休假制度，合理调整人们的工作和休假时间。

针对这段内容，教师可以先提原文中可以直接找到答案的问题："改革开放以前，中国的旅游业怎样？"学生很快找到这段课文的第一句话加以回答。然后教师可以进一步提问："为什么那时候中国人很少出门旅游？"学生根据上下文的提示和对中国国情背景知识的了解作出回答：因为那时候中国人的收入很低。

报刊课教学中一个重要的步骤是对语言点的操练，在操练过程中，教师通过适当地引导，可将这种原本有些枯燥的语言形式的训练变成生动有趣、充满生活气息的交际性活动。如在操练《读报纸，学中文——中级汉语报刊阅读教程》（上册）第一课《走进休闲时代》②的重要语言点"逐渐"时，教师可以问学生："你到中国留学后，逐渐喜欢吃什么菜？"然后大家根据自己的饮食爱好作出回答，这样同学之间就可以相互了解各自的饮食爱好，同时也了解了不同的菜名，在这种交际性的问答活动中很自

---

① 课文《走进休闲时代》，吴成年编著《读报纸，学中文——中级汉语报刊阅读》（上册），北京大学出版社，2004年，第1—2页。

② 见吴成年编著《读报纸，学中文——中级汉语报刊阅读》（上册），北京大学出版社，2004年，第2页。

然地学会对"逐渐"一词的用法。整个教学活动轻松自然，可以收到良好的教学效果。

报刊课教学中适当地开展一些话题讨论，让学生在巩固所学的报刊语言形式、报刊专题内容与文化背景知识的同时，发表自己的见解，完成交际性的练习任务。如在学习《读报纸，学中文——中级汉语报刊阅读》（上册）第二课《健康新观念》课文的第一部分后，教师就可以结合这一部分的内容，引出讨论的话题："你认为健康与金钱，哪个更重要？为什么？"学生围绕这个话题在进行讨论的过程中，可以与作者的观点进行比较，也可以与班上其他同学进行比较，进行及时的沟通和交流。在学完这篇课文后，教材的练习七提供了两个话题：（1）你认为健康的标准有哪些？（2）为了健康，你认为应该怎么做？学生围绕这两个话题进行讨论的过程，既能深化他们对课文内容的理解，也进行了真实性的语言交际。这些与学生日常生活贴近的话题，很容易引发学生进行讨论、交流，有效地实现交际性原则。

报刊课教学除了针对课文内容开展交际性教学活动，还可以组织学生阅读最新的中文报刊文章，交流彼此的看法。《读报纸，学中文》报刊系列教材要求每次报刊课轮流有两位同学作报刊新闻发言，即先介绍自己所读的最新报刊文章的内容，然后谈自己的看法，并向班上其他同学提问。如一位学习《读报纸，学中文——中级汉语报刊阅读》（上册）的美国学生的报刊发言是介绍选自《新京报》（2005年11月17日B13版）上的一篇文章《方便面调料包标准拟明年出台》，她在介绍完文章的主要内容后，谈了自己的观点，认为出台调料包标准是好事，但她个人主张为了健康，还是少吃方便面，自己多做饭。然后，她提出两个问题：（1）你们喜欢常常吃方便面吗？为什么？（2）你们知不知道方便面的坏处？这些问题是大家都感兴趣的话题，于是同学们积极表达自己的看法，整个课堂气氛很活跃，课堂交际活动开展得很成功。

八、报刊课教学与现代教育技术相结合的原则

传统的报刊课教学积累了丰富的成果经验，我们应该认真汲

取，加以发扬光大。但面对科学技术的飞速发展和对现实生活的巨大影响，对外汉语报刊课教学不应置身于现代技术浪潮之外，而应该积极地享受现代技术带来的新成果，主动进行变革，不断改进自身的教学。目前对外汉语教学界已经重视在报刊课教学中引入现代教育技术，运用多媒体、网络等技术手段丰富报刊课教学。丁安琪[①]、史艳岚[②]等指出了在报刊课教学中互联网技术的作用，并举例加以说明如何具体应用。

报刊课教学适当引进现代教育技术，可以使报刊课教学的形式更加丰富多彩，立体化的教学比单纯的平面化教学更能给学生带来全方位的信息刺激，进一步提高学习效果。如在讲解课文时，利用多媒体，适当提供图文资料，可以让学生及时理解相关的文化背景知识，对进一步学好课文作了很好的导入和准备。

报刊课通过多媒体和网络技术，还可以及时提供学生相关专题的最新报刊文章，让学生及时地学以致用，将课堂上所学到的报刊语言形式、专题内容与文化背景知识灵活地应用到相关最新报刊文章的阅读中，获取最新的信息和感兴趣的内容，而且获取的方式非常快捷方便。

可见，现代教育技术的应用，对改进报刊课教学，提高报刊课教学效果，培养学生的报刊阅读能力，都有着积极的意义。报刊课教师应该主动迎接新技术浪潮的到来，在具体教学实践中探索报刊课教学与现代教育技术相结合的各种途径。

应用现代教育技术，教师可以更有效地备课。教师编制电子版的教案，便于保存、修改，且美观整洁，节省了大量时间。对于教材中所涉及的一些专题内容和文化背景知识，教师可以通过网络及时查询，获取相关的知识，并可以整理下载，供学生参考使用。比如在准备《读报纸，学中文——中级汉语报刊阅读》（下册）第十二课《冯小刚对答浙江大学生》的教案时，教师可以上网搜寻有关冯小刚的照片、电影的主要画面和内容简介，以

---

① 丁安琪《利用互联网资源辅助报刊课教学》，《汉语学习》，2002年第5期。
② 史艳岚《报刊阅读课的网上教学》，载周小兵、宋永波主编《对外汉语阅读研究》，北京大学出版社，2005年。

便丰富教学内容。

应用现代教育技术，可以使报刊课堂教学更加丰富生动，富有吸引力。教师需要板书的内容可以用 PowerPoint 技术演示，这样便捷美观，容易操作。与教学相关的内容，教师可以将事先准备好的教学资料用多媒体、网络技术及时插入，加深学生对所学内容的印象。如在学习《读报纸，学中文——中级汉语报刊阅读》（下册）第十四课课文《二十世纪十大文化偶像评选结果揭晓》时，教师在讲到张国荣、王菲这些明星时，可以将事先准备好的张国荣的照片与经典性的电影画面，以及王菲舞台照片与代表性歌曲，加以演示和播放，定会激起学生极大的兴趣，使学生对课文中所涉及的这些人物由白纸黑字的平面化理解上升到丰富多样的立体化的感知、认识，教学效果自然更佳。

应用现代技术可以促进师生、学生之间的互动与沟通，将报刊课教学由课堂自然地延伸到课外。教师可以群发电子邮件布置报刊阅读作业，推荐一些报刊资料或最新报刊文章；学生也可以将自己的阅读感受发电子邮件给老师和同学，交流对阅读材料的看法等等。

通过网络，学生可以培养自觉读报的良好习惯。比如在预习课文时，学生可以自己查找与课文相关的文化背景知识的资料。学完课文后，学生如果对自己感兴趣的话题想作进一步的了解，通过输入关键词，就可以搜索到相关的文章进行阅读。中文网络的信息非常丰富，学生可以通过网络及时了解当天的各种新闻，还可以进入相关论坛，就感兴趣的话题，浏览别人发表的看法，也可以留言发表自己的看法，增加新闻阅读的参与感。

在这八项原则中，第一、七、八项是所有语言课都应该遵循的教学原则，也是报刊课应遵循的教学原则；第二、三、四、五、六项是报刊课特有的教学原则，或者说，别的课程也有类似的要求，但一般没有报刊课体现得那么明显与迫切。

第三节 不同类型的报刊课教学

根据报刊课实际教学情形的不同,下面从不同的角度加以分析。

一、海内外不同环境的报刊课教学

不同教学环境下对报刊课教学的要求不一样,大致可分为国内报刊课教学与海外报刊课教学两大类。

国内报刊课教学与海外报刊课教学存在多方面的差异,在实际教学中要区别对待:

一是教学大环境的差异。海外报刊课教学的大环境是学生在课外很少有机会使用中文,周围都是母语环境;国内报刊课教学的大环境是学生在课外有大量的机会使用中文,周围是中文环境。在海外报刊课教学中,学生很少有机会直接读到纸版的报刊文章,教师要因势利导,利用现代网络技术的优势,鼓励学生通过网络阅读中文报刊文章,并创造机会让学生在课内外形成阅读中文报刊文章的兴趣。而在国内的报刊课教学中,中国各大城市的大街小巷遍布报刊亭,学生很容易买到当天的各种中文报纸,教师应鼓励学生利用这一大环境的优势,学会随时阅读纸版中文报纸或网络报刊资源,鼓励学生就当前的热门话题与身边的中国人进行真实的交流,尽早超越与中国人见面打招呼的简单交际层面,学会与中国人进行深入交流,并通过与中国人的直接交流增加对中国的多层面了解,不断获得学习成就感。

二是具体班级环境的差异。海外的报刊课教学班一般是同一国家的学生,或以同一国家的学生为主;但国内的报刊课教学班一般是多国别的混合编班形式。报刊课教师应根据这两类班级的不同,开展有针对性的教学。对海外的报刊课教学,教师应根据同一国家学生的学习特点、共同爱好进行针对性教学。如日本学生的识字能力强,但不好意思开口,因此教师应多创造一些轻松表达的机会与任务,鼓励学生大胆表达、分享阅读感受,对共同关注的问题进行讨论；针对欧美学习者汉字识字量不足的特点，教师应在报刊课教学中有意识地强化汉字教学，提高汉字的重现率，这样可以降低学习难度，提高学习者的学习兴趣。对国内混合编班的报刊课教学，教师应充分发挥多国别生源的优势，组织学生对某一话题进行讨论，让学生结合本国情况进行对比、分析，使全班在多元文化交流中进行跨文化交际。

三是报刊课承担的任务的差异。在国内环境下，报刊课是众多语言课中的一种，与其他语言课存在着配合与照应的关系，如基础语言阶段所涉及的语法点由精读课等其他课程承担，而报刊课则主要训练学习者的报刊语言形式与报刊阅读能力。在国外环境下，报刊课往往是一门综合性语言课，学生的听说读写各种技能及语法点都要在这门课中学到，没有或很少有别的语言课来分技能进行训练。

四是课时量与学习者语言水平的差异。在国内环境下，一般采用密集型汉语教学，学习者的汉语周课时约20节左右，学生的汉语水平提高得很快。在海外环境下，一般缺乏密集型汉语教学，一周汉语课为3～10节不等，学生汉语水平的提高比在国内环境要慢得多。国内中级汉语水平的学生实际水平往往高于海外环境的中级水平学习者，甚至高于海外环境的高级水平的学习者。即使在海外高年级的汉语报刊课中，教师也要考虑到学生实际的汉语水平，尽量降低课程难度，不能按照国内高级报刊课教学的标准要求海外学习者。

五是海内外报刊课教学的话题选择存在差异。在国内环境中，学习者来自不同国家，教师在教学内容、话题上往往会选择不同国家留学生共同关注的全球性话题或有关中国的某一话题，以引起学习者的兴趣。如入冬以后，中国北方不少城市进入雾霾天气，关于雾霾的话题，自然能引起各国留学生的关注与兴趣。在海外学习环境中，学习者主要来自同一个国家，他们在关注有关中国话题的同时，也很关注自己国家正在发生或热议的话题，因此在报刊课教学中，有关中国的话题与自己国家的话题并重，这样能让学生在熟悉感与参与感中感受到报刊课贴近他们的生活，增强报刊课的吸引力。如在韩国的报刊课教学中，学生对整容的话题很感兴趣，报刊课教学就可以多选取这方面的内容组织教学。

二、作为必修与选修的汉语报刊课

在不同的学校，对汉语报刊课作为必修课或选修课的安排与要求不同，也直接影响报刊课教学的选择与安排。

一是课时量不同。作为必修课的周课时量往往多于作为选修课的周课时量。一般来说，作为国内必修课的报刊课，一周有四节课，学生比较重视，教师对学生的要求与考核比较高，学生也比较配合。作为选修的报刊课，一周只有两节课，教师对学生的要求与考核就没有必修课那么高，学生进步得也没有那么快。教师应根据实际教学课时量来安排相应的教学任务。

二是教学任务与要求不同。作为必修课的报刊课，教师往往要求学生有课外读报的任务。教师除了训练学生阅读中文报刊的能力，还对学生的听、说、写等其他语言技能进行训练，教学明显具有课外延伸性、语言技能训练的综合性。作为选修课的报刊课因受课时量的限制，教师往往侧重于课堂教学，语言技能也主要侧重于报刊阅读能力的训练，其他语言技能训练兼顾得少。

教师在进行具体报刊课教学时要根据课程的性质与学生情况适当安排教学任务，以切实可行的任务安排达到报刊课的教学目标。

三、针对成人与青少年的汉语报刊课

以往的汉语报刊课教学主要是针对成人阶段的汉语学习者，但随着全球汉语学习者的快速增长，出现了三个新的变化：一是学习者的低龄化，越来越多的国家和地区将汉语纳入国民教育体系，从中学开始设立汉语教学，甚至有的地方从幼儿园、小学阶段就开设汉语课；二是随着汉语学习者基数的扩大，中高级汉语水平的学习者人数也在不断递增；三是前两种新变化交叠在一起，就出现了另一种新变化，就是低龄化的汉语水平较高的学习者越来越多。这些新变化催生了在汉语水平较高的青少年中开设汉语报刊课，或者将中文新闻阅读作为汉语综合课的一个重要环节与组成部分。如新加坡的中小学汉语班就有让学生定期阅读中文媒体文章的要求；美国一些高中的 AP 中文课程就有让学生阅读中文媒体文章的训练，美国一些沉浸式中文教学的学校、周末中文学校、中文国际学校也鼓励学生阅读中文媒体文章。这些变化表明，将会有越来越多的青少年汉语学习者学习报刊课。那么，针对成人与青少年的汉语报刊课有何不同？

一是学习动机不同，青少年学习报刊课更多的是出于一种兴趣，而成人学习报刊课更多的是出于专业、学分、就业等功利性目的考虑。

二是关注的话题有所区别。青少年更关注自己国家轻松娱乐、时尚类的话题，对就业、工作类话题不那么感兴趣；而成人学习者除了关注本国新闻，对中国新闻、世界性新闻也很关注。

三是上课的技巧有差异。青少年一般活泼好动，注意力难以持久、容易分散，教师除了注意上课的内容丰富多彩以外，还要重视上课技巧，控制课堂纪律，多组织活动让学生参与进来，注意教学活动的丰富性，才能较好地吸引青少年的注意力。而成人学习者的自控能力很强，不需要教师组织各种活动来调动他们学习的积极性，教学内容本身信息量的充足等才是吸引他们学习注意力的关键点。因此，有时为了吸引学生，中小学的报刊课教学少不了一些游戏活动，让学生参与其中，从而享受到学习的快乐。但对成人学生来说，报刊课教学中组织一些游戏活动，偶尔为之，学生还有新鲜感，但长期为之，学生们会产生抵触情绪，觉得教师是在浪费他们宝贵的课堂学习时间。因为他们学习报刊课的动机足够强烈，不需要教师通过游戏活动的方式来激发了。

认识到两类学习者的差异，我们可以更有针对性地组织报刊课教学，以适合不同学生的方式来提高报刊课的教学质量。

第二章 汉语报刊课的教学模式与教学技巧[①]

影响报刊课教学质量的因素是多方面的，主要有教师、教材、学生、教学设施等。在这些因素中，教师起着重要的组织者的作用，好的教师能调动各种因素的积极性，甚至能将不利的因素转化为有利的因素。汉语报刊课要想更好地提高教学质量，必须重视对报刊课教学法的探讨与研究，对报刊课教学法研究得越深入，教师对报刊课教学的规律、特点、本质就认识得越深刻，在具体的报刊课堂教学中就越能调动自己的教学积极性，教师会更自觉地发现问题、思考问题、解决问题，不断反思总结自己教学的得失，让教学经验越来越丰富的同时，不断超越自己经验的局限，让教学视野更开阔，保持探索的活力，从而不断提高课堂教学的效率和质量。符合报刊课课型特点与内在要求的教学法，能在对外汉语不同的课型中体现出报刊课的独特价值，让学生的语言技能得到充分有效的训练与发展，能让学生在对报刊课的学习中得到别的课型不能取代的收获。采用合理有效的报刊课教学法，教师在使用具体教材时，就可以根据具体教学情况，充分发挥现有教材的优势，并设法弥补现有教材的不足，真正做到"扬长补短"。教师"怎么教"在很多方面直接影响着学生"怎么学"，使用有效得当的报刊课教学法，教师会充分注意到学生在课堂教学中的重要地位，注意到同一班级中不同学生的共性与个性，重视在教学中努力调动和保护学生学习的积极性，让报刊课朝着规范化与个性化的方向发展，使学生从中获益。在教学设施的使用上，教师会根据现有的客观教学条件设备，采用灵活有效

[①] 本章内容选自吴成年《对外汉语报刊课教学法探讨》，见张和生主编《汉语报刊课教学理论与方法》第四章第二、四节，北京大学出版社，2007年，有改动。

的教学法，充分发挥已有设施的作用，为提高课堂教学质量服务。

报刊课教学法可以从教学模式、教学技巧这两个不同的层面进行探讨分析，这两者之间联系紧密，前一层级决定着后一层级，后一层级具体体现前一层级，共同组成报刊课教学法的有机整体。以下本章两节分别对报刊课教学法这两个不同层面加以探析，为广大教师进一步提高报刊课的教学质量提供参考。

第一节　对外汉语报刊课教学的基本模式

对外汉语报刊课教学的基本模式可大致分为三种：一是以固定教材为课堂主要教学材料的基本模式；二是以临时的报刊文章为课堂主要教学材料的基本模式；三是以网络报刊文章为课堂主要教学材料的基本模式。目前的对外汉语教学界，第一种模式占主流，第二、三种模式有些教师在一定范围内使用，但运用得远没有第一种模式普遍。这三种教学模式由于所使用的教学材料的形式完全不同，呈现出各自的教学特点。

一、报刊课教学的第一种模式

第一种模式是以固定教材为教学的依据和主要材料，整个课堂教学主要围绕固定教材来进行。该模式主要由以下几个方面构成：（一）学生自找近期报刊文章并就其内容当堂进行简要述评；（二）生词与课文的讲解；（三）练习的讲解。

（一）学生自找近期报刊文章并就其内容当堂进行简要述评

由于报刊固定教材难免会存在时效性滞后的问题，故不少教师在使用固定教材的同时，往往灵活地采用一些教学方法，如让学生自找近期报刊文章并就所读的文章内容当堂进行简要述评，或由教师发放一些与课文内容相关的补充阅读材料等，设法增强报刊课的信息量与时效性。这些教学活动一般安排在生词与课文讲解之前来进行。

1. 让学生自找近期报刊文章

（1）根据内容是否有限定，学生自找的近期报刊文章可大致分为三种：

一是不作任何限定，让学生完全根据自己的兴趣来查找自己所要阅读的报刊文章。二是作出限定，让学生围绕与课文内容相关的话题查找近期的报刊文章。如当学生要学习课文《"世界艾滋病日"在北京》[①]时，可以让学生在课外查找阅读有关艾滋病话题的近期报刊文章；当学生要学习课文《旅游和假日消费正在成为新时尚》[②]时，可以让学生查找阅读有关旅游休闲方面话题的近期报刊文章；当学生要学习课文《北京交通，路在何方》[③]时，可以让学生查找阅读有关交通方面话题的近期报刊文章；当学到课文《中国农民工"40岁现象"调查》[④]时，可以让学生查找阅读有关农民工方面话题的近期报刊文章等。三是教师适当作出提示，让学生围绕当前社会的一些热点问题或突发重大事件查找近期的报刊文章，如当前国际社会的反恐问题、全球普遍关注的禽流感问题、中国大学生就业问题、中国环境污染问题、中国建设节约型社会的问题及中国创建和谐社会的问题等。

这三种方式共同的优点是：首先，弥补了固定教材时效性不强的局限，让学生读到近期的报刊文章内容。其次，让学生学会直接阅读中文报刊文章，避免了以往教学仅限于教材、学生学完报刊教材仍不会或不敢独立阅读中文报刊的局限。再次，学以致用，激发学生对报刊课产生更大的兴趣，进一步提高教学效果。当然，这三种方式有其自身的特点，教师可以结合教学实际情况，灵活使用其中的一种或交替使用不同的方式。

[①]《"世界艾滋病日"在北京》，见白崇乾、朱建中编《报刊语言教程》（上）第二课，北京语言文化大学出版社，1999年，第9—10页。

[②]《旅游和假日消费正在成为新时尚》，见吴成年编著《读报纸，学中文——中级汉语报刊阅读》（下册）第二课，北京大学出版社，2004年，第12—13页。

[③]《北京交通，路在何方》，见刘谦功、王世巽编著《汉语新闻阅读教程》第十课，北京大学出版社，2005年，第146—149页。

[④]《中国农民工"40岁现象"调查》，见吴成年编著《读报纸，学中文——准高级汉语报刊阅读》（上册）第十五课，北京大学出版社，2006年，第319—340页。

第一种方式，即让学生完全根据自己的兴趣查找自己所要阅读的报刊文章，充分照顾到学生的学习兴趣、个性差异，不作统一要求。每一个学生根据自己的兴趣选择报刊文章，将会把外在的学习要求最大限度地转化为内在的学习动力与需求，将会充分调动学习的积极性，不断发掘自己的学习潜能，在其乐无穷中完成一项项富有挑战性的阅读任务。第一种方式充分考虑到学生的学习特征和需求，但由于没有话题的限定或引导，学生仅凭兴趣查找近期报刊文章，往往会遇到很多学习障碍。如学生感兴趣的话题在教材中未涉及，报刊文章中有大量的生词、语法句式等在教材中未出现，学生要读懂这些文章势必要花费大量的时间与精力，特别是其汉语水平还不太高时，阅读的障碍过多过大，在一定程度上影响学生的阅读信心和积极性。故在中级水平的起始阶段，教师可提醒学生多看一些比较简短、相对容易、甚至配有图片说明的报刊文章，然后再看长一些、难一些的文章。学生根据自己的兴趣选择报刊文章并在课堂上就所读文章进行简要述评这一教学方式有利也有弊，有利的方面是准备的学生兴趣浓厚，同时听的学生可以多方面了解不同的话题与见解；存在的问题主要是，准备者感兴趣的文章内容不一定是班上其他同学感兴趣的，准备者熟悉的话题内容班上其他同学不一定熟悉，这样在相互交流、沟通时不可避免会存在一些障碍，甚至出现冷场的局面。

第二种方式，即作出限定，让学生围绕与课文内容相关的话题查找近期的报刊文章。这种方式的优点主要有：一是由于话题明确，学生查找近期报刊文章比较方便，如学习课文《警惕电子垃圾的危害》[①]时，教师可布置学生在课外查找阅读近期报刊中有关电子垃圾话题的文章，学生很容易就能找到相关的文章。二是由于所查找的近期报刊文章与所学课文属于同一个话题，课文中出现的生词、语法结构、句式、内容等在所查找的近期报刊文章中重现的几率很大，这样既可以巩固课堂所学的报刊语言知识与结构，又可以运用课堂所学的报刊语言知识与结构来解读近期

---

① 《警惕电子垃圾的危害》，见吴成年编著《读报纸，学中文——中级汉语报刊阅读》（上册）第八课，北京大学出版社，2004年，第91—92页。

报刊文章，相应降低了阅读难度，从而提高学生独立阅读近期报刊文章的信心与效率。三是当学生在课堂上就所读报刊文章进行简要述评时，由于所选择的报刊文章内容与所学课文话题相同，班上其他同学对所述评的报刊文章内容就共同拥有一定的相关知识结构，彼此之间较易沟通和讨论。四是教师对学生在课堂上所述评的报刊文章内容有一定的预判及预知，课前对相关的内容可以有针对性地进行准备，从而在课堂上可以从容应对学生的提问，并可以引导学生围绕这一话题进行更深入地讨论和交流。这种方式的不足主要有：一是由于围绕所学课文的话题来查找近期报刊文章，无法照顾到每个学生的兴趣，如有的学生对所限定的话题不感兴趣时，会对整个查找阅读过程感到枯燥无味，甚至产生抵触情绪，这在一定程度上限制了学生学习潜能的发挥。二是由于局限于所学课文的话题来查找近期报刊文章，学生的课外阅读范围易受制于所学教材的话题，教材上未出现的话题学生就不一定能接触到。三是任何一本报刊教材的话题数量毕竟有限，不可能穷尽一切，更不可能完全预知和囊括教材出版后某一时期现实生活中所出现的各种热点话题。如果将学生课外阅读完全局限于所学课文的话题范围，学生不一定有机会接触到现实生活中新出现的热点话题，而现实生活中新出现的热点话题往往是学生乐于了解的，能激起学生通过阅读获取信息的兴趣。

  第三种方式，即教师适当作出提示，让学生围绕当前社会的一些热点问题或突发重大事件查找近期的报刊文章。这种方式的优点主要有：一是能让学生通过中文报刊及时了解当前社会的一些热点问题或突发事件，如中国每年3月定期召开的"两会"或"黄金周"的旅游问题、大学生就业问题、农民工生活待遇问题、能源节约问题、创建和谐社会的问题、"春运"、超女现象以及国际反恐问题等等。通过对有关这些话题的文章的解读，学生可以获取丰富的信息，增加对当前社会的了解。二是学生查找近期报刊文章的目标明确，加上中国报刊对社会的热点问题或重大突发事件常常有大量报道，学生很容易找到这些方面的文章。如"十一"黄金周的旅游问题。在"十一"前后和"十一"期间，中国内地各大报章都会有大量的报道，学生就很容易找到相关的文章，在阅读多篇同一话题文章的过程中，同样的词语、相关的内容不断重现，这样学生阅读的信心会不断增强。三是当学生在课堂上就所读报刊文章进行简要述评时，由于所选择的文章内容与其他同学同一时期选择的文章话题相同，因此大家就共同拥有相关的知识结构，彼此之间较易沟通和讨论。四是教师对学生在课堂上所述评的报刊文章内容有一定的预判与预知，课前对相关的内容可以有针对性地进行准备，从而在课堂上可以从容应对学生的提问，并可以适当引导学生围绕这一话题进行更深入地讨论和交流。这种方式的不足主要有：一是这种方式主要从社会热点或重大突发事件的角度确定学生课外阅读的话题，自然无法照顾到每一个学生的个人兴趣，这样难以避免有部分学生对相关报道不感兴趣。如中国曾经出现的"超女"现象，有很多年轻的留学生对此很感兴趣，但有些留学生就明确表示对娱乐节目不感兴趣，而对科技、教育方面感兴趣。二是学生所要选择的报刊文章的话题在所学的报刊教材中未出现过时，对于中级水平起始阶段、初学报刊课的学生来说，一开始就要阅读这种报刊文章，其难度太大，学生容易产生畏难情绪。

可见，这三种方式各有其优点与不足，在教学中教师可以根据学生的实际情况灵活选用不同的方式，让学生充分享受到课外阅读报刊文章的乐趣。

（2）让学生自找近期报刊文章，根据文章刊载或出现的形式，可大致分为四种：

一是允许学生查找报纸上的文章。报纸的出版周期短，能快速呈现最新的消息，文章篇幅大多短小，适合不同汉语水平的留学生阅读。教师最好能根据学生的汉语水平推荐一些全国范围或当地很有影响、内容丰富、生动鲜活的报纸。如北京地区可推荐学生课外阅读《新京报》《京华时报》《北京青年报》《中国青年报》等；上海地区可推荐学生课外阅读《文汇报》《新民晚报》等；广州地区可推荐学生阅读《南方日报》《南方周末》《羊城晚报》等。

二是允许学生查找期刊上的文章。期刊文章受出版周期限制，一般较注意信息报道的广度和深度，篇幅一般比报纸上的文章要长，比较适合汉语水平较高的留学生阅读。教师可根据学生的汉语水平，推荐一些优秀的期刊，如《三联生活周刊》《读者》《青年文摘》等。

三是允许学生查找网络上的文章。网络的时效性很强，信息能及时发布，比报纸、期刊的信息发布要快捷得多，但网络文章语言远没有报纸、期刊语言正式、规范、准确，给留学生的阅读理解带来不小的麻烦。教师应推荐一些影响力比较大的中文网站，如新浪、搜狐、网易、新华网、人民网、央视网等。

四是允许学生通过广播、电视获取信息。广播、电视提供的消息也很快捷，而且可以训练听力，电视还配有丰富直观的画面。教师可根据学生的汉语水平，推荐一些全国范围或当地很有影响的广播电视栏目，供学生定期收听、收看。

2. 让学生当堂述评所阅读的近期报刊文章

（1）根据每次学生当堂述评的人数是否有限制，可分为以下三种形式：

一是自愿式。即每次发言学生的名单事先不确定，由学生自愿当堂述评所阅读的报刊文章。这种方式的优点是轻松随意，学生的发言没有完成任务的被"逼迫"的感觉。这种方式的要求是师生关系融洽、信任度高，学生自觉性高。其不足为，由于过于随意，就有可能造成一部分学生积极参与，另一部分学生不愿意参与，没有明确的责任意识。

二是全班参与式。即每次全班同学当堂简要述评所阅读的报刊文章内容。这种方式的优点是参与度高，全班每个人都能提供一些消息与看法，整个交流内容丰富。要求是全班人数不宜过多，超过十人的班级就不宜采用这种方式。这种方式的不足是由于全班都参与，每个人的发言时间很短，有些文章内容很难介绍清楚，而且很难展开进一步的交流和讨论，并且时间难以控制，容易超时，从而影响后面其他教学任务的完成。

三是全班轮流参加式。即每次轮流有固定数量的学生述评所阅读的报刊文章。人数较多的班级可以采用这种方式。这种方式的优点是，确保每一位同学都有机会参与这项教学活动，且每次限定人数，保证每位同学有相对充足的发言时间，能较完整地述评所阅读的文章内容,并能有时间与大家进一步交流和讨论。这种方式的不足是,当班级人数较多时,学生轮流发言一次的周期长,每个学生一个学期能参加的次数非常有限;而且每次当堂述评时,轮到的同学发言较充分,时间较多,其他同学发言的机会和时间则相对有限。总之,教师在具体教学中最好根据班级人数、学生的汉语水平、学习的自觉性、学生的参与意识等情况,选择合适的方式组织教学。

(2) 当堂述评内容的要求

每次学生当堂述评内容的要求也可分为以下三种:一是只要求学生简要介绍所阅读的报刊文章的内容;二是要求学生简要介绍报刊文章内容并发表自己的看法;三是要求学生简要介绍文章内容,发表自己的看法,并提出与文章内容有关的问题,以引起大家共同讨论。这三种方式的要求一个比一个高,所需要的时间也更多,发言时间更难控制。因此,当学生的汉语水平和读报能力越来越高时,可鼓励学生采用第二、三种方式。

(二) 生词与课文的讲解

1. 复习与检查预习情况

报刊课教学第一种模式的第二个方面是对生词与课文的讲解。在正式讲解生词与课文之前,有两个教学步骤应考虑是否要加在课堂教学中,一个是复习,另一个是检查预习情况。复习是巩固过去所学的内容,防止遗忘,在整个报刊课教学中处于重要地位,可以说,不会复习的学生就不能真正学好报刊课。复习是否要安排在课堂教学中值得考虑。当学生学习的自觉性不太高,所学的内容遗忘过多,而课堂教学时间较充裕时,教师可在课堂教学中适当安排复习。当学生学习的自觉性很高,能在课外自己安排时间进行复习,而课堂教学时间较紧张时,就不必安排复习环节,教师只需适当提醒学生注意复习就行了。复习的内容主要是每一课的生词、课文、重要语言点。课堂复习的方式有多种:一是朗读生词、课文,可采用循环复习的方式,即每一次课复习一定量的生词和课文,隔一段时间再复习一遍。朗读的方式有多种:点读,教师随机点名让学生朗读;齐读,让全班一起朗读;

分组读,将全班分成几个小组,然后每个小组轮流朗读;接龙读,即每个人轮流读一部分。二是对所学课文进行简要复述。三是对生词进行抽查,如由一位学生说出生词,另一位学生进行解释,或由一位学生说出词语的解释义,另一位学生猜出相对应的词语。四是听写词语或句子。

检查预习情况的目标主要是督促学生养成预习生词与课文的好习惯。教师可以采用听写的方式,即听写一部分生词或句子。根据听写成绩,可以判断学生预习是否认真、充分。

2. 生词的讲解

报刊教材的生词是否要在课堂上讲解,要视具体情况而定。如果教材的生词解释比较详尽易懂,有中文解释和外文翻译,学生自学就可以理解的,就不必在课堂上进行讲解。如果教材的生词只有英文翻译,学生不能借助英文较好理解词义时,教师最好能用简单易懂的汉语进行解释。对词语的讲解以疏通词义为主,不易讲解的,以简明的例句辅助加以理解。生词中有很多合成词和成语,教师可简单讲解词语的每个语素义。其中,作为重要语言点的那部分生词可放在课文中讲解。

3. 课文导入

在正式讲解课文前,教师可根据教学时间和课文内容适当安排导入环节。安排导入环节的好处有:一是教学过渡自然。如在讲解课文《网恋:一朵带刺的玫瑰》[1]时,可以先引导学生讨论"你同意还是反对网恋"这一话题。在简短的讨论中,既可以让学生了解彼此的观点,又可以活跃课堂教学气氛,自然引入到课文教学中来。二是可以吸引学生的注意力。如在讲解课文《姚明的身价有多高》[2]时,可以提供姚明在NBA比赛时的图片资料,增加学生对姚明的了解,引起学生的兴趣,有助于学生更好地理解课文。三是丰富课文的内容。如在讲解课文《中国经济在世界

---

[1] 《网恋:一朵带刺的玫瑰》,见吴成年编著《读报纸,学中文——中级汉语报刊阅读》(上册)第五课,北京大学出版社,2004年,第46—47页。

[2] 《姚明的身价有多高》,见吴成年编著《读报纸,学中文——中级汉语报刊阅读》(上册)第十三课,北京大学出版社,2004年,第165—166页。

经济中的地位》①时,可以提供一些近年来中国经济增长的新情况,以弥补课文时效性不足的局限。如果在讲解课文之前,学生已当堂述评了自己所阅读的与课文话题相关的文章内容时,导入部分可省略,即在讲解完生词后,可直接讲解课文。

导入课文的方式可以灵活多样:一是话题切入式,即教师根据课文内容和学生的具体情况,提供合适的话题,以引起学生讨论的兴趣,自然导入课文。如在讲解课文《中国人的名字该怎么起》②时,可问学生:你的中文名字是怎么起的?你在起中文名字时有哪些要求?二是提供图片资料式,即根据课文内容提供相应的图片、统计数字、文字资料等。如在讲解课文《张艺谋在行动》③时,可以提供张艺谋的照片及他所导演的一些有名的电影的剧照,以激发学生的兴趣,让学生更直观地了解张艺谋和他的电影,从而更好地学习课文。

在导入课文时,导入部分的内容应与所要讲解的课文内容密切相关,这样才有助于学生愿意学习课文、更好地理解课文。同时应注意控制导入部分的时间与节奏,不能喧宾夺主,占用过多的时间,以免影响后面课文的讲解。

4. 课文的讲解

课文讲解包括课文内容讲解、语言点讲解、课文中出现但生词表中未标注的词语的讲解、话题讨论等几部分。

(1) 课文内容讲解

课文内容讲解主要分为句、段、篇三个不同层次的讲解。

对于句一级内容的讲解,主要侧重于对长句、复句、带有特殊报刊词语格式的句子的讲解。对长句的讲解主要采用成分分析法,找出句子的主要成分和中心词,通过化繁为简的方式凸现出长句的主要结构和内容。如出现在报刊教材中的一个长句:"在

---

① 《中国经济在世界经济中的地位》,见吴成年编著《读报纸,学中文——中级汉语报刊阅读》(下册)第十课,北京大学出版社,2004年,第117—118页。

② 《中国人的名字该怎么起》,见吴成年编著《读报纸,学中文——准高级汉语报刊阅读》(上册)第十三课,北京大学出版社,2006年,第278—296页。

③ 《张艺谋在行动》,见吴成年编著《读报纸,学中文——准高级汉语报刊阅读》(上册)第十四课,北京大学出版社,2006年,第297—318页。

外贸企业工作期间,一件亲身经历的事情改变了自己对使用筷子这一再平常不过的生活习惯的看法。"① 加上两个标点符号,该句长达 45 个字符,有独立的时间状语,主语与宾语中心词前各有一个较长的定语,这样复杂的句式为学生理解句意带来较大的困难。若先找出该句的主谓宾,整个句子的核心结构和主要内容凸显出来,就容易理解多了。复句中有些种类的分句间的关系比较好理解,如因果、转折等关系的复句;但有些复句,如让步关系复句,学生理解起来则困难些。如:"且不说这位求职者的面试结果怎样,就目前而言,他至少获得了一个难得的面试机会。"② 学生对"且不说"这一习用语所引导的让步关系不容易理解,自然难以理解整个复句所表达的意思,至于作者对这位求职者行为的态度就更难以判断。另外,报刊教材中有些句子带有特殊报刊词语格式,学生理解起来也比较难。如:"一个人身心成长与知识的增长相伴相随,从幼年不成熟到老年成熟,从无知到知之更多,能否成长,成为什么样的人才,前提条件取决于能否受到良好教育。"③ 这句话比较复杂,包含报刊词语"取决于",当学生明白了这一词语的意思和用法后,自然不难理解整句话的意思。

对于段落一级内容的讲解,主要目标是理解一段话的语意重点或主要内容,主要训练学生语段的理解能力和概括能力。如报刊教材中有这样一段话:

> 都说怕结婚的男人多。事实上,许多女人也有这种心理。不少白领女性不愿结婚,是害怕那些婚姻带来的繁重家务活、生养孩子的义务、照顾丈夫和老人的责任;有的则是怕结婚后感情不能长久,给自己带来伤害;有的对自身或对方不够完美过分担忧;有的害怕感情还不成熟时结婚以后会

---

① 《网恋:一朵带刺的玫瑰》,吴成年编著《读报纸,学中文——中级汉语报刊阅读》(上册)第五课,北京大学出版社,2004 年,第 46—47 页。

② 《哪种方式求职最有效》,吴成年编著《读报纸,学中文——中级汉语报刊阅读》(上册)第七课,北京大学出版社,2004 年,第 78 页。

③ 《少小离家为哪般?》,王海龙著《报纸上的天下——中文报纸阅读教程》(下册)第三章,北京大学出版社,2004 年,第 35 页。

不幸福。总之，女性对婚姻缺乏信心的现象越来越普遍。①

对于这段话，作者采用的是"总—分—总"的结构模式进行表达，先是谈到许多女性怕结婚，接着列举女性怕结婚的四种心理现象，最后总结指出女性对婚姻缺乏信心的现象越来越普遍。通过讲解，既让学生理解每一句话的内容，又让学生理解句子与句子之间的表达关系，从而进一步理解整段话的内容。

对于报刊文章全篇内容的理解，主要让学生理解各个段落之间的关系和整篇文章的主要内容，训练学生整篇文章的理解能力与概括能力。教师应让学生掌握理解报刊文章整篇内容的基本技巧，如根据标题把握文章的主要内容或话题范围等。例如学习课文《替代开发铲除毒源》② 时，根据这一课文标题，就可以知道课文主要讲禁毒方面的内容。再根据课文中各个部分的分标题就进一步了解这篇文章的大概内容：毒品是全人类的公害；十年禁毒成绩不凡；禁毒需要拓展思路。等学完全篇文章之后，概括总结文章的主要结构和内容是：毒品是全球性的公害；中国十年来禁毒取得了不凡的成绩；中国的禁毒形势依然严峻；禁毒需要拓展思路。

（2）语言点讲解

近些年出版的报刊教材绝大部分都有语言点注释，具体情况见下表：

序号	编者、教材名、出版社、出版时间	语言点	报刊语言点在教材中的具体名称
1	王世巽、刘谦功、彭瑞情编，《报刊阅读教程》（上），北京语言文化大学出版社，1999年。	有	报刊词语、句式示例
2	彭瑞情、王世巽、刘谦功编，《报刊阅读教程》（下），北京语言文化大学出版社，1999年。	有	报刊词语、句式示例

---

① 见课文《"不婚族"日趋庞大　单身白领女性多》，吴成年编著《读报纸，学中文——准高级汉语报刊阅读》（上册）第四课，北京大学出版社，2006年，第64页。

② 《替代开发铲除毒源》，见彭瑞情、王世巽、刘谦功编《报刊阅读教程》（下），北京语言文化大学出版社，1999年，第159—161页。

续表

序号	编者、教材名、出版社、出版时间	语言点	报刊语言点在教材中的具体名称
3	白崇乾、朱建中编，《报刊语言教程》（上），北京语言文化大学出版社，1999年。	无	
4	白崇乾、朱建中编，《报刊语言教程》（下），北京语言文化大学出版社，1999年。	无	
5	吴丽君编著，《新编汉语报刊阅读教程》（初级本），北京大学出版社，2000年。	有	词语例释、报刊常用格式
6	吴丽君编著，《新编汉语报刊阅读教程》（中级本），北京大学出版社，2000年。	有	词语例解、报刊常用格式
7	黎敏编著，《新编汉语报刊阅读教程》（高级本），北京大学出版社，2000年。	有	报刊常用结构、词语例解
8	周上之、Susian Staehle 编著，《中文报刊阅读教程》（德文注释），北京大学出版社，2004年。	有	报刊语言常用结构
9	王海龙著，《报纸上的中国——中文报纸阅读教程》（上），北京大学出版社，2004年。	有	报刊惯用语汇及表述模式
10	王海龙著，《报纸上的天下——中文报纸阅读教程》（下），北京大学出版社，2004年。	有	报刊惯用语汇及表述模式
11	吴成年编著，《读报纸，学中文——中级汉语报刊阅读教程》（上），北京大学出版社，2004年。	有	词语例释
12	吴成年编著，《读报纸，学中文——中级汉语报刊阅读教程》（下），北京大学出版社，2004年。	有	词语例释
13	刘谦功、王世巽编著，《汉语新闻阅读教程》，北京大学出版社，2005年。	无	
14	吴雅民编，《读报知中国——报刊阅读基础》（上），北京语言大学出版社，2005年。	有	报刊惯用格式
15	吴成年编著，《读报纸，学中文——准高级汉语报刊阅读教程》（上），北京大学出版社，2006年。	有	词语例释

近些年出版的一些报刊泛读教材没有统计在内，表中所列的都是用于课堂教学、精读与泛读相结合的报刊教材。这15本教材

中只有 3 本没有列出语言点,其他 12 本教材都列有语言点,占 80%。可见,注重语言点的讲解已成为绝大部分教材的共识。这 12 本列有语言点的教材,都注重对报刊常用词语、格式、句式的注解,并附有例句加以解释说明。报刊语言点的讲解主要让学生掌握报刊常用词语、格式、句式的意思和用法,了解报刊语言的特点,更好地解读报刊文章,从而不断提高报刊阅读能力。报刊语言点的具体确定与讲解方式,请详见本章第三节的相关部分内容。

(3) 课文中出现但生词表中未标注的词语的讲解

报刊教材课文中总会出现一些词语表未注解而学生又不理解的词语,具体原因是多方面的。一是教材编写的原因。现有的绝大部分报刊教材生词表的编写未严格参照对外汉语词汇教学的三个大纲,即《汉语水平词汇与汉字等级大纲》[①]、《高等学校外国留学生汉语言专业教学大纲》(附件一)[②]、《高等学校外国留学生汉语教学大纲》(长期进修·附件)[③]。尽管这三个大纲受时效性、语料统计范围等的限制,存在一些不足[④],但在没有一部新的更好的词汇教学大纲出现以前,现有的大纲仍是教材课文生词表编写的重要参照与依据。现有报刊教材的编写者大多是有着丰富教学经验的教师,但脱离词汇教学大纲,完全凭着个人的教学经验来确定生词表,总会带有人为的主观因素的限制,难以避免地会漏掉课文中一些本应在生词表中列出并加以注解的词语,这样学生在学习教材时自然会遇到这样的词语。如某一报刊教材中的第

---

① 《汉语水平词汇与汉字等级大纲》,国家对外汉语教学领导小组办公室编,经济科学出版社,2001 年。

② 《高等学校外国留学生汉语言专业教学大纲》(附件一),国家对外汉语教学领导小组办公室编,北京语言文化大学出版社,2002 年。

③ 《高等学校外国留学生汉语教学大纲》(长期进修·附件),国家对外汉语教学领导小组办公室编,北京语言文化大学出版社,2002 年。

④ 张和生《关于对外汉语词汇教学大纲建设的一点思考》,载李晓琪主编《汉语教学学刊》第 1 辑,第 152—158 页,北京大学出版社,2005 年;苏新春《对外汉语词汇大纲与两种教材词汇状况的对比研究》,《语言文字应用》,2006 年第 2 期,第 103—111 页。

一课课文《汉语托福越考越热》[①],受出版时间限制,编者无法参照后来才出版的词汇教学大纲,该课文的生词表列出了 21 个生词,但仍有不少词语属于应列而未列出的。如属于二年级应学习的词语"此、首次、至今、合格、证书、职员、高等、院校"等;属于三四年级应学习的词语有:终止。属于超纲的词语:均、据、其、学业、提薪、升迁、明文。参照词汇教学大纲,该课这类生词多达 16 个,只比已列出的生词数量少 5 个,这些未列出的生词需要教师在备课时认真准备,在课堂上加以讲解。二是学生现有词汇量的限制。每个学生的具体学习情况千差万别,个人所拥有的词汇量也差别较大,故在学习某一报刊教材时,本应掌握的低级别的词语或配套的前一册或前几册报刊教材的生词未学过或未掌握,这些词语主要由学生提出,教师可当场给予解答。这一类生词的具体确定与讲解方式,请详见本章第三节的相关内容。

(4) 话题讨论

话题讨论具有多方面的作用:一是深化对课文内容的理解。如在讲解课文《学习型社会正在走来》[②]时,针对课文内容,教师可以提出"为什么会出现学习型社会"这一问题,以引起大家的思考和讨论,加深对课文的理解。二是具有提高语言交际能力的作用,增进同学之间的相互了解。如在讲课文《警惕电子垃圾的危害》[③]时,当学生了解到中国当前废旧家电回收的三种途径都存在问题时,就可以引出一个话题:"你们国家是怎么解决废旧家电回收问题的?"不同国家的学生在分别介绍本国的废旧家电回收情况的过程,既是在完成真实的交际性任务,也增进了对其他国家国情的了解。三是将课堂上的教学内容自然地延伸到现实社会生活中。如在学习课文《全面共享社会资源 积极防治艾

---

① 《汉语托福越考越热》,白崇乾、朱建中编,《报刊语言教程》(上)第一课,北京语言文化大学出版社,1999 年,第 1 页。

② 《学习型社会正在走来》,吴成年编著《读报纸,学中文——中级汉语报刊阅读》(上册)第六课,北京大学出版社,2004 年,第 66—67 页。

③ 《警惕电子垃圾的危害》,吴成年编著《读报纸,学中文——中级汉语报刊阅读》(上册)第八课,北京大学出版社,2004 年,第 91—92 页。

滋病》① 时，当了解到中国社会当前防治艾滋病的过程中所存在的种种问题与现象时，教师可以设置"在现实生活中，你是怎么看待艾滋病病人的"这一问题，这样就将艾滋病问题自然地延伸到具体现实生活中来。四是可以弥补报刊教材时效性不足的局限。如学习课文《家庭"四大件"的变化》② 时，课文介绍了不同时期中国家庭大件消费的变化，课文的写作时间是 2002 年，所提供的内容都不是新信息，但由课文的旧知识可以引导出包含新信息的话题："进入 21 世纪后，你们国家民众的消费发生了什么变化？"通过话题讨论，让学生了解到与课文内容相关的新信息。五是活跃课堂气氛，增加报刊课的吸引力。报刊教材有些课文内容本身的吸引力并不强，但教师可以通过巧设话题，营造轻松活泼的氛围，让学生各抒己见，共同讨论，久而久之，学生自然会对报刊课产生浓厚的兴趣。如课文《议论纷纷克隆人——"试管婴儿之父"与中国专家谈论克隆人》③ 是一篇科技方面的文章，不一定每个学生都感兴趣，但在学完课文后，教师可引出话题："你是怎么看待克隆技术的？"通过对这一话题的探讨，学生可以相互吸取新信息，丰富自己的思考，比单纯被动接受已知的课文内容要有趣得多。可见，在时间允许的情形下，适当引出与课文内容相关的话题让学生讨论，可以丰富报刊课的教学内容，增强报刊课的吸引力。

(三) 练习的讲解

报刊教材的练习形式多种多样，主要有以下几种：一是与课文的生词、语言点、内容相关的客观题，如画线连词，选词填空，判断正误，选择画线词语的正确解释，判断 A、B 两句的意

---

① 《全面共享社会资源 积极防治艾滋病》，见刘谦功、王世巽编著，《汉语新闻阅读教程》第十五课，北京大学出版社，2005 年，第 227—230 页。

② 《家庭"四大件"的变化》，见吴成年编著《读报纸，学中文——中级汉语报刊阅读》(下册) 第二课，北京大学出版社，2004 年，第 12—13 页。

③ 《议论纷纷克隆人——"试管婴儿之父"与中国专家谈论克隆人》，见吴成年编著《读报纸，学中文——中级汉语报刊阅读》(上册) 第十二课，北京大学出版社，2004 年，第 152—153 页。

思是否相同，根据课文内容选择正确的答案，根据课文内容回答问题，根据课文内容填空，组词成句，按正确的语序排列句子等等。二是与课文生词、语言点、内容相关的主观题，如给动词搭配适当的宾语，用指定的词语完成句子，复述句子的主要内容，概括段意，课堂讨论，思考题，写作练习，翻译题等。三是阅读理解题，即给出1~3篇泛读材料，要求读完材料后做练习，具体的练习一般有判断正误、选择正确答案、回答问题等几种形式。四是课外剪报写摘要题，即要求学生在课外读1~2篇近期的报刊文章，并把它们剪贴在自己的笔记本上，然后写上摘要和看法等。

对于这四种不同类型的练习，教师可采用不同的方式进行讲解。对于第一类练习，由于答案具有唯一性，教师可在课堂上核对答案，进行略讲。对于第二类练习，若侧重于书面表达的，就让学生在课外做完，以书面作业的形式上交，教师批改后及时发放，对于集中性的错误可在课堂上适当讲解一下；若侧重于口头表达的，如讨论题等，就安排一定的时间在课堂上进行操练。对于第三种练习最好当堂完成，以监督学生限时完成阅读任务。对于第四种练习，教师可让学生在课外完成，然后定期收上来批改，督促学生定期完成规定的阅读任务即可。从时间分布来看，第二、三种练习占据了课堂的主要教学时间，属于课堂教学的重点。

以上所描述的是报刊课教学的第一种教学模式，在基本模式的基础上，任课教师可根据具体情况灵活选择最适合本班的教学模式。在实际教学中，基本的教学模式可以衍变为多种模式。

二、报刊课教学的第二种模式

报刊课教学的第二种模式是以临时的报刊文章作为课堂主要教学材料的基本模式，该模式主要由三方面构成：（1）学生自找近期报刊文章并就其内容当堂进行简要述评；（2）临时复印的活页报刊文章的讲解；（3）练习讲解。

(一)学生自找近期报刊文章并就其内容当堂进行简要述评

报刊课教学的第二种模式的做法与第一种模式的做法基本相同,差别只在于让学生自找报刊文章内容的限定方面。根据内容是否有限定,学生自找近期报刊文章的形式可分成两种:一是不作限定,即让学生根据自己的兴趣自由选择报刊文章,这种做法与报刊课教学的第一种模式相同;二是作出限定,即由教师事先确定好话题,学生再根据教师所确定的话题查找相关文章。需要说明的是,这个话题需与临时复印的活页报刊文章的话题相关。

(二)临时复印的活页报刊文章的讲解

临时复印的活页报刊文章与固定教材相比,所具有的优缺点,请参看本章第二节第二部分"固定教材与补充教材、活材料相结合的原则"的相关内容。

1. 临时复印的活页报刊文章的选择

临时复印的活页报刊文章的确定方式有多种。一是由教师随机选择报刊文章,即由教师凭教学经验和兴趣选择一些报刊文章复印给学生,进行讲解。这种做法比较简单,教师只要把握住文章的难易度和长度即可,但缺点是随意性太强,缺乏计划性,容易受教师本人的教学经验和兴趣的限制。二是由教师提前对学生进行有关话题兴趣程度的问卷调查,根据调查结果,优先选择学生感兴趣的近期报刊文章。这种做法的优点是充分考虑到学生的兴趣爱好,具有一定的科学性,但缺点是容易忽略新近发生的一些热点问题、突发性事件及重大的周期性报道的话题,不能充分发挥活页文章时效性强、灵敏度高的优势。三是由教师根据热点问题、突发性事件、重大的周期性报道来确定话题,选择相关的文章。这些热点问题、突发性事件是不少学生想了解和感兴趣的,他们希望能及时了解中国和世界的发展和变化。同时,中国与其他国家总有一些恒定的节假日和纪念日,在这些节假日和纪念日期间,会有大量的专题报道、新闻消息,如一月的迎新话题、考研话题、就业及春节话题,二月的春运话题、情人节话题等,三月的"两会"专题、妇女问题、植树问题、消费者权益问题、世界水问题等，四月的愚人节话题，五月的黄金周话题，六月的国际儿童节话题、国际反毒品日话题、高考话题等，九月的新生开学话题、教师节话题、中秋节话题，十月的黄金周话题、世界粮食日话题，十一月的光棍节话题，十二月的世界艾滋病日话题等等。可以说，几乎每个月都会有一些围绕节假日和纪念日话题的相关报道。选择这方面的文章作为教学材料的好处是：由于这方面的报道多，选择余地大，教师很容易找到适合本班水平的教学文章；教师可以周密安排整个学期的教学内容，具有一定的计划性；学生能及时了解中国和世界发生的重大新闻消息，了解中国新闻报道的周期性特点，学会在课外选择合适的报刊文章。但选择这方面的文章作为教学材料的不足是：由于更多地考虑到社会方面的因素，所以对学生的个人阅读兴趣考虑得不够。四是将学生的阅读兴趣与社会热点问题、突发性事件、重大的周期性报道结合起来确定有关话题与报刊文章。这种选择报刊文章的方式吸取了第二、三种方式的优势，又避免了这两种方式的不足，但对教师的要求比较高。教师既要了解学生的阅读兴趣，又要熟知报刊周期性报道的各种话题，并要及时了解社会热点话题与突发性事件。

2. 临时复印的活页报刊文章的加工

临时复印的活页报刊文章一般分为两种：一种是复印的报刊文章未经任何加工，直接发放给学生。这种做法的好处是完整保留了报刊文章发表时的原汁原味，不足是容易给学生带来一些不必要的学习负担，如大量的超纲词的出现，不规范的表达方式等等。如果教师讲解这些内容，就要占用大量的教学时间，如果忽略不讲，又会影响学生对文章的理解。另一种是复印的报刊文章经过任课教师的加工。加工的方式有多种：一是对报刊文章原文进行加工，如根据学生的汉语水平和教学时间，教师对报刊原文进行删改、合并、替换、调整，剔除原文中过难过偏的词语、结构、句式等，替换成学生现阶段需要学习的词语、结构、句式等。二是对报刊文章生词的确定与注解。对生词等级的确定，教师可参照《汉语水平词汇与汉字等级大纲》、《高等学校外国留学生汉语言专业教学大纲》（附件一）、《高等学校外国留学生汉语教学大纲》（长期进修·附件）这三部词汇教学大纲。三是对报刊文章语言点的确定与讲解，即确定需要重点讲解的报刊词语、结构、句式。若条件允许的话，还可以编写出这些语言点的用法解释，并用例句加以说明。四是编写报刊文章的相关练习，如画线连词、给动词搭配宾语、选词填空、完成句子、词语组句、根据课文内容回答问题、选择答案、概括段落大意、话题讨论等。此外，为了训练学生的泛读能力，教师还可以编写一些阅读理解的练习，如增加泛读材料和相关的习题等。教师在具体教学中，根据自己的时间、精力和条件，适当地对这类报刊文章进行加工。教师也可以借助《中文助教（1.1版）》软件[①]来对报刊文章进行文字加工，这样既可以避免个人经验的限制，又可以节省大量的时间和精力。

3. 临时复印的活页报刊文章的讲解过程

教师可根据临时复印的活页报刊文章的加工程度，来确定课堂教学的内容与过程，一般包括生词讲解、语言点讲解、文章内容讲解、话题讨论等几个部分，具体要求与做法可参看本节"报刊课教学的第一种模式"中"生词与课文的讲解"部分的相关内容。

（三）练习的讲解

临时复印的活页报刊文章要不要编写相关的练习，是个值得思考的问题。如果只学习文章本身而没有相关的练习，虽然教师的备课任务、学生的作业任务都可以减轻，但同时存在一些不足：一是学生不能很好地巩固和运用所学的课文的生词、格式、句式和内容，教师辛苦准备的活页报刊文章没能更好地发挥作用。二是没有练习，学生学得过于轻松，投入到报刊课的时间与精力就很有限，对这门课的重视程度会降低，学生学习的潜能不能得到很好的利用。三是没有练习，特别是缺少相关的泛读练习，会使精读与泛读相结合的报刊课教学原则无法

---

① 《中文助教（1.1版）》（工具软件），储诚志设计，北京语言大学出版社，2005年。

得到落实，学生的泛读能力无法得到有效的训练，长此以往，学生的阅读速度提高很慢，阅读范围则受到限制。四是没有练习，教师失去了一条及时了解与掌握学生学习动态的渠道。因为通过练习，教师可以及时发现教学中出现的问题，了解学生对活页文章生词、结构、句式及内容掌握的情况，了解学生的泛读能力、口头表达能力等等。因此，若条件允许，教师最好在提供活页报刊文章的同时，能编写好一定数量的练习题发给学生，让学生更好地巩固课堂所学的内容，从而进一步提高读报的综合能力。

对活页报刊文章的练习，教师可根据不同题型的特点采取相应的讲解方法，具体做法可参看本节"报刊课教学的第一种模式"中关于"练习的理解"部分的阐述。

以上描述的是报刊课教学的第二种模式，与第一种模式相比，最大的区别是所学的文章不同。无论是选择哪种教学模式，教师可根据所教班级的具体情况灵活掌握。

三、报刊课教学的第三种模式

报刊课教学的第三种模式是以网络报刊文章作为课堂主要教学材料的模式，与前两种模式相比，该模式目前正处于探索试验阶段。笔者所提出的这种模式，有待于具体教学实践的进一步检验、修正、充实和完善。该模式主要由三方面构成：（1）学生自找近期网络报刊文章并就其内容当堂进行简要述评；（2）对所选定的网络报刊文章的讲解；（3）练习的讲解。

（一）学生自找近期网络报刊文章并就其内容当堂进行简要述评

报刊课教学的第三种模式的相关做法与第二种模式的做法基本相同，差别在于学生是通过网络查找报刊文章，而不是通过纸质报刊选择所要查找的文章。学生可以充分利用网络资源，寻找相关的网络文章、视频、访谈等材料，然后围绕某一话题或专题进行介绍。下面以一位高年级的美国学生准备的发言稿为例。

大妈们的广场舞江湖

这位美国学生围绕中国大妈的广场舞这一专题，收集了网络文章、视频、评论等不同材料，介绍了各方对中国大妈广场舞的主要观点，并设置问题引导全班同学参与讨论，最后介绍了自己对这些问题的看法。报告的具体步骤如下：

1. 介绍一段在火车上跳广场舞的视频，引起全班同学浓厚的兴趣。

2. 介绍新闻网的评论文章《年轻人，你们真不该嘲笑广场舞大妈》的主要观点，肯定了广场舞大妈自娱自乐的积极意义。

3. 补充背景知识，对"广场舞"进行界定。

4. 介绍社会民众与媒体对广场舞的正面评价。

5. 介绍社会民众与媒体对广场舞的负面评价与负面印象，并附上一些典型的画面。

6. 分析广场舞背后所隐含的社会问题。

7. 介绍广场舞的世界影响：冲出亚洲，走向世界。

8. 提出两个方面的问题进行讨论：一是如何解决广场舞"扰民"问题；二是如何看待广场舞走向世界。

这位美国学生为了发言，还制作了精美的PPT，其制作的PPT如下：

1.

2. "亚洲女子天团"火车上飙舞
人类已经无法阻止广场舞

3. 新华网思客专栏评论文章

思客 THINKER

年轻人，你们真不该嘲笑广场舞大妈

汤嘉琛

《新华每日电讯》评论员

4. 什么是广场舞？

- 时间：早七点到九点，晚六点以后。
- 地点：社区广场或公园等开阔的空地上。
- 参与群体：参与者多为45至65岁的中老年人。在中国，跳广场舞的中老年妇女被冠以"广场舞大妈"的名号。
- 形式：居民自发组织，共同跳富有韵律的有氧健身操。伴奏通常为网络神曲。
- 目的：以强身健体为主。

5.

爱恨交织的广场舞：正面评价

- 2014年5月，悉尼市长在访问广州后表示，广场舞是城市空间和社区的活跃因子，要将这种特殊的广场文化"移植"到悉尼。

6.

爱恨交织的广场舞：负面争议

- 扔水弹：2013年4月，成都一小区几家临街住户由于长期受广场舞音乐困扰，一气之下向跳舞人群扔水弹。
- 鸣枪放狗：2013年8月30日晚，因不能忍受广场舞音乐声音太大，56岁的北京市民施某持猎枪朝天鸣枪，并放出自家豢养的藏獒驱赶跳舞人群。
- 泼粪：2013年10月23日晚，武汉一小区内正在跳广场舞的人群遭楼上业主泼粪。
- 高音炮：2014年3月，温州市某小区广场上的居民无法忍受与他们一河之隔的松台广场上的"大妈舞"的噪音困扰，集资26万，购得原本用来指挥调度的高音炮大喇叭6台，以毒攻毒，对广场舞大妈反复播送："请遵守中华人民共和国环境噪声污染防治法，立即停止违法行为！"

7.

8.
爱恨交织的广场舞：吐槽广场舞

- 干扰上班族休息：体育场的广场舞音量又有"抬头"趋势，大妈们，你们的音乐能轻一点吗？！早上6点多就开始，让我们上班族们如何休息呀？！请降低一些音量，你好我们也好！
- 打扰学生学习：广场舞音量的肆无忌惮，成了学生和家长每天的噩梦。真心理解新闻里报道的反感广场舞的不堪噪音污染的人。这广场舞真是到了走火入魔的地步，不治治，人都要疯了！
- 神曲摧残精神：每天最烦的不是大妈的广场舞，而是被各类神曲洗脑，真让人受不了。大妈们选的音乐倒是接地气，从《爱情买卖》到《最炫民族风》再到《伤不起》，反复播放再配上音质不高的音响，对我们来说，简直是精神摧残。

9.
广场舞背后所隐含的社会问题

- 公共体育设施建设落后：我国平均每10万人的运动场地数量只有65.8个，而日本和欧洲发达国家都在200个以上。
- 社会老龄化速度加快：广场舞大热与社会加剧老龄化分不开。现在城市空巢率达到70%以上，老人普遍有精神生活的巨大需求。
- 城市发展局限性：现代城市发展的异化，同时割裂了中老年人所习惯的"家长里短、邻里守望"的情感格局。随着高楼林立、地产规划无度、大型城市综合体的出现，更让老年人的活动空间越来越狭小。从这个层面来讲，广场舞大妈是被"逼"到大街上的。

10.
广场舞冲出亚洲，走向世界

- 近日，有网友在twitter上贴出一张美国大妈跟随几名中国大妈在新泽西州大跳广场舞的照片。

11.

如何解决"扰民"问题?

Q: 请你为广场舞的爱好者支支招,如何让音乐不再扰民。
A: 可以组织小规模舞蹈队,这样即使音乐声音小,队员也可以听到。或者戴耳机跳舞,不会影响他人做其他活动。
Q: 除了跳广场舞,中老年人还可以有哪些娱乐活动?社会又应该为解决中老年公共生活问题出哪些力?说一说你所了解的美国老年人的娱乐活动和设施。
A: ① 我们应该给予中老年这一社会群体足够的关心,在城市中建设更多可以隔绝噪音的公园绿地,建造为老年人提供继续深造机会的老年大学,组建更多致力于发展老年人娱乐活动的老年社区。② 许多美国的老年人选择在退休之后回到大学进修。

12.

如何看待广场舞走向世界?

Q: 一些年轻人认为大妈们在外国跳广场舞是丢了中国人的脸,对于这样的观点,你怎么看?
A: 广场舞是大众文化的创造,是一种有中国特色的新型中老年文化。广场舞走向国际舞台,从另一个层面说也是一种文化输出,是中国最时尚最新潮的大众文化的代表。广场舞只要能够做到不干扰他人生活,保证公共空间的合理利用,相信会有越来越多的外国人开始接受这样一种具有中国特色的文化形式。
Q: 如果在旧金山州大学生中心前的小广场上,每天晚上都有广场舞,你是否会参与其中?
A: 也许会拉上朋友一起去。

    这位学生准备的报告材料形式多样,除了文字,还有精彩的视频、代表性画面、夸张的幽默画等,从感官视觉上不断吸引听众的注意力。另外,报告材料的来源不拘一格,既有主流媒体的报道,也有网友上传的视频,还有观点鲜明的博客文章、网友评论等,多方面地反映了媒体与普通民众对广场舞的主要看法。除此之外,这位学生所做的报告的角度丰富多样,其中有对广场舞的正面评价、负面评价的主要观点,并理性地表达个人的见解,有理有据,不回避广场舞本身存在的问题,但以解决问题的态度探讨广场舞存在的价值与意义以及如何兴利除弊。总之,这位学生的报告思路清晰,富有层次,不停留于介绍广场舞正面、负面评价的主要观点,而是更深入地思考广场舞所隐含的社会问题,以理解广场舞大妈的心态探讨广场舞的合理存在与改进之处。

(二) 对所选定的网络报刊文章的讲解

1. 网络报刊文章的选择

根据确定者的不同,网络报刊文章的选择有多种方式:一是由教师确定,然后再向全班讲解。这种方式的优点是教师了解学生的汉语水平,可以选择适合学生阅读的网络报刊文章,并且教师可以提前对文章进行准备和加工。但缺点是不一定能满足每个学生的学习兴趣。二是由学生共同推荐某一篇网络报刊文章,由教师当堂进行讲解。这种方式的优点是满足了全班学生的共同兴趣,并能使学生获得最新信息;缺点是教师没有事先准备,完全是现场教学,难免会遇到一些难以预料而当场无法回答或很难回答的问题,从而影响教学质量,再加上是由学生推荐,文章本身的难易度不好控制,从而使整个教学显得比较随意,缺乏计划性。三是由学生自己选择一篇感兴趣的文章进行自学,然后将所遇到的问题及时和教师联系,教师及时回答。这种方式的优点是充分发挥网络技术的优势,调动每个学生学习的潜能与自觉性,并充分照顾到每个学生的学习兴趣,真正实现个性化的教学。但缺点也非常明显,最大的问题就是教师在同一时间要一对多,有时自然忙得顾此失彼。四是由教师与学生共同选择网络报刊文章,这样教师既可以照顾到学生的兴趣,又可以控制网络报刊文章的难易程度,并能在课前及时进行准备,这样教师在课堂上就可以更充分地应对各种问题。

根据话题是否有限定,网络报刊文章的选择主要有两种:一是无话题限制的选择。这种选择可分成几类:(1)由教师或学生根据自己的兴趣选择所读的网络报刊文章;(2)选择近期或当天点击率高或引人关注的网络报刊文章。第二种是有话题限制的选择,主要包括以下两类:一是教师根据调查问卷了解一定范围内一定汉语水平的学生感兴趣的话题,确定一个学期学生需要学习的相关话题的网络报刊文章;二是根据网络报刊报道的周期性特点,确定一些周期性的话题,选择相关的文章。

2. 网络报刊文章的加工

如果课堂上所讲的网络报刊文章由教师确定,就可能存在加工和未加工这两种情形,具体内容可参看本节二"报刊课教学的第二种模式"中关于对"临时复印的活页报刊文章的加工"部分的阐述。对于由学生选择的网络报刊文章，不存在加工的问题，因为教师一般现场讲解由学生推荐的网络报刊文章，并回答学生在阅读过程中所遇到的各种问题，这些都不需要教师对网络报刊文章进行加工，需要的是教师帮助学生理解文章原文。

3. 网络报刊文章的讲解过程

教师面向全班同学讲解网络报刊文章的过程与本节二"报刊课教学的第二种模式"中关于对"临时复印的活页报刊文章的讲解过程"基本相同。此外，网络报刊课教学还有一种新形式，即一名教师面对多名学生同时看各自所选中的网络报刊文章的课堂教学形式，教师主要起辅导与答疑的作用，其他任务都是由学生独立完成。

（三）练习的讲解

对网络报刊文章所附的练习，教师可以根据不同题型的特点采取相应的讲解方法，具体做法可参看本节一"报刊课教学的第一种模式"中关于对"练习的讲解"的阐述。

总之，报刊课教学的这三种模式，各有其优缺点，各有其适用的范围。第一种模式依托固定教材，使整个教学具有很强的规范性、稳定性和计划性，可以使学生循序渐进地学习，比较扎实地掌握报刊词语、结构、句式等语言形式，形成良好的报刊阅读能力。相比较后两种模式，固定教材在时效性上存在无法避免的滞后性问题，无法像后两种模式那样给学生带来新鲜感和刺激感。

报刊课教学的第二种模式的产生就是与克服固定教材的不足密切相关，该模式依托临时复印的活页报刊文章，增强了一定的时效性，但随之而来的问题是，该模式受任课教师个人因素影响太大，需要任课教师投入大量的时间和精力，缺乏第一种模式的规范性、稳定性和计划性。

第三种模式与第一、二种模式相比，其优点是能充分利用网络技术设备的优势，让学生及时了解最新的新闻信息，在时效性方面比前两种模式要强很多，并且在一定程度上能实现个性化教学。但第三种模式与第二种模式一样，也是缺乏一定的规范性、稳定性和计划性，随机与偶然因素的影响较大。

第一种模式适合大范围使用，如一个年级有多个平行班，要保证同样的教学进度、相同的考试标准等，这时报刊课教学采用第一种模式最佳。第二种、第三种模式适合小范围的单个教师对应一个或几个班级的情况，教师可以在自己的班级自由地使用这两种模式，不用与其他教师的班级协调进度与考试等问题。但要涉及与其他教师的班级保持同一教学进度、采用同一考试标准时，后两种模式就远不如第一种那样规范、科学。

第二节 汉语报刊课教学的具体技巧

下面就汉语报刊课教学中遇到的一些常见问题进行解答探讨，供广大教师在具体教学中参考。

一、出勤方面的问题

1. 如果整个班级的出勤率都不太高，怎么办？

答：要分析造成整个班级出勤率都不太高的原因，然后采取相应的对策。具体原因可能是多方面的：一是可能因为一些学生对教师的教法不适应，甚至有抵触情绪。教师可以通过个别聊天、匿名调查问卷的方式，了解学生对教学的意见，并请学生提出改进教学的建议。由于学生绝大部分是成人，受过高等教育，也学过一段时间的汉语，对教师的教学方法有自己的客观判断。教师最好及时与学生沟通，听取学生的意见，不断改进教学。

二是可能因为教材较陈旧，缺乏趣味性。如果学生普遍对教材意见较大，教师应重视这个问题，如果能改换新的更好用的教材就尽量替换，如果来不及替换，就尽量做学生的说服工作，在坦承教材不足的同时，肯定教材的优点，如教材是经过有丰富教学经验的专家或教师编写而成的，教材中的词语、结构、句式等语言形式很有用，学好这些报刊语言基础，对提高读报能力很重要等。同时，教师应设法改进教学方法，如让学生在课外阅读近期报刊文章并轮流在课堂上对其进行述评，在讲解课文时努力从课文内容中生发出有意思的话题让学生讨论，还可以适当补充与课文话题相关的最新报刊文章等,让学生意识到学习教材是为了掌握扎实的报刊语言基础,提高阅读能力。至于了解最新信息方面,教师应指导学生通过直接阅读近期报刊文章来获得。

三是可能因为教学时间的安排与学生的作息习惯相冲突,让学生不适应。如有的国家上午9点才开始上课,周五下午没有课。如果我们的教学时间能调整得与学生的作息时间一致更好,但如果受学校统一排课计划、教室安排等客观条件的限制不能调整教学时间,教师就把实情告诉学生,请学生理解,同时鼓励学生克服自身困难,适应及服从教学安排,提高学习效率。

四是教学时间与学生参加的其他课程或兼职时间相冲突。如一些学生很重视HSK考试,常常为了上校外辅导班而不去上课。如果教学时间不能更改,尽量做学生的工作,让学生改报其他时间段的辅导班,或让学生认识到参加报刊课学习对提高HSK的应试能力也很有帮助。至于教学时间与学生的兼职时间相冲突,如果教学时间不能更改,就让有兼职任务的学生权衡轻重,自己作选择。

五是可能因为教师对学生的学习管理有些松散,导致学生出勤率不高。尽管学生绝大部分是成人大学生,但一些学生的学习积极性和自觉性并不高,对这些学生除了增加教学的吸引力之外,还需要严格的学习管理制度,将考勤结果换算成在总分中占一定比例的学习成绩,并规定当学生缺课达到一定数量时就不能参加期末考试。

2. 对于经常不来上课的学生,怎么办?

答:要具体情况具体分析,可与其他课型的教师和班主任进行沟通,了解这个学生各门课的出勤情况,与其课外多沟通交流,了解该生不上课的原因。如果有教师方面的原因,教师应正视自己教学中存在的问题与不足,努力加以改进,并把自己的想法告诉学生。如果是学生方面的原因,应鼓励该生克服困难,坚持来上课,并在课外与该生建立良好的关系,让他意识到上报刊课的重要性和老师对自己的关心与重视。

二、学生报刊文章述评方面的问题

1. 当轮到在课堂上对所读的报刊文章进行述评的学生迟到时,怎么办?

答：如果轮到发言的两位同学有一位准时来上课，就先让来的同学进行述评。当该同学发言完毕，另外一位有发言任务的同学已来时，就让该同学接着发言。而当第一位发言的学生结束任务而第二位发言的学生仍没有来时，就进行下一个教学环节。等在第二节课开始的时候，再让第二位发言的学生发言。

如果该发言的两个学生都迟到了，就先进行下一教学环节，如复习课文、讲解生词等。等两位学生都来了，再让他们发言，或等第二节课开始的时候，再让他们发言。

对于有发言任务、但没有特殊原因而迟到的学生，教师要及时提出批评与建议。

2. 当轮到在课堂上对所读报刊文章进行述评的学生缺课时，怎么办？

答：如果两位有发言任务的学生只来了一位，就让这位学生发言，其他学生参与讨论，或者鼓励班上别的学生临时进行发言。

如果两位有发言任务的学生都没来，就鼓励班上别的同学临时进行发言，或干脆取消这次发言的教学任务，直接进入下一个教学环节。

但课后教师应及时了解该生缺课的具体原因，对于突发原因如生病而缺课的学生，教师应给予安慰，并提醒其应提前请假；对于无故缺课的学生，教师要及时提出批评与建议。

3. 当有发言任务的学生都来上课而班上其他大部分学生没来齐时，怎么办？

答：可以照原计划继续进行，即让这两位同学发言。或者先进行其他教学环节，等大部分学生都来齐时，再让这两位同学发言。这时对迟到的同学，教师要及时提出批评与建议。

4. 当进行述评的学生发言时，而班上大部分同学听不太懂时，怎么办？

答：教师要及时分析听不懂的原因，可能主要因为：一是发言同学所介绍的文章太难，很多词语学生没学过；二是发言同学所介绍的文章内容过于生僻或专业，大部分同学不熟悉；三是发言学生的发音不标准或用语表达不规范，造成大家的理解障碍。

面对这种情况，教师应用简单易懂的语言再介绍一下文章的内容，并对发言的同学提出相应的建议。比如降低文章难度、选择大家熟悉的话题、注意发言及表达等。

5. 对学生当堂进行述评的文章是否应限定一定的话题？

答：除非事先指定学生述评某个话题，一般对学生当堂进行述评的文章的话题不作限制，包括一些比较敏感的问题，都可以在课堂上进行述评、讨论。因为学生一般所选的文章都是出自中国大陆公开发行的报刊，这些正规渠道出版发行的刊物的政治立场自然不用担心。至于学生因为国情背景的差异，发表的一些看法与我们的习惯看法不同，我们也不用急于让学生的看法与我们一致，因为我们所面对的学生绝大部分是成人大学生，每个人都有表达自己观点的自由和权利，对于不同的观点最好在各抒己见的基础上以理服人，交流与沟通可以消除很多不必要的误会。我们只须表明自己的看法即可，至于学生会不会认同和接受，我们不必强求，应该允许学生保留自己的看法甚至是与教师不一致甚至对立的看法。

6. 当国家间关系比较紧张的两个国家的学生就一些敏感话题进行激烈讨论甚至争论时，教师要不要制止？

答：首先，教师要沉着冷静，应清醒地认识到报刊课是语言课，学生能够用汉语就自己感兴趣的话题表达自己的见解，应该肯定这些学生语言表达的成功之处。其次，即使是彼此之间存在敌对关系的国家的学生，比如目前的美国和朝鲜，或目前的美国和伊朗，两个国家的学生即使不能说服对方，但至少认识到不同观点的存在，有助于多角度、更开阔地思考问题。所以，只要学生之间的激烈讨论或争论能很好地使用汉语，没进行人身攻击，没有吵起来，都是允许的，不应限制或制止。

7. 当学生对报刊文章进行述评之后，提出问题，但没有引起讨论，该怎么办？

答：出现这种情况的原因有多种可能性：一是可能其他学生没太听懂该学生的发言，这时教师可适当简介文章的内容。二是可能学生还不太适应这种交流方式，特别是刚开始开设报刊课的中级水平的学生，对这种做法不太适应，容易出现冷场的局面，这时教师应适当调节气氛，多鼓励学生彼此之间交流看法，进行讨论。三是可能学生提的问题不好回答讨论，教师为了缓和冷场的气氛，先回答学生的问题，然后再提一个与文章内容相关的更容易回答的问题，以引起大家的讨论。四是可能学生所述评的报刊文章内容本身比较枯燥，大家不感兴趣，这时教师在简短回答学生的问题之后，就结束这位学生的发言，让另一位同学对报刊文章进行述评，或进行下一个教学环节。

8. 当学生对报刊文章进行述评之后，提出问题，引起热烈讨论，要超出既定时间时，该怎么办？

答：如果讨论的问题很精彩，引起大家浓厚的兴趣，可适当延长点时间，但不应超过既定时间5分钟，超时太长，会影响后面教学任务的完成。教师结束讨论可以使用一些技巧，如先肯定大家讨论的热烈、精彩，然后引导大家可以在课外进一步交流，或者让以后有发言任务的学生还可以准备这一话题等。这样既让学生的积极性得到保护，又顺利地完成教学环节的转换。

9. 在讨论过程中，如果某一位学生发表自己见解的时间过长，其他学生没有机会发言时，怎么办？

答：教师最好在讨论之前作出时间限定，每个人发言最好要抓紧时间，控制在半分钟到1分钟之内，如有学生发言时间过长，可适当提醒该生发言简短些，以便听听别的同学的见解。在讨论中逐渐形成简短表达、控制时间的惯例。

三、生词与课文方面的问题

1. 当学生不认识很多已学过的生词时，怎么办？

答：教师应及时提醒学生在课外安排时间复习学过的生词、课文，养成自觉复习的好习惯。若课堂时间允许的话，教师应有计划地安排一些课堂时间让学生复习，或对学生进行检查。

2. 报刊课要不要注意纠正学生的语音错误？

答：报刊课也是语言基础课之一，虽然主要的目标是培养学生读报的能力，但也负有纠正学生读音错误的责任。在学习的不同阶段，学生都或多或少地存在语音错误，不同课型的教师都负有帮助学生纠正错误读音以及让学生读音更正确、更标准的任务。

3. 报刊课在纠正学生错误读音时是不是有错必纠？

答：在不影响学生表达和学习的信心的前提下，尽量纠正学生的读音错误。纠正读音也要选择适当的时机，如学生照着书本或稿子念时，有错误读音及时纠正不会影响继续朗读或表达；如学生是脱稿即时表达，若纠正读音会打断学生的表达，最好是等学生说完再集中纠正。在当堂纠正学生错误读音时，一定要保护他们的信心与自尊心，让他们没有心理负担或抵触情绪。

4. 当学生问一些语法问题时，直接用理论术语很难让学生明白，该怎么办？

答：如果能用学生听得懂的一般语言解决语法问题，就不用理论术语。但有时不用理论术语表达又说不清楚或说不准确时，最好辅以简明易懂的例句加以解释。

5. 当学生问到一些同义词如何区别时，是不是所有的区别点都告诉学生？

答：如果一组同义词的区别点比较多又比较复杂时，而学生又处于中级水平阶段，只要告诉学生中级水平阶段应掌握的区别点即可，不必全部告知；当学生的水平较高，以前又接触到这组同义词的部分区别点时，可以较全面地告知学生这组同义词的区别点。总之，应以学生现有的汉语水平及接受度来决定讲解的内容的多少。

6. 当学生普遍反映课文较难时，该怎样针对课文内容进行提问？

答：这时提问以理解文章的字面意义为主，最好提问一些在原文中能直接找到答案的问题。

7. 当学生普遍觉得课文较容易时，该怎样针对课文内容进行提问？

答：这时应少提在原文中能直接找到答案的问题，多提一些需要学生透过文章字面意思而进行思考、判断、推理的问题，即针对文章隐含的意义进行提问，增加问题的难度。

8. 当学生水平较高、教材的课文较容易时，课文怎么讲解才能吸引学生的注意力？

答：如果学生很容易理解课文的字面义和隐含义，那就多设计一些与课文内容相关的话题，引起学生的讨论，在讨论中深化对课文内容的理解，在讨论中让学生的表达能力得到积极的训练。

9. 在操练语言点时，学生普遍回答不了教师所提出的情景性的问题时，该怎么办？

答：教师要分析：（1）是不是语言点没讲清楚，学生还不知道怎么用。这时教师可进一步使用简明易懂的语言讲解，并举些易懂的例句来说明。（2）教师给出学生答案，再提问一个容易回答的情景性问题，鼓励学生再试试。

10. 对于班上一些性格内向、水平稍差又不太爱说话的学生，怎样让他们多开口？

答：对这些学生，教师最好多提些容易回答的问题，让他们在答对问题的过程中建立起学习的信心。当他们答对时，教师给予适当地肯定；当他们答错时，教师给予适当地鼓励，让他们渐渐乐于开口。

11. 当班上学生水平参差不齐甚至相差较大时，该怎样协调教学？

答：最好能在教学中兼顾不同水平的学生，让他们都有收获，都有进步。在设计问题时，要区分难中易；在提问时，根据问题的难易度，向不同水平的学生有针对性地提出，让大家都能参与到教学中来，都能完成一定的任务。

四、练习方面的问题

1. 按要求学生每周要看1～2篇近期报刊文章，并写出摘要和看法。当一些学生没有按期完成任务时，该怎么办？

答：应设法与这些学生多交流，分析他们没有完成读报任务的原因，让他们认识到完成这项任务的重要性，并渐渐享受到完成读报任务的乐趣，养成定期读报的习惯，并定期监督他们任务完成的情况，对于拖欠的作业，一定及时让学生补交。另外，教师可适当表扬作业完成得好的学生，同时鼓励其他学生要及时完成作业。此外，应把作业完成情况作为平时的一项重要成绩，在学期总分中占一定比例。

2. 教师如何批改学生写有报刊文章摘要与看法的作业？

答：教师可每周批改一次学生的作业，批改时注意：（1）学生对报刊文章生词的注解是否正确，对于拼音、词语中文解释有误的地方予以纠正；（2）摘要是否写得简明扼要，是否理解了原文的主要内容，是否有字、词、语法等表达的错误；（3）学生谈自己的看法部分的表达是否有错误；（4）所提的问题是否有表达错误；(5) 如果学生希望或要求教师对某个问题或现象提出看法，教师应简要写上自己的看法；(6) 教师最后可以给出一个总结性、鼓励性的评语；(7) 教师批注的语言要明白易懂，字迹要工整清楚。

3. 如果学生经常不做教材上指定的课外练习，该怎么办？

答：对按要求完成练习的学生予以表扬，对没按要求完成练习的学生，教师可故意让他们回答没事先准备又有些难度的问题，让他们在紧张中意识到提前完成练习的必要，对他们提出善意的建议和要求，渐渐地让整个班级形成按要求完成作业的好习惯。

4. 按要求，阅读理解题留着当堂做，课外不用看，不用做，对那些没按要求，而特别"勤快"的学生，该怎么办？

答：教师应肯定那些学生的认真与勤快，但同时指出，阅读理解题事先不看不做的必要性，因为阅读理解题训练的就是学生在没有任何准备的情况下完成阅读任务的能力，为直接阅读中文报刊打下很好的阅读基础和习惯，如果学生提前准备了，这种阅读能力就得不到很好的训练。其次，要打消学生怕当堂完成不了阅读任务的疑虑，因为课堂会提供足够多的时间完成阅读任务。如果在限定时间内完成不了，学生就会逼迫自己提高阅读速度，这样阅读速度会越来越快，学习的潜能不断得到开发。

5. 对于在限定时间内没有完成阅读任务的学生，该怎么办？

答：教师可分析这些学生在限定时间内没有完成阅读任务的原因：(1) 如果识字量、识词量明显比班上其他同学少，应在这些方面加强；(2) 如果阅读技巧存在问题，教师应帮助学生学会科学有效地阅读，如应学会围绕问题寻找答案，学会抓文章的重点，忽略不作要求的细节等，让学生不断提高阅读的效率和速度。

6. 对于提前完成阅读任务的学生，该怎么办？

答：一般来说，班上水平较高的同学往往会提前完成阅读练习，这时教师可鼓励他们：(1) 检查一下答案；(2) 允许他们查词典以理解不认识的生词；(3) 复习以前学过的课文、生词、语言点；(4) 预习准备下一课的课文、生词、语言点等。这样就不会浪费提前完成任务的学生的宝贵学习时间。

以上为笔者针对报刊课教学中常见的问题所提出的建议，仅供广大教师在具体教学中参考，不当之处，欢迎批评指正。

第三章 任务型教学理论、图式理论应用与报刊课教学过程

第一节 任务型教学理论在报刊课教学中的应用

目前任务型教学理念已开始应用于汉语综合课与会话课中（刘壮，2004；吴中伟、郭鹏，2009等），但还未应用到报刊课教学与报刊教材编写中。传统的报刊课教学主要是让学生围绕教材中的课文与练习来学习报刊课。但任务型教学理论注重激发学习者的学习主动性与需求，在实际报刊课教学中可以有不同的应用类型。

一、新闻报告

根据班上学生人数和整体的汉语水平，轮流让一到几名学生报告最近的新闻。这主要适合初中级汉语水平的学生，因为学生汉语水平有限，难以对新闻进行评论，只要求对新闻事实进行介绍。每个学生做新闻报告的时间可以根据整个周课时量进行灵活设计，可长可短。这样的安排既可以促进报告人的课外阅读，也可以起到同学之间信息交流的作用。需要注意的是：一是报告人先要看简短的新闻，特别是图文并茂的新闻，教师可以适当推荐；二是报告人的语言要简洁易懂，容易让听众听懂；三是鼓励报告人采用多种形式丰富报告内容，如制作简短的PPT，播放简短的视频、画面等。报告人的主要任务有：选择要做报告的最新报刊文章；阅读所选的报刊文章；将所选的报刊文章写出摘要并进行朗读。教师对学生的报告要进行点评与总结，指出可取之处与需要改进的地方。下面举一篇中级水平初期的日本学生的作业

来说明这一教学任务的完成情况。

【原文】

女代表谈女大学生就业：重塑男女平等新观念

2014年3月4日　中国新闻网　中新网

（记者：李志平）

"在庞大的就业队伍中，在稀缺的岗位资源面前，女大学生就业难成为一个社会性的问题。"十二届全国人大代表、郑州海龙集团董事长徐晓4日表示，缓解女大学生就业难的现实状况，需要社会重塑男女性别平等新观念，消除企业重男轻女的用人观。

作为一名女企业家，徐晓代表对女大学生的就业问题了解颇多，她也因此担任河南省女大学生就业创业指导老师。在担任女大学生就业创业指导老师的过程中，徐晓遇到过很多女大学生"屡聘屡败"的案例。就业的挫败给这部分女大学生带来明显的负面情绪，对前途失去信心，对社会产生抱怨。

"在我做过的相关调研中，一些用人单位不愿意聘用女大学生，不是女性能力不如男性，而是女性体力不如男性。"徐晓说，不能从事高压下或者超负荷的工作，不能经常出差，因为产期、哺乳期休假增加单位成本，等等，这均成为一些企业拒录女大学生的理由。

这样的现象让徐晓比较担忧。"实际上，女性也有性别上的优势，比方说心细、善良、亲和力强、执着，直觉思维和感性判断能力优于男性，等等。"徐晓认为，企业大可以充分运用女性的这些性别优势，培养优秀的女员工。

徐晓以自己的切身体会说明女员工对企业的贡献率并不亚于男性。在徐晓的企业中，七成员工是女性，而高管中女性的比例占到了六成。"女员工用爱心从事产品生产，用爱心从事产品销售，用爱心对待客户，企业自然会快速健康发展。"徐晓认为，关键是看企业如何改变用人观念。

转变观念是一方面，重塑男女性别平等，徐晓建议还要加强立法，制定专门的反就业歧视法。在调研当中，徐晓发现，不管是现有的劳动法、妇女权益保障法，还是就业促进法等，虽然都明确规定不能因为性别、种族、民族、宗教等原因对劳动者进行歧视，但这些法律更多的属于权利宣示性，可操作性并不强。什么是就业歧视？如何界定？概念都没有明确，需要现行的法律重新明确完善。

另外，徐晓还希望能有更多的人士加入到女大学生就业创业指导工作中，为女大学生提供指导和帮助。"有时候，投递档案时的一个技巧，面试时的一个策略，就能使她们踏上就业的平台。"（完）

（学生阅读完原文后，对不理解、比较重要的词语找出来作为生词进行标注、解释）

【生词】

重塑	chóngsù	remold
消除	xiāochú	eliminate
重男轻女	zhòng nán qīng nǚ	value the male child only; look up to men and down on women
聘用	pìnyòng	employ
哺乳期	bǔrǔqī	lactation
优势	yōushì	superiority
执着	zhízhuó	ideologism; over-absorption of mind
歧视	qíshì	discriminate
操作性	cāozuòxìng	operability

（学生在理解原文的基础上写出摘要，要求在忠实原文的基础上，精炼准确地概括出新闻的主要内容，语言表达清晰明白）

【摘要】

有一名女企业家（叫徐晓）3月4日表示，缓解女大学生就业难的现实状况，需要社会重塑男女性别平等新观念，消除聘用时企业重男轻女的观念。一些用人单位不愿意录用女大学生的理由是女性体力不如男性。另外还需要产期、哺乳期休假，不能超负荷地工作，不能经常出差。但女性也有性别上的优势。

徐晓说关键是看企业怎么改变用人观念。还有问题是虽然明确规定不能因为性别、种族、民族、宗教等原因对劳动者进行歧视，但操作性并不强。所以徐晓建议现行的法律需要重新明确完善。

【点评】

原文主要有三个方面的内容：一是徐晓指出女大学生就业难的现状；二是徐晓分析了女大学生就业难的原因；三是徐晓提出解决女大学生就业难的途径。该同学较好地概括了原文的主要内容，语言通顺易懂，但对原文写作的思路梳理得不够清晰，第二段与第一段之间缺乏必要的过渡与照应，应加强学生段落之间互相衔接的表达训练。

二、新闻报告＋新闻评论

适合中高级汉语水平学习者，任务比只做新闻报告要难，根据教学时间，每次轮流报告的人数控制在1～2名，报告的内容更丰富。这种形式的任务，一方面要报告清楚所选新闻的主要内容；另一方面，要对所报告的新闻进行评论。相比较而言，新闻评论比新闻报告的任务要难，需要学习者在准确理解原文的基础上，对原文的主要内容和观点进行评论。为了让学习者顺应这方面的难度，更好地完成该任务，教师可以提供一些脚手架式的教学策略，让学生有章可循：

一是教师可以提供一些范例，让第一次做此任务的学生可以参照。第一次要求学生写新闻摘要与评论时，教师可以将以往学生中做得很规范的作业作为范本，复印发给每位学生一份，让学生参照执行。有了标准的模板，学生比较清楚地明白该项任务的要求。

二是新闻评论写作应鼓励学生联系本国的情况、自身的情况对中国新闻的内容进行比较，这样学生消除了新闻评论写作的陌生感与紧张感，自然觉得有话可写、有话可说，既加深了对相关新闻的理解，也加深了对中国国情的解读。

下面举一位高级汉语班的印尼同学的作业来说明一下。

【原文】

"不唯学历凭能力"社会氛围如何形成

2014年2月28日　北京青年报

国务院总理李克强26日主持国务院常务会议。会议确定了加快发展现代职业教育的任务措施，包括促进形成"崇尚一技之长、不唯学历凭能力"的社会氛围；创新职业教育模式，扩大职业院校在专业设置和调整、人事管理、教师评聘、收入分配等方面的办学自主权；建立学分积累和转换制度，打通从中职、专科、本科到研究生的上升通道；引导一批普通本科高校向应用技术型高校转型等。

过去十多年来，在国家大力支持下，我国职业教育规模迅速增长，中职规模已与普高规模相当，高等职业教育也占半壁江山。但总体而言，职业教育的社会地位还不高，中考时进中职对不少考生来说是不得已的选择，而高考时未达本科线，则被认为是高考失败。造成这种情况，一方面原因是职业教育学校没有办出特色，教育质量不高，另一方面则是我国目前的教育制度、就业制度制造了职业教育低人一等的教育观和人才观。

对于提高职业教育的吸引力，政府、教育行政部门和学校想了不少办法，比如，设立中职国家助学金、对中职农村生实行免学费政策、为高职学生提供上升通道（高职到应用本科再到专业硕士直至博士），然而收效不大。

长期以来，我国各地的中高考录取，都把职业学校主体放在最后一个批次。这给学生和家长的整体感觉是，职业教育是差生才选择的学校，虽然教育部门注意到这一问题，把部分中职示范校放在中考提前批招生，在高考中也实行部分中职单招，可未对大局产生多大影响。

其次，高等教育实行等级管理，让学历情结更浓，除招生分批次外，高校还分为"985"、"211"、公办本科、民办本科、高职高专，对应这样的等级管理，在就业中学历歧视现象严重，引人注目的是学历"查三代"现象，一个"985"高校的博士生，如果被查出原来是专升本读的本科，用人单位不会佩服他勤奋学习的努力，不会觉得这样的人才更难得，而会把其第一学历作为"污点"排除在笔试、面试名单之外，第一关也过不了。

另外，不要说企业，就连政府机关、事业单位在招聘时，也一再提出高学历要求，把高学历与高级人才画等号，用人单位的这种学历要求，会鼓励学生选择被人另眼相看的职业教育吗？在这种环境中，职业教育的上升通道价值也大打折扣，再怎么上升，还是不被尊重。

要促进现代职业教育发展，必须调整对职业教育的定位，不能将其作为一个层次，而应该作为一个类型，这才是现代职业观与普通教育平等发展。这次国务院意见提出职业教育与普通教育学分互认，其意图是实现平等发展。可这也难免让人担心，会不会只是一种单向认可职教认可普通教育的学分，而普通教育并不认可或只象征性认可职教学分？

有人认为，我国社会存在"万般皆下品，唯有读书高"的传统认识，很难改掉。传统观念确实是重要原因，可现实对人的"教育"也是很有力量的。目前，职业教育不愁就业，表面上比普通教育更具前景，但前景恰是职教学生最担心的问题，他们的晋升、发展会处处受身份限制。

而在职教发达的国家,劳动没有三六九等,行业、岗位的福利保障没多大差距。

这就提醒我们,发展职业教育要通过制度改革来改变传统观念。首先必须努力打破升学教育模式,不以升学作为学生教育的目的,而应该推进生活教育、平民教育、职业教育,将技术、职业教育作为受教育者的选择,并消除阻碍受教育者选择的障碍。其次,要推进职业教育学校建立现代治理结构。我国过去一段时间的职业教育发展,是行政计划推进的,规定压缩普高规模,扩大中职规模,这不是政策引导、学校自主办学、受教育者自主选择的结果,由于一些学生不愿意读中职而无奈读中职,有的中职举办者办学的追求是如何利用国家优惠政策牟利,导致部分中职教育空心化,还有的中职打着职教旗号办普高。

新一轮促进现代职业教育,需要政府采取现代的治理方式,要聚焦制度改革,给职业教育平等的发展空间,至于学校如何办学,应按管办评分离的原则,落实学校办学自主权。如此,学校方可根据社会需要开设专业、课程,探索适合本校的人才培养模式,职教的地位和办学质量才能得到提升,给受教育者提供多样选择和多元成才空间。

【摘要】

国务院总理李克强 26 日主持国务院常务会议。会议确定了加快发展现代职业教育的任务措施,包括促进形成"崇尚一技之长、不唯学历凭能力"的社会氛围等。过去十多年来,在国家大力支持下,中国职业教育规模迅速增长,但总体而言,职业教育的社会地位还不高。造成这种情况,一方面原因是职业教育学校没有办出特色,教育质量不高,另一方面则是中国目前的教育制度、就业制度制造了职业教育低人一等的教育观和人才观。对于提高职业教育的吸引力,政府、教育行政部门和学校想了不少办法,比如,设立中职国家助学金、对中职农村生实行免学费政策、为高职学生提供上升通道(高职到应用本科再到专业硕士直至博士),然而收效不大。中国社会存在"万般皆下品,唯有读书高"的传统认识,很难改掉。传统观念确实是重要原因,可现实对人的"教育"也是很有力量的。目前,职业教育不愁就业,表面上比普通教育更具前景,但前景恰是职教学生最担心的问题。新一轮促进现代职业教育,需要政府采取现代的治理方式,要聚焦制度改革,给职业教育平等的发展空间，至于学校如何办学，应按管办评分离的原则，落实学校办学自主权。

【摘要写作分析】

　　这篇文章包括了四个方面的内容：一是李克强总理强调发展现代职业教育；二是当前中国职业教育发展的现状；三是分析当前中国职业教育社会地位不高的三个原因；四是提出解决职业教育问题的措施。这位学生在理解原文的基础上写出的摘要，基本上忠实于原文的主要内容，涵盖了原文四个方面的内容，还可以对第三个方面的内容进一步压缩，使摘要更精练些。

【看法】

　　"崇尚一技之长、不唯学历凭能力"，我很同意。我觉得一个人的能力不能从学历来看，因为学历只是证书，但实际情况不一定如此。我自己也亲眼看到一些没有学历或学历不高的人，但是他们在生活上很成功，这个和能力有密切关系。但毕竟我们如何评价一个人，首先从学历开始。要进入社会，进入公司首先他们先看你的学历后，才决定是否录取。学历好的人肯定引起了别人的兴趣，但是学历不好的人怎么能拿到好工作呢？在我看来只有两种，要么被人推荐，要么先从低职位开始慢慢突出，让人意识到你是有能力的人。我先说印尼的情况吧！

　　"职业教育的社会地位不高"，这种情况不只是在中国，在印尼也是一样。对教育职业没有好的社会地位也可以说是没有被人重视。虽然这个职业有退休金和别的好处，但是和别的职业有差距。这样的情况会发生，也可能是因为教育这个职业比商业收入低，所以很多人看不起它。我觉得这种情况不公平。为什么呢？因为毕竟是我们每个人因为有好的教育，才能到现在这个地步。这都是属于老师们的帮助。

　　在印尼，如果要进入好的公司，最重要还是看学历和能力，但是没有好的学历也能进入公司，原因就是被推荐或走后门。对于这个状况，我感到有点遗憾，所有就是为了名誉和关系。因为被录取不是容易的事，应该要付出时间、精力等。但是以我所知，因为印尼的法律等不是很严格，所以在别的方面也没有相应的条例约束。

【看法写作点评】

　　该生紧扣原文的主要内容与主要观点，进行回应，表示自己也赞成原文的主要观点；接着分析了印尼职业教育社会地位不高的现状，并对印尼社会存在的问题进行了批评。但第二段的内容在上下文的衔接上不够紧密与连贯，思路有些杂乱，应围绕特定的主题加以表达。

【整体点评】

　　该生较好地理解原文，摘要概括出原文的主要内容和精彩观点；对原文的评论既结合个人的实际感受，又结合印尼的国情进行分析，较清楚地表达出自己的见解。语言表达整体较流畅易懂，个别语句带有外国留学生的偏误特点。

三、新闻报告＋新闻评论＋讨论

　　前两类任务主要是个人独立完成的任务，缺少与其他同学的沟通与交流。第三种任务是在前两类任务的基础上，增加了针对报刊文章原文的讨论。在中高年级的报刊课教学中，大部分学生往往不满足于在做报告时只是介绍新闻的主要内容和个人的看法，他们还很希望了解班上其他同学的看法。而报告人设置的问题或话题非常重要，教师在教学中应有所要求或引导：

　　一是报告人提出供全班讨论的话题或问题应与报告的内容密切相关，最好是所报告的报刊文章原文中本来就有的或自然生发的。在实际的报刊课教学中，有的学生提出的讨论的问题与自己的报告内容完全不相关，转变得太快，让其他学生难以适应，讨论存在明显的跑题或离题，不能对报告内容进行多角度、集中深入的探讨。

　　二是所提出供全班讨论的话题或问题在语言表达上应是明确易懂的，而不应是模棱两可或令人费解的。有时一些学生想在一个问句中表达好几种意思，杂糅在一起，存在语言表达不顺、逻辑混乱等问题，令人难以理解，自然难以引起有效的讨论。

　　三是所提出供全班讨论的话题或问题应容易引起大家兴趣、

激发同学参与讨论,而不是太专业、太生僻、让大部分同学不知如何说起。如,有一次一个美国学生做了一个关于人民币汇率问题的报告,最后他提出了一个问题让大家讨论:如果你是中国央行的行长,你打算怎么解决中国人民币的汇率问题?这位做报告的同学学的是金融专业,但他提的问题太难、太专业。普通的外国留学生并不熟悉中国央行行长的工作,让他们设身处地谈此问题很难;非金融专业的学生并不具备有关汇率问题的专业知识,也不知道如何回答讨论。因此当场就冷场了,大家都陷入了沉默之中。教师当即将讨论的问题改为:"人民币升值对你们的生活影响是有利还是有弊?你同意人民币升值吗?"这立刻激起了全班热烈的讨论,因为该问题贴近留学生的生活,他们切身感受到人民币升值后要交付更多的本国货币才能缴纳既定的学费、住宿费等,他们绝大部分人与美国财政官员的观点相反,主张人民币不要升值太快,以免给他们带来更大的生活压力。

下面举一韩国学生的报告实例。

【原文】

"小学生不留书面作业"引争议 "减负"真正考验的是老师

2013 年 8 月 31 日　新京报

29 日是教育部为《小学生减负十条规定》向全社会公开征求意见的截止期。这是教育部三令五申学生"减负"后,专门拟针对小学生减负出台新规。而在民间的热议中,"小学不留书面式家庭作业"成为争议最大的一条。有人甚至担心,一旦施行,将影响到中国基础教育的整体竞争力。

学生和家长:"抢跑"必须取缔,但作业要"科学减少"

在采访家长甚至小学生时,记者听到的想法中,"'减负'好,但千万别走极端","孩子没作业后,多出来的时间怎么填?"这是家长颇为关心的问题。

"中国教育确实需要科学地减负。"40 岁的家长程彪说,现在有些小学高年级就开始超前学中学课程,这种"抢跑"行为必须取缔。但他认为,书面作业是否需要完全取消,需要商榷。

"作业不用取消,减少就行。长时间不写作业,会把学过的知识忘记的。"一位小学四年级学生脱口而出的看法令他母亲和记者都颇为惊讶。

"减负十条"征求意见稿发布后,一位身处美国的网民"山桃木"23日在新浪微博上发表长微博,谈了美国基础教育中不强调背诵,导致孩子学习数学"乘法,基本靠猜;除法,只能随缘"等现状,以此表达对中国小学改革的担忧。目前这篇长微博已被转发1.7万次。

"这很能代表我们家长的担忧。像写字、乘法口诀是必须靠重复强化记忆的,'一刀切'完全没有书面作业,看似负担轻了,但很可能就让孩子在该打基础的时候没打好,回头再补课更累。"杭州市民韩音说。

"没书面作业不代表就是素质教育。"一位母亲对记者说,这会把学校应该承担的一些责任转嫁到家长身上。在"双职工"的现状下,绝大部分家长没有充足的时间和专业的能力来指导孩子,只能花钱送孩子去培训班,让社会来管,长此以往,只会付出更多的经济成本和时间成本。

"减负"真正考验的是老师

在上海、浙江等先行探索"严控小学生作业量"地区的教育界人士看来,减负"风暴"中,"压力山大"的其实是老师——"减负"不意味着不教,而是老师不仅要给学生传授知识,还要让学生能快乐地接受知识。

在近年来"铁腕减负"的浙江,教育部门要求小学生书面作业时间不超过一小时,低年级不布置作业,老师要精心设计作业,做到精选、先做、全批并及时反馈。一些小学还在网上"晒"出"书面家庭作业量",以便接受家长的监督。

"过去,是学生下题海,减负后,许多学校变成了老师'下海',把学生'解放'上岸。"杭州一位小学"名校"校长对记者说,无论如何"减负",家长以及整个社会对孩子的质量标准没有降低。

"学生'减负'的出路在于提升教师的素质与执教能力。从前一旦少布置作业,老师就对教学质量不放心,这其实是对自己的执教能力与水平以及学生的学习能力不放心。"浙江省教育厅基教处处长方天禄说,学生会感到课业负担过重,很多时候与作业的机械性、重复性、难度过大密切相关。

在推出中小学生学业质量综合评价"绿色指标"体系的上海市,学生、家长们普遍评价,没有了机械操练,没有对错之分的"长作业",作业的自主性、多样性和趣味性不断提高。比如英语课后,老师会布置这样的作业:"爱写作的你,不妨用英语写一篇小文章介绍你的好朋友;爱绘画的你,不妨根据课文里的描写,画一画你的朋友;爱讲故事的你,不妨把课程改编为英语小故事,讲给父母听。"

上海市长宁区教育局局长姚期介绍说,向繁重的作业"开刀"后,2013年全区24所小学近2万名学生中,96%的学生表示"乐意完成作业",45%的学生反映回家作业量"变少了",超过八成的三到五年级学生,每天的作业量不超过一小时。

中高考制度改革要有实质性进展

在热议小学生"减负十条"的同时,更多的人将眼光放在了中考、高考"指挥棒"的改革上。

教育学者熊丙奇认为,出台"减负十条"的初衷是好的,但如果中高考制度改革没有实质性进展,考试升学还是用单一的分数标准选拔评价学生。在每分必究的升学录取制度指挥下,学校、老师、家长、学生都被应试化,在这种情况下,减负令要求小学不要考试、不要百分制打分、不要排名,只是"听上去很美"。

浙江省教育厅相关负责人认为,为小学生出台"减负十条",并不意味着对初中生、高中生课业负担放任不管。从各地的探索看,控制中考试卷难度系数、将一部分高中招生指标定向分配给辖内初中、高校自主招生等措施都是"治本"之举。"在全面的人才评价体系还没有建立起来之前,'减负'都将是一个长期行为,即使取得效果,也会比较脆弱,但为了孩子的健康成长,吁请全社会一起努力。"

【生词】

1. 减负:减轻负担。
2. 取缔:管束,管制,监管,禁止。
3. 超前:超越目前正常条件的。
4. 商榷:商量、讨论的意思,多用于书面及文献中。
5. 转嫁:转移灾难、祸患或危机(转嫁罪责)。
6. 长此以往:长期这样下去(多指不好的情况)。
7. 提升:提拔,提高职位、等级等。
8. 初衷:原来的心愿。

9. 治本：从根本上解决问题。

【摘要】

中国教育部为《小学生减负十条规定》征求意见后，"小学生不留书面家庭作业"成为争议最大的一条。

学生和家长："抢跑"必须取缔，但作业要"科学减少"

记者采访：

家长和小学生说，书面作业是否必须完全取消，需要商榷。长时间不写作业，会把学过的知识忘记的。

美国的网民谈了美国基础教育中不强调背诵，导致学生的学习能力大大降低的现状。

一位市民说，没有作业，很可能就让孩子在该打基础的时候没打好，回头补课更累。

一位母亲说，这会把学校应该承担的责任转嫁到家长身上。在"双职工"的现状下，父母花钱送孩子去培训班，让社会来管，长此以往，只会付出更多的经济成本和时间成本。

"减负"真正考验的是老师

提升教师的素质与执教能力是解决"减负"的出路。以前老师布置作业学生感到课业负担过重。这与作业的机械性、重复性、难度过大密切相关。现在老师要把作业的自主性、多样性和趣味性不断提高才对。

中高考制度要有实质性进展

出台"减负十条"初衷是好的，但在全面的人才评价体系还没有建立起来之前，减负都将是一个长期行为。所以中高考制度要有实质性进展。

【摘要写作点评】

原文由四个部分组成：一是教育部一文件"减负"征求意见稿引发的社会热议；二是学生和家长对"减负"的看法；三是老师对"减负"的看法；四是制度改革是关键。该生按照原文的结构，清晰地概括原文各组成部分的主要内容，条理清晰，语言简练。

【看法】

最近"小学不留书面形式作业"是非常争议的热点。这不仅是中国,韩国也关注的热门话题。我在这边小学分为三个阶段、乱写了我个人的意见。请大家过目。

小学低年级(1~2年级):我认为减负作业好,甚至没有作业也不妨。如果有跟不上课程的学生,老师不得不要布置作业,先不要直接跟学生说。最好老师和家长沟通,详细地告诉家长学生的学习情况,然后合理地布置作业。

小学中年级(3~4年级):英语,学生从3年级开始学,数学从4年级开始难度大起来。小学老师经常说:"孩子的这一阶段在学习方面非常重要。"所以从原则上看,老师要给学生合理地布置作业,以便让学生打好基础。但实际情况不允许。大部分的学生放学以后,又要到各种培训班去,而且他们还从那儿带着很多作业回来。我们换个立场想,这能吃得消吗?所以我觉得小学3~4年级也没有书面作业好。但是家庭经济困难,不能送孩子去培训班,老师可以和家长、学生商量,布置作业。

小学高年级(5~6年级):到了高年级,学生在学习方面已经分成三种类型。一是学习好,二是学习一般,三是学习差。先说学习好的学生。他们大多数已经感受到了学习的成就感。周围的人不给他们压力,他们也会主动地去学习。所以我看对他们来说有没有书面作业都无所谓。另一类学生之所以学习成绩不佳,是因为他们还没启发学习动机。在这样的情况下,父母、老师强迫地让他们做什么,学生会容易失去内在的学习动机。所以老师要布置作业,千万要避开机械性、重复性、难度过大的作业。想方设法布置带一些自主性、多样性和趣味性的作业。作业量也不要太多。

总体来讲,我认为走向"小学生减负"是很正确的道路。而且布置作业还要科学一点儿。以前老师没考虑各个学生的特点,千篇一律地布置作业,导致学生失去学习的兴趣。老师要布置作业,先按各个学生的水平来设定好作业量和作业难度。以后学生交作业,老师给他适当的反馈。

【看法写作点评】

该生结合韩国小学生的现状,细分韩国三个不同阶段的小学生的教育现状与合理的"减负"设计,在紧扣原文话题的同时,大大拓展原文讨论的范围。

【问题】

1. 你对小学生不留作业或少留作业的看法如何？
2. 你对中学生"超前学习"如何想？

【问题点评】

这两个问题提得不错：一是这两个问题题干简明易懂，便于理解与讨论；二是第一个问题紧扣原文，并容易激发学生结合自身感受进行讨论；三是第二个问题在原文内容的基础进一步延伸，拓展了原文的讨论空间，适当增加讨论的难度。

学生当堂讨论后，对这两个问题的主要观点如下：

学生A：先统计一下，全班都赞同不留作业，知道学生水平怎样。

学生B：更容易掌握学的内容。

学生C：通过留作业检查学习情况，老师根据学生作业情况对症下药。大的检查方法是：考试与作业。

学生A：不留作业有什么坏处？

学生D：只知道玩，忘了所学的，培养不了主动学习的习惯。

学生E：不能提高学习能力。

学生F：形成复习的好习惯。

学生G：一会儿就忘了。

学生H：上课的时间老师用作业补充内容。

学生A：不赞成留作业的请举手。应该中庸之道，不走极端。现在学校的作业量多不多、难不难不清楚。作业有什么弊端？为什么你们反对留作业？

学生B：强迫性的作业，学生没有主动性。强迫学生做作业的话有问题，留作业难度太大也有问题。学生容易丧失兴趣，反正是不好的事情，教师应帮助学生乐于学习、乐于做作业。

学生C：小学生没学习多少，过多布置作业他们肯定很烦。

学生A：我的孩子上小学一年级时，全校准备汉字能力考试，强迫他们写汉字，这一年孩子很辛苦，失去了学习的兴趣。

学生D：我反对留过多的作业。很多机械性作业，比如抄作业，学生容易丧失兴趣。过多作业占用休息时间。

学生E：上学时候的作业我妈妈帮我做。后来妹妹留作业，我帮她做。因为作业太多。

学生A：我认为留作业有利有弊。作业有意义，因为可以培养学生自习及自觉学习的能力，但现在学校留的作业机械性重复性太大，导致学生没有兴趣。你们认为最理想的布置作业的方式是什么？怎么布置？

学生B：我的学校留了一种作业很有意思。比如道德课作业的题目是：道德与礼貌。作业有一些提示，比如"你怎么和朋友、老师打招呼；你遇到排挤怎么办"，然后让自己选一个角色来表演，表现自己的感情体验。学生说这种方法很好，体现了个性、创造性。

学生C：我认为每个人水平不一样，要根据学生水平安排作业更好。

学生H：老师要对症下药，分开留作业，通过作业方式缩小差异。作业有很多种，课堂课外都有。韩国教育部主张在课堂多做作业，通过商量合作完成任务，这是最理想的作业。看学生之间的合作，配合交流。任务型、讨论型作业，完成之后很有成就感。任务型的作业，让学生选一个完成任务，比如背诵唐诗、课文等。

学生I：留作业自己安排自己的作业这种方式很好。

学生A：学生不了解怎么办？我认为重复性作业也有必要吧。美国学生不背，乘法就不会。

学生A：看学生的情况，针对不同的学生采用不同的教学方法。

学生H：人人具备不同的才能，学习是才能之一，父母看孩子有学习能力的话，感觉孩子需要超前学习，那就让孩子超前学习。

学生B：要看需不需要超前学习，看成绩与好奇心来决定，强迫会让孩子失去动机。不要随大溜，都要超前学习。

学生A：学习效果好，成绩大大提升，学生的素质降低了可不行。我们反对超前学习。学生之间差异太大，需要区别对待。

学生C：父母有时会强迫我们超前学习，学校也有超前学习的吧？如果校长强迫老师超前教学，你们怎么办？

学生A：起初是学校强迫超前学习。

学生B：学得好学得不好差距会越来越大。学得不好感到自卑。如果超前学习，那所学校的成绩就会好，就会得很多奖。但是语言超前需要一个阶段。

学生E：看学生情况，学生同意就行。

学生I：先看学生要不要，效果怎样。

学生J：韩国有名的大学，一般大学教授出的面试题比学生学的要难，这种情况需要超前学习。

学生H：面试时有些题目是大学一年级的专业内容，特别是数学科学的内容。他们水平比较高，所以学生不得不超前学习。

学生B：不是看正确答案，应看思维方式。应留思考型作业。

学生A：首尔大学的教授也批评学生对高中基本内容都不会。超前学习学生负担更重。

学生B：中文出什么面试题？

学生F：不让学生介绍自己，考查学的能力，不看汉语能力。

【整体点评】

同学们在报告人的介绍与评论的基础上，针对报告人所设定的问题进行多角度的探讨，进行深入的交流，特别是联系自身的经历与感受表达各自的看法，参与互动的各方都受益，都是在进行真实的交际。过去我们批评教室里的语言活动常常缺乏真实的交际环境的不足，在这种任务型的教学活动中，可以很好地避免这种情况发生。

四、专题报告

"专题报告"这种形式适合高级汉语水平的学习者，即让学生围绕某一方面的专题进行多角度地介绍新闻事实、各方观点及自己的评价，并设置相关的问题进行讨论。这一教学任务比前三个任务在涉及内容的广度与深度上都有所超越，前三个任务都是主要针对一篇新闻报道进行介绍、分析、评价，而这一任务往往围绕某一专题把不同时期的报道、不同媒体与媒介的报道、不同人群的立场与观点等进行多角度、多层次、多样式地呈现，报告的内容比前三种任务要丰富厚实得多。当然，学生用了收集材料、制作报告的时间与精力比完成前三种任务要多出很多，所以每个学生承担这种任务的频次要比完成前三种任务要低，这样学生可以有足够的时间与精力进行充分、高质量的准备。

下面以一名美国学生所做的有关毒品的专题报告为例。

毒品

1. 近年涉及毒品的中国明星们

A. 张元——导演：代表作有《过年回家》，获威尼斯电影节最佳导演奖；《看上去很美》，获柏林国际电影节"杰出电影艺术创新奖"；《北京杂种》，获新加坡国际电影节"评委会大奖"。2008年因为吸毒被拘留10天；2014年6月3日因为聚众吸毒再次被拘。

B. 宁财神——中国作家：代表作《武林外传》《都市男女》《大笑江湖》。2014年于《非诚勿扰》担任嘉宾。2014年6月24日因为吸食冰毒被抓。

C. 李代沫——歌手：于2012年参加节目《中国好声音》而走红，2014年3月18日因为吸毒被抓。

D. 张耀扬——演员：代表作品有《古惑仔》系列《无间道Ⅱ》，2014年7月2日因吸食大麻被抓。

E. 柯震东——演员：代表作品《那些年，我们一起追的女孩》《小时代》，2014年8月18日因为吸食大麻被抓。

F. 房祖名——著名影星成龙之子，演员：代表作品有《千机变2花都大战》《意外的恋爱时光》。2014年8月8日因吸食大麻被抓，8年吸毒史。

2. 毒品种类

A. 甲基安非他命，又称冰毒，即兴奋剂甲基苯丙胺，因其原料外观为纯白结晶体，晶莹剔透，故被吸毒、贩毒者称为"冰"。由于它的毒性剧烈，人们便称之为"冰毒"。该药小剂量时有短暂的兴奋抗疲劳作用，故其丸剂又有"大力丸"之称。过量的使用冰毒可导致急性中毒。严重者出现精神混乱、焦虑、烦躁、幻觉状态。长期滥用可造成慢性中毒、体重下降、消瘦、溃疡、脓肿、指甲脆化和夜间磨牙，长期滥用者，可造成惊厥、昏迷甚至死亡。

B. 大麻

（1）大麻植物干品：由大麻植株或植株部分晾干后压制而成，俗称大麻烟。

（2）大麻树脂：用大麻的果实和花顶部分经压搓后渗出的树脂制成，又叫大麻脂。

（3）大麻油：从大麻植物或是大麻籽、大麻树脂中提纯出来的液态大麻物质。

大量或长期使用大麻，会对人的身体健康造成严重损害：神经障碍。吸食过量可发生意识不清、焦虑、抑郁等，对人产生敌意冲动或有自杀意愿。长期吸食大麻可诱发精神错乱、偏执和妄想。记忆和行为造成损害。滥用大麻可使大脑记忆及注意力、计算力和判断力减退，使人思维迟钝、木纳、记忆混乱。长期吸食还可引起退行性脑病。2006年12月10日，英国慈善团体YoungMinds发表的研究报告显示：经常吸食大麻的年轻人罹患精神病的机率，是不抽大麻的年轻人的两倍。

3. 美国大麻合法化

大麻在美国年轻人中间不算罕见，美国几任总统曾承认自己在年轻时尝试过大麻。事实上，在美国，呼吁大麻合法化一直没有中断过。在自由派看来，吸食大麻的主观感受类似于喝酒，是成年人的个人选择。

在国际上的毒品分类中，大麻是软毒品的典型。所谓的软毒品，是指有一定致幻作用，但依赖性相对较低的毒品，从成瘾的比例来看，大麻为9%，和烟草（32%）、酒精（27%）、海洛因（23%）、可卡因（15%）相比较小。而与软毒品（soft）相对的，则是硬毒品（hard），硬毒品有很强的兴奋、致幻和刺激作用，很容易产生药物依赖，海洛因、可卡因等绝大多数毒品都在其列。

奥巴马坦然承认年轻时曾吸食大麻，并不认为它比酒精危险，按照联合国的定义，毒品是指服用后可以改变感觉、思考、行为方式的任何药物。这其中不仅包含传统观念中认定的天然的和人工制造的药物，还包括酒精以及烟草。英国毒品专家在著名医学杂志《柳叶刀》上发表的一份报告就显示，一方面一些毒品的危害被高估，而另一方面一些未被纳入监管框架的物质（如烟酒）的危害则被严重忽视。

美国总统奥巴马日前曾在《纽约客》杂志的专访中坦承，他年轻时曾有吸食大麻的经历。他现身说法，称吸食大麻不会比喝酒更危险，"众所周知，我年少时曾吸食大麻。这是一个不良习惯或者说恶习，但与我成年后吸了很长时间的香烟相比，没有迥然不同之处。"奥巴马说："我不认为它比酒精危险。甚至就对个体消费者的影响而言，大麻的危险性比酒精更小。"另外，美国前总统克林顿、小布什以及不少政要都承认年轻时曾吸食过大麻。美国超过一半的州考虑大麻合法化。

美国超过一半的州考虑大麻合法化
全美已有两个州允许"娱乐性大麻"使用

《纽约时报》报道，距离科罗拉多州和华盛顿州的大麻被合法化已过去一年半的时间，此刻，美国有超过一半的州都在考虑把这种毒品无罪化，或是合法用于医疗或消遣的目的。

出于医疗考虑，在1996年，加利福尼亚州成为美国首个允许使用医用大麻的州，医用大麻只涉及到特定病人，在观念上容易被接受，目前已经有20个州和哥伦比亚特区实现了医用大麻的合法化。

58％美国民众支持大麻合法化

正因为大麻是软毒品，不论在美国还是欧洲，呼吁大麻合法化一直没有中断过。在一些自由派看来，吸食它是一种个人自由。他们认为，在一个啤酒、威士忌、葡萄酒以及烟草都合法的社会里，没有理由禁止大麻这样消遣性的药物，他们认为吸食大麻的主观感受类似于喝酒，是成年人的个人选择，而在同样场合里，要使用可卡因、海洛因，一定会有许多人顾虑上瘾和身体伤害而拒绝尝试。也因为它的"软"，美国从上个世纪三十年代起开始禁用大麻，但一直屡禁不止，根据2011年美国全国毒品使用和健康普查结果，大部分介于12岁—60岁的美国人都尝试过大麻。在大学生年龄段尤为普及，约1/3的受访者承认在过去的一年里曾经吸食大麻。盖洛普民意调查结果显示，到2013年12月，支持大麻合法化的美国人比例高达58％，这个数字在1979年仅为27％。

批准娱乐用大麻的华盛顿和科罗拉多州用了一年的时间来制定大麻种植、加工和零售方面的法律细则，例如，规定拥有大麻必须是超过21岁的本州居民；拥有干大麻的量不得超过一盎司；必须是私人使用；不能在公共场合打开含大麻的包；也不能在公共场合使用大麻，等等。对于个人种植自用大麻，科罗拉多州规定不能超过六棵。迄今为止，信用卡公司也不被允许经手与大麻交易有关的转账。另外，州政府的大麻税收专用于社会、卫生服务，以及公立学校的基本建设。2014年1月3日，美国科罗拉多州批准的首批30多家合法大麻店开业，使科州成为全美首个合法销售大麻的州。

也需指出的是，这两个州"实验室"的财政是否会因此改善、犯罪率会不会上升，这两个州在未来的表现很大程度上决定了全美乃至全世界对大麻的态度。大麻争论的尘埃还远没有落定。

4. 其他国家对于大麻的法律

中国自 1985 年加入《国际禁毒公约》以来，对包括大麻在内的管制药品的政策与国际通行做法是一致的。早已通过立法的方式明确规定，大麻是毒品的一个种类。吸食大麻构成违法行为，根据《治安管理处罚法》，处十日以上十五日以下拘留，可以并处二千元以下罚款；情节较轻的，处五日以下拘留或者五百元以下罚款；严重者构成犯罪，如大量非法持有大麻。吸食成瘾或被公安机关发现吸食、被群众举报吸食被公安机关查获的，经尿样检验为阳性的，送戒毒所实施强戒。

在中国台湾地区，大麻被列为第二级毒品，制造、运输、贩卖者处无期徒刑或 7 年以上有期徒刑，施用者与持有者各处 3 年、2 年以下有期徒刑。若单纯施用，初犯在"除刑不除罪"的政策下，只要接受最长两个月的观察勒戒，即可获不起诉。

而日本携带大麻可被处以最高 5 年监禁。进口或贩卖大麻可被处以最高 10 年的监禁和高达 3000 万日元的罚款。

在英国大麻属于 B 级毒品，大麻携带者最长可判 5 年有期徒刑，对贩卖者最长可判 14 年有期徒刑。但是，英国社会对个人吸食大麻容忍度相当大。2013 年 4 月 20 日，近 2000 名拥护大麻合法化的示威者在海德公园集会，数千人公开吸食大麻。他们慵懒地坐在草坪上吞云吐雾，壮观程度堪比"伍德斯托克音乐节"。然而，巡逻的警察并未逮捕任何人，而是睁一只眼闭一只眼。

然而在最近的几十年里，少数西方国家已将持有大麻"去犯罪化"。荷兰是走在最前面的国家之一，从 20 世纪 70 年代起，荷兰就对"软毒品"大麻采取了较为宽松的政策。

1976 年荷兰政府允许大麻售卖在有限的形式下合法化。允许购买和拥有 5 克大麻或麻汁。拥有超额分量是非法的。持有执照的大麻咖啡馆可以向成人出售每人每天不超过 5 克的大麻，购买者需 18 岁或以上。公开抽大麻烟技术上被允许，但禁止在人多的地方，允许在大麻咖啡馆、自己家里或者在公园的一个僻静角落。

在加拿大，2001 年开始加拿大成为首个准许末期病患自行种植、吸食自种大麻的国家。

2013 年 12 月 10 日，乌拉圭通过大麻合法化法案，成为全球首个能合法产销大麻的国家。新法允许每位乌拉圭市民每年在家种植最多 6

株大麻，集体农场能种植更多株。乌拉圭居民每月能从领有国家执照的药局购买 40 公克大麻。政府将制定大麻价格、对贩售者抽税，并发许可证给量产者。经核准的医疗用大麻若要出口，须种植于制药厂所属温室中，并须符合进口国健康单位安全标准。

在西班牙，交易大麻或在公众场合吸食是非法的，但个人私下吸食则不违法，因此西班牙出现了许多大麻俱乐部。不过，政策最完整的则是葡萄牙，97 年之时，个人小额用药除罪化 12 年后，各党派都支持将毒品视为健康问题，而非犯罪问题。

2001 年 7 月，葡萄牙通过毒品非罪化法。根据这一法律，以个人消费为目的吸食、持有、获取少量麻醉性和致幻性药品，包括海洛因和可卡因等，都不再被当作犯罪处理。以个人消费为目的从数量上被定义为不超过通常情况下一个人 10 天的剂量。个人持有、吸食毒品虽然不构成刑事违法，但仍然属于法律禁止之列并作为行政违法来处理，这就使得葡萄牙的非罪化和合法化区别开来。另外持有超过 10 天剂量的毒品被界定为贩卖毒品，依然构成犯罪。

其他少数国家允许大麻的医疗使用，包括奥地利，比利时，加拿大，捷克，芬兰，以色列等。瑞士、（祕）秘鲁和孟加拉也都允许合法吸食大麻。

5. 讨论

a. 你认为大麻应该合法化吗？为什么？

b. 正如奥巴马年轻时抽过大麻一样，你会不会因为年轻好奇而吸食毒品？

c. 如果你身边的朋友吸食毒品，你应该怎么做？

d. 你认为吸食毒品的人是否可以改过自新？

e. 如果吸毒明星是你孩子的偶像，你应该如何教育他们正确面对？

毒品问题在美国是一个关注度很高的成人话题，大学生们很愿意就此展开讨论。做报告的这位美国学生从中国明星吸毒现象入手，对毒品进行科学知识普及性介绍，再重点介绍了美国大麻合法化与民众的态度，之后介绍中国等不同国家对大麻的法律规定，最后设置 5 个问题，组织全班同学分组进行讨论、交流。当时班上的气氛非常活跃，同学们各抒己见，甚至对大麻合法化进行激烈的讨论，有完全赞成大麻合法化，有部分同意大麻合法化，有完全反对大麻合法化，有的态度表示无所谓，并同时说明了支持自己观点的理由。

五、话题讨论

1. 围绕课文内容的话题讨论。报刊教材的具体信息有时容易过时，但课文一般经过精挑细选，课文本身的话题一般并不容易过时，可以引导学生结合自身的信息、感受来进行讨论。话题的设定可以根据不同情况而定：一是在讲解课文前进行相关话题的简短讨论，起到预热的作用，再进入课文学习。如在学习《在中国的外国留学生》一课时，教师可以先设置问题，问在中国留学的外国学生：你们留学的目的是什么？你们在中国留学有哪些收获？遇到哪些难题？二是在讲解课文过程中设置相关话题进行讨论。如在讲解课文《留学中国异常热闹的背后》，介绍课文内容、中国吸引外国留学生的原因时，可以设置问题：你认为中国吸引外国留学生的主要原因有哪些？三是讲解课文后，可以在总结课文主要内容的基础上，设置相关话题进行深入讨论：你认为留学有哪些价值？怎么做让留学更有收获？由于这些话题紧贴学生的生活，这样不同背景的学生根据自身的生活经历与感受多方面的进行话题讨论。

2. 跳出课文内容的热门话题的讨论。韩国是整容大国，韩国学生很爱讨论这方面的话题，教师可以根据教学时间、灵活机动地设置一些学生感兴趣的热门话题，这样可以丰富教材的内容，激发学习者的学习兴趣。如设置话题：到底要不要整容？要不要到国外整容？不同的学生进行了热烈的讨论，发表了各自的看法：

学生A：整容后可以当明星吗？必要的才整容；只是想美才整。但两者界限分不清。我觉得整容之后增加了自信可以整。认识一个人，要通过长期接触，性格比相貌更重要。

学生B：有一个女士很有名，她很胖，暂时没找到工作，整容后她找到了工作。以前她不自信，作为女性，她很受伤、很痛苦，认为自己很失败。整容要削脸，她整得很成功。但另一个女人是特型演员，整容后却失业了。

学生C：如果觉得鼻子特别不好看，自己很不满意，要做整容手术。但是让鼻子更好看，没有必要。为了提高自尊心可以做。不同意做整容的一般认为相貌是父母给的，不需要改变。

学生E：在竞聘时外貌影响找工作。在人际关系上，漂亮占优势。男人更喜欢漂亮的女人。有一次学习培训，老师跟学生告别时，学生问下一个老师漂亮吗？

学生A：这是主观性的看法。我们班的女老师都不需要整容。

学生B：和整容医生谈，医生说老了会有影响。每天照镜子，关注自己不满意的某个部分，时间长了就接受了。整容的话，做了一个地方，又要做其他地方。韩国太重视形象，于是很多人去整容。

学生C：四个男人一起吃饭，一个男人认为漂亮的女人性格也好。其他男人也这样认为。整容有好效果，也有副作用，有时产生医疗事故。整容与传统有关系。中国人穿旗袍，看哪？看腿；韩服看哪，看脸。亚洲人本来就是黑头发，是现在流行的样子。一个外语老师说到江南，分不出谁和谁，觉得个性更重要。如果一个人因为没有自信就做整容，不是那样的话不用做。听说很多中国人到韩国来整容。

学生E：一个人整容后换了好工作。整容的弊端是，做了第一次之后，又要不停做下去。我认为内在美更重要。中国朋友在QQ上问韩国哪家医院整容好。

学生D：心理有病，需要整容。

学生A：国内技术高不必去国外，国外受欢迎的脸型不一定适合自己。自然整容法可以试试。

学生E：需要整容去最喜欢的医院。

学生B：语言不通，有副作用怎么办？需要的话，去国外。麻醉一般请专门的医生。高三女生消息灵通，她们熟悉。流行总会改变，比如过五年，由于大家都是双眼皮，有可能流行单眼皮。

学生C：比如在日本整容。翻译如果听错了或误会了怎么办？设备技术要考虑。整容要做麻醉，很危险。在釜山有两个女人抽脂肪，麻醉时感染死了。偷偷去国外整容死了怎么办？应去大的综合性医院，遇到危险可以抢救。在国内做手术，自己了解，要做在国内做。个人要发展，要努力；整容后很容易实现。看书学习没有副作用，整容有副作用。我认为不要整容，要看书。

学生E：整容医院有翻译。一边商量一边写，确认才整。应去权威医院，最好是统一进行。国外有长处，可以整容，同时也可以旅游。国内达到一定水平不用去国外。有钱人或要求高的人去国外。为了满足自己，去国外。动手术要看合约。听听有经验人的意见，最好听听亲近的人的意见。因为整容医院炒作很厉害。小女生分手后就去整容，让对方后悔。

学生D：国内动手术最好，在国外副作用比较大，因为医生是外国人，不知道我们国家的风格。

话题讨论的形式可以分为两种。一是分组进行讨论，在规定的时间内各小组完成对话题的讨论，并由小组代表对本组讨论的主要观点进行记录、总结。在规定的时间结束后，各小组代表面向全班介绍本组的主要观点，其他组员可以进行适当补充。二是不分组的随机讨论，围绕话题，不同的学生发表各自的看法。

第二节　图式理论在报刊课教学中的应用

一、什么是图式理论

"图式是认知心理学的术语，指人脑中已经存在的知识系统。当人遇到新事物的时候，只有把它们跟已有的知识系统（图式）联系起来，才能理解这些新事物。""有效的阅读理解过程是一个读者头脑中的相关图式不断被激活、充实，并形成新图式的心理语言过程。"[①] 当新知与学习者头脑中原有的图式关系越密切，关联度与相似度越高时，新知就越容易被理解和吸收；相反，当新知与学习者头脑中原有的图式相冲突、关系越疏远时，新知就越难以被理解和吸纳。提高学习者阅读水平的过程就是丰富和构建学习者不同层级的阅读图式的过程，学习者的阅读经验越丰富多样，头脑中的阅读图式也随之丰富多样，也就越容易接受与理解新知识。知道图式理论，我们可以灵活地应用于报刊课教学中，帮助学习者学会建构、归纳、总结不同种类、不同层次的阅读图

[①] 周小兵、张世涛、干红梅《汉语阅读教学理论与方法》，北京大学出版社，2008年，第14页。

式，从而自觉地提高阅读能力。

二、图式理论应用于报刊课教学的类型分析

认知心理学的图式可分为四种类型：事件图式、场景图式、角色图式、范畴图式。① 在具体的报刊课教学中，构成阅读理解能力的图式可分为以下几种类型：

1. 报刊文章背景图式

报刊文章背景图式指读懂一篇报刊文章，必须读懂报刊文章中省略的已知、已报道的信息、事件、人物等，如在报道避免铺张浪费的餐饮现象时，就会常常出现"光盘行动"这一术语。在中国语境下，常常了解时政新闻的读者很容易理解这一术语，指新一代中国领导人上台之后厉行节约之风，鼓励民众在外就餐时吃光盘中的食物，避免舌尖上的浪费。由于这是一个已经很常用的短语了，当前的报刊文章在使用这一短语时不会作背景解释，而第一次读到报刊文章中这一短语的外国学习者即使汉语水平很高，认识这一短语的每一个字词，也不知道这四个字当中所隐含的背景意义。所以外国学习者在阅读报刊文章时，借助工具书弄明白了每一个字词的意思，但还是觉得不知所云，因为中文报刊文章常常省略已知信息，或字里行间隐含着已知信息，当外国学习者不知道其中的背景知识时，就会觉得读中文报刊文章似懂非懂。有经验的报刊课教师在帮助外国学习者疏通报刊文章字面意思的同时，一定会灵活巧妙地补足学习者不知道、容易引起阅读障碍的背景知识，让学习者对报刊文章的阅读进入一个更深入的层次。当报刊课教学仅仅停留在字词教学、字词表面的意思时，学生难以真正理解所读的中文报刊文章。读懂中文报刊文章，读者必须学会调动相关丰富的背景知识，将文章省略、隐含的意思读出来、读明白。

2. 报刊文章结构图式

中文报刊文章根据重要信息分布呈现三种形式：倒金字塔结

---

① 周小兵、张世涛、干红梅《汉语阅读教学理论与方法》，北京大学出版社，2008年，第14页。

构、正金字塔结构和混合结构。

倒金字塔结构是中文报刊文章最常用的结构，一般将文章的主要观点与内容放在文章的开头部分。由于报刊文章受版面限制，一般在开始部分设置最重要的信息，以便读者在最短的时间内知道文章的主要观点与内容。

正金字塔是中文报刊文章的另一种结构图式，即文章最重要的观点或内容放在文章结尾处。

混合结构是指报刊文章主要的观点与内容没有集中呈现在文章开头或结尾，而是呈现在文章的不同位置。

利用中文报刊文章的这些重要特点，可以引导学生学会抓文章的重点，即关键句子，这样可以避免对全篇文章的阅读采用不分重点的平均用力。

3. 报刊文章语言图式

报刊文章语言具有高度书面化的特点，教师在报刊课教学中应有意识地让学生建立和发展报刊文章语言图式。

（1）报刊文言词语

如报刊文章中常见的"则、倘、尚、未、睹、达、回眸、青睐、会晤"等文言词语，教师除了随遇随讲之外，还应阶段性总结这些词语，让学生适应报刊文章的语言风格。

（2）报刊固定搭配短语

报刊文章常用一些固定搭配短语，如"为……所、取决于、应……邀请"等。特别是一些动词搭配短语，如"达成共识、进行会谈、前往机场、举行会晤"等。教师应对每一课的这些固定搭配短语进行总结，让学生形成报刊文章固定搭配短语的意识，这样逐步提高报刊文章的理解能力与效率。

（3）报刊长句子

报刊文章常常出现一些长句，这些长句主要分为长单句与复合句。长单句要学会找到关键词，一般是主谓宾，去掉不影响主要意思的定语、状语、补语等成分。复合句要注意关联词及前后句子之间的逻辑关系。

（4）报刊新词语

报刊文章中常常出现新词语，组成新词语的每一个字学生可能都学过，但放在一起的意思学生在刚开始接触时并不清楚。如美国苹果公司前总裁乔布斯去世，世界各地的苹果产品爱好者自发组织各种活动进行悼念，相关的新闻报道中多次出现新词语"果粉"，很多外国留学生刚开始接触这个新词语时无法理解，后来经过提示，特别是恢复该词语的完整义——"苹果的粉丝"后，学生们才恍然大悟。

报刊课学习者在教师的引导下，逐渐掌握各种各样的报刊文章的语言图式，将会对中文报刊文章的解读形成种种有利的保障，原本是报刊文章难以理解之处，通过语言图式的建立，原本是难点的报刊语言障碍逐渐变成了学习的资源与凭借。

以往的报刊阅读图式研究中往往只注意到前两种图式，比较忽略第三种图式，即报刊语言图式。这三方面的图式相辅相成，报刊背景知识图式主要从内容上对学习者提供支撑，后两类主要从形式上对学习者提供支撑。第二类主要侧重于报刊文章的整体来理解，第三类主要侧重于报刊文章的细节和局部来理解。这些图式掌握得越丰富，越有助于对报刊文章的准确、高效地理解。

三、图式理论应用于报刊课教学的意义

一是图式理论强调利用已有知识来理解、掌握新知。当已有知识掌握得越丰富，与新知联系越紧密时，新知就越容易被理解与接收。利用图式理论，我们可以将内容相关的文章编成一个单元，学生在学习同一专题不同报刊文章时，将会利用已学过的报刊文章相关知识背景图式接触新的报刊文章，不断提高阅读的效率与信心。

二是图式理论可以帮助学习者在学习报刊文章时学会总结新图式，为将来阅读相关文章提供重要基础。每学习一篇报刊文章，学习者可以从文章背景知识、信息分布结构、报刊语言特点这三个方面进行有针对性的分析、总结，这样随着一篇篇报刊文章的学习，这三个方面的图式不断得到扩充与发展，为进一步学习新的报刊文章打下坚实的基础。

三是根据图式理论，可以在学习一篇新专题的报刊文章时，进行热身讨论或头脑风暴活动，让学习者在教师引导下积极调动

相关的知识储备，在相互讨论与争论中激活相关的知识背景，为接触和掌握新知打下基础。所以，在现有的报刊课教学中，适当进行一些课前小讨论，除了可以活跃课堂气氛，还可以为学习者激活和建立相关的背景知识图式、消除接触新知识的紧张与畏难情绪。

总之，我们应根据图式理论，利用已有知识与新知识的联系与共同点，帮助学生顺利地理解与接收新知识，同时在理解与接收新知识的过程中，学习者善于总结，形成新的图式，这样图式就会不断地进行更新扩展，为进一步接受新知识打下坚实的基础。

第三节　汉语报刊课教学的基本过程

第二章第一节谈到的报刊课教学的三种模式中，第一种模式目前在汉语教学界使用最为广泛和成熟，第二、第三种模式相对使用较少。本节所谈的报刊课教学的基本过程主要是基于第一种模式，第二、第三种模式的具体教学也可以参照本节相关部分的内容。

一、报刊课的教学时间安排

报刊课一般一周有两次课，一次两节，一周共有4节课（一般学校每节45或50分钟），可讲完完整的一课教材的内容。具体一课的教学时间与教学内容的安排如下：

① 如每节课为45分钟：学生的报刊文章述评（分两次，每次20分钟左右，共40分钟左右）＋课文讲解（70～80分钟左右）＋练习讲解（60～70分钟左右）。

② 如每节课为50分钟：学生的报刊文章述评（分两次，每次20分钟左右，共40分钟左右）＋课文讲解（80～90分钟左右）＋练习讲解（70～80分钟左右）。

具体一课内容的教学次序为：报刊文章述评（20分钟）→课文讲解→报刊文章述评（20分钟）［→课文讲解（讲上节课所剩

的课文部分)]→练习讲解。具体教学内容与时间安排如下图:

[报刊文章述评]	课　文　讲　解	[报刊文章述评]	练　习　讲　解
20 分钟		20 分钟	
第　一　节　课	第　二　节　课	第　三　节　课	第　四　节　课

如果第二节课未能讲完课文，第三节课应将课文剩余的部分讲完，相应地压缩练习前面几题讲解的时间，尽量不影响第四节课当堂做阅读理解练习题的时间。

教学时间如此安排：一是多年教学实践的经验总结；二是这样的时间分配，可以大致完成报刊课教学的各项任务。以上具体教学时间安排，仅供任课教师参考。在具体的教学中，教师可对各项教学任务所需时间作出适当调整，以确保各项教学任务顺利完成。

二、报刊课的具体教学过程

报刊课的具体教学由三大板块组成，下面对这些板块的具体内容进行介绍。

（一）让学生自找近期报刊文章并轮流在课堂上对所读的报刊文章进行述评

让学生自己在课外查找近期中文报刊文章，逐渐养成独立阅读中文报刊的能力。现有的报刊课是一周两次，共四节课，可以让每个学生每周看 1~2 篇近期中文报刊文章，并写出摘要和个人见解；教师每周检查和纠正学生的语言表达错误，并在每次报刊课的前 20 分钟左右的时间内轮流让两位学生依次说出各自准备的新闻消息。之所以让学生每周看 1~2 篇近期中文报刊文章，是出于培养学生直接读报的能力和学生课外时间精力有限的综合考虑。如果学生读报任务太少，课外泛读的篇数太少，影响学生直接读报能力的培养。如果给学生布置的读报任务太多，学生在学习报刊课的同时，还要学习其他课程（如读写、听力、会话等），准备其他课程的作业，学生的学习负担太重，读报任务也就难以完成。根据多年报刊课教学实践经验的总结，让每位学生每周看 1~2 篇近期中文报刊文章并写出摘要和个人见解，这一读报任务的安排还是切实可行的，对提高学生报刊阅读的能力很有帮助。

在布置读报任务前，教师应做好以下几方面的组织工作：

1. 教师在安排学生自找新闻材料作新闻发言时，应向学生介绍读报常识：

（1）向学生推荐在全国或当地很有影响的一些中文报刊，并简要介绍它们的主要特点。

（2）介绍中文报刊排版的一些常识，如读报纸应先看第 1 版，知道当日有多少版，导读的文章有哪些，然后确定自己感兴趣的版面，找出想读的文章。

（3）介绍读报刊文章的方法，如重点看文章的标题和各段的开头部分等。

2. 让学生的新闻发言应做到：

（1）要简短，不能太长，每人每次控制在 5 分钟左右。因为每次每个发言人的述评与讨论总共只有 10 分钟的时间，述评与讨论各占 5 分钟。如果发言人述评时间过多，讨论的时间就很少。

（2）在上课前，将要述评的报刊文章及其摘要、看法、讨论的问题复印好发给任课教师和班上其他同学，以便班上其他同学更易听懂。

（3）尽量不要照搬文章原文念，应照着事先写好的新闻摘要稿来读。因为照着原文念，述评者对原文的概括能力得不到有效训练。而且有些文章过于书面，口头读出来并不容易理解，需要述评者经过适当的概括加工，用别的同学容易听得懂的语言进行发言。再加上有些文章较长，照原文念，势必占用过多的时间。因此读摘要比照着原文读更好。

（4）鼓励学生阐述自己对新闻事件的看法，并和自己国家的情况进行比较。如一位韩国学生在介绍一篇发表于 2013 年 8 月 22 日《中国青年报》上的文章《让孩子的梦想"飞"起来》的主要内容后，发表了自己对这篇文章的看法，并将韩国的教育情况与中国的情况进行比较："这篇报刊文章的内容不仅仅属于中国的教育问题，而且也属于韩国的教育问题。在韩国，多数大学毕业生找不到工作，就千篇一律地准备公务员考试。而且很多父母不考虑自己孩子的想法、兴趣、个性、梦想，只强调说：'你要好好读书，好好学习，长大以后找个稳定的工作。'孩子上大学之前，没有真正地考虑过自己的梦想，大学志愿填报都是临时抱佛脚，按照自己的分数来选择专业。这算是'饭碗教育'。父母应该尊重孩子的梦想，并为孩子提供独立、自我发展的空间，支持其为梦想而努力。这就是意味着父母与孩子之间应该互相沟通、互相了解，让孩子的'梦想'飞起来。父母应以孩子梦想导师的角色让其真正触摸到梦想。"再如一位日本同学在简要介绍一篇发表于2013年10月9日《青年参考》上的文章《为什么"严师出高徒"？》的内容后，发表自己的看法："过度严厉的教育方法没有什么好处，但严厉一点是必需的。在日本，从2003年到2010年受过教育的人叫"轻松世代"。这个词的意思是善待学生的传统理念，削减学生必须记住的知识、减少学生的学业负担，提倡"轻松教育"。但是现在越来越多的评论家认为轻松教育是一个失败。而我也是轻松时代的人之一，我不认为"轻松教育"是一个失败，但轻松教育确实让人们认真学习的程度降低了。那严厉教育可以说是最重要的方法吗？我觉得不对。最好的学习方法应是又轻松又严厉。这两种方法的平衡最难，但是最重要的事情。"这样介绍本国的情况，可以深化对相关问题的认识和探讨，同时也可以让其他国家的学生了解本国的有关情况。

（5）将事先准备的一些问题向其他学生提问，以引起讨论。如一位印尼学生在对发表于2014年4月17日《广州日报》的文章《为什么我没有好命》进行简要述评后，提出了两个供全班讨论的问题：① 你对命运有什么样的看法？② 你们觉得你们的命怎么样？问题一提出，很多同学马上对这两个问题表示出极大的兴趣，纷纷交流自己的想法。再如一位美国学生在对2014年3月28日母婴网上的文章《父母过度表扬或批评，当心影响孩子性格健康》进行简要述评后，提出了问题：① 你们觉得教育孩子应该用什么样的方法？② 小时候你在家里受到了什么样的教育？你觉得好不好？由于留学生都有成长的记忆，对父母怎么教育自己都有切身体会，因此当时大家对这两个问题都很感兴趣，讨论很热烈，气氛很活跃。

3. 学生在发言时，教师要注意：

（1）将学生说出的需要解释的词语及时写出，等学生说完后，向全班简要说明。

(2) 对学生说错的容易引起误解或难以让人理解的读音，及时加以纠正；对于一般不影响表达与理解的语音错误，可以忽略不计，或等学生说完后集中纠正。

(3) 鼓励有发言任务的学生与没有发言任务的学生互相提问，交流看法，进行讨论。

4. 学生发言结束后，教师要注意：

(1) 带动全班向刚发完言的同学鼓掌表示鼓励和感谢，让每一位发完言的学生享受"英雄般的待遇"。

(2) 等两位学生发完言后，教师进行简单总结，肯定他们发言中可取的地方：如准备认真仔细，摘要和看法说得好，问题提得好等，鼓励别的学生向他们学习。对于他们当中存在的问题可适当指出，希望他们以后做得更好。

实行这种让学生自找近期报刊文章并轮流在课堂上进行述评的做法，从硬性规定上保障学生一个学期有多次课外读报的机会。在准备对所读的报刊文章进行述评的过程中，学生会顺便读到更多的新闻消息，渐渐由完成老师布置的读报任务过渡到养成自觉读报的好习惯。

让学生自找近期报刊文章并轮流在课堂上对文章进行述评比教师找活材料作为补充教材更有助于发展学生的多种语言技能，更好地提高教学效率：学生一般根据自己的兴趣选读材料，比读教师补充的材料更切合自己的兴趣，兴趣是提高学习效率的重要条件；学生自己找读材料可以更直接地了解中国的各种报刊，形成课外读报的自学能力和良好习惯；除了阅读能力，还有助于听、说、写各项语言技能的综合发展；学生的发言还要求有自己对所说新闻的看法，往往与本国情况作比较，这会激起班上来自不同国家的同学参与讨论，增进学生之间的沟通与交流，有助于语言交际能力与跨文化交际能力的发展。

让学生自找材料并作新闻发言，并非绝对排斥教师找补充材料的做法，在两种情形下也可酌情兼用：班上不少学生直接阅读报刊困难太大，教师可以根据学生的水平找一些补充材料，然后逐渐过渡到让学生自找材料并作新闻发言；当出现一些社会热点、重大事件,班上多数同学感兴趣时,可补充相关材料组织教学。不管怎样,教师应有意识地确立以学生自找材料并作新闻发言为主、教师找补充材料为辅的制度。

为了完整呈现出学生如何完成对所读报刊文章进行述评这一教学任务,我们附上两个中级水平、一个高级水平的学生的书面发言稿。

一位法国学生选的是 2013 年 10 月 9 日《青年参考》上的文章《想升职?跟老板撞衫!》。原文、图片、生词、摘要、看法与问题如下:

【原文】

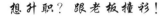

想升职? 跟老板撞衫!

想得到晋升,不只需要找准目标、投入时间。一项新研究显示,在职场上得到提升的秘密其实挺简单,跟老板穿着一样就行。这项研究发现,大部分受访管理者(68%)对穿着风格跟他们一样的员工印象最为深刻,他们表示,这样的员工通常会"得到加分"。

这项研究告诉人们,"如果你想当老板,就别穿得像个打工仔"。如今,越来越多的人掌握了这个秘诀,职场上出现了"办公室双胞胎"的新潮流。进行该项研究的英国 Debenhams 公司认为,"办公室双胞胎"现象在英国职场非常普遍。

这家公司对 2000 位受访者进行的调查显示,61% 的人认为,跟同事穿着一样有助于打造团队精神和提高生产率;54% 的人表示,上司和同事穿什么衣服上班对他们影响很大;33% 的人称,他们的团队有意购买同样的衣服,并计划在同一天穿;32%的人称,自己偶尔会跟同事穿着一样,相处的时间长了,穿着一样会成为一种下意识的行为。

Debenhams 公司发言人说:"办公室内模仿他人穿着的人越来越多。同事穿同样的衣服出现在办公室里时,常常会被人取笑。老板经常提拔那些跟他们穿着相似的人。"

英国赫特福德郡心理学家卡伦·拜恩表示:"人们喜欢被像自己的人吸引,差异可能被视为威胁,当穿着相近时,人们会感到更安全。一个团队穿着同样的衣服上班,表示成员们很团结。"

拜恩说:"研究发现,穿着可以改变人的性格。所以,像老板那样穿着可能激发一个人潜在的领导力。同时,人们在潜意识中认为,穿着像领导的人有当管理人员的天分。"

Debenhams 公司设计师贝·迪·莉茜说:"跟上司穿着一样,是职场着装最完美的方式。"

【生词】

撞衫	zhuàng shān	穿相似的衣服
晋升	jìnshēng	提升
双胞胎	shuāngbāotāi	双生兄弟姐妹
打造	dǎzào	提高
下意识	xiàyìshi	没想到的
偶尔	ǒu'ěr	有的时候

【摘要】

据悉,要晋升或者要吃香的员工只需要用一个好方法,就是跟老板穿一样的衣服。这项新研究是被英国公司 Debenhams 进行的,他们发现,职场上的服装其实相当重要。这项研究显示员工当中穿同类服装有几个好处:公司这样就可以打造团队精神、提高生产率,原因是人们跟同事们穿着一样的话,人们一定会被像自己的人吸引。我觉得最重要的句子是:"如果你想当老板,就别穿得像个打工仔(zǎi)",意思是你的穿着应该反映你的意愿。此外文章的笔者也说穿着一样的同事越来越多,有时候他们打算在同一天穿,就叫"办公室双胞胎"。

【看法】

我觉得这篇文章很有意思,因为表示下意识的现象。虽然在目前的社会，我们不要做肤浅（fūqiǎn；superficial）的人，但是容貌（róngmào；looks，appearance）其实是很重要的。而且我认为跟老板撞衫不一定是个好方法，因为如果老板发现你在效仿他的穿着，那么他可能会生气，对你晋升没有什么好处。这项研究也显示在这些情况下可以打造团队精神，可是大家都穿同类衣服的话，很缺乏个性与独特，所以结果可能会把职场变成一个很无聊的地方，不至于打造出团队精神。

【问题】

在你们看来，在找工作或者面试时，得到工作首先依赖于（depend on）你们的样子还是你们的能力？为什么？

你们试想一下，你们在一家公司工作，可是因为员工很多，所以难以晋升。那么除了跟老板撞衫以外，你们会怎么办？

一位韩国同学选的是 2014 年 3 月 3 日《华西都市报》上的文章《看韩剧＝低学历？近 6 成观众学历超本科》。原文、图片、生词、摘要、看法与问题如下：

【原文】

《星星》终于收尾，话题却未落幕

《来自星星的你》终于迎来了大结局，在中国再次掀起"韩流高潮"。近 20 年来，韩剧一直是韩国文化的一张名片。虽在中国经历了一段时期的低谷，但随着长腿欧巴李敏镐参演的《继承者们》爆红，再到最近热播的《来自星星的你》（简称《星星》），新一波韩流再次来袭。

究竟谁在看韩剧成为不少媒体和专家们争论的话题。此前，韩国教授的研究团队则认为看韩剧的中国观众都是低收入低学历的。但与韩国同步直播《星星》的视频平台爱奇艺近日发布的调查数据却得到了相反的结论——追看《星星》的观众以大学本科以上学历的居多。

谁在看《星星》？ 大学本科学历以上居多

日前，来自首尔大学媒体信息系的教授带领的研究小组则发表了题为《中国电视观众的电视剧消费品位指导》的论文，认为青睐韩剧的中国观众，趋向于低收入和低学历，他们之所以爱看韩剧，是因为部分韩剧逻辑性较差，观看时无需动脑子。而高学历、高收入者主要观看美国和日本的电视剧。

但与韩国电视同步直播《星星》的视频网站爱奇艺提供的数据却完全不同。爱奇艺前日发布了一组针对《星星》的调查数据。数据显示，"星粉"中男女比例分别为20.53％和79.48％。从年龄来看，35岁以下的观众占到93.23％。而就教育程度而言，追看该剧的观众以大学本科居多，占了34.86％，而拥有硕士学位的观众占了14.53％，拥有博士及以上学历的观众则有8.89％。即拥有大学本科以上学历的观众占了58.28％。

为何这么火？ 打动了有不安全感的女性

据韩国收视率调查机构尼尔逊调查，2月27日播出的《星星》最后一集的收视率为28.1％，创下了该剧开播以来的最高收视率。不过，即便收视率如此之高，但其在韩国影响力远远不如中国。清华大学新闻与传播学院副院长、博导尹鸿分析称，这部纯情剧特别能打动处于社会转型期、情感上有着不安全感的中国女性，"今天我还就《来自星星的你》问过一个韩国留学生，可他告诉我，在韩国这部剧其实没中国这么火。"

此外，《星星》将土豪范儿发挥到了极致，全智贤每两分钟换一套行头，全是"贵到没朋友"的欧美大牌。乐视网高级副总裁高飞透露，这部剧对中国影视制作也有启发，"中国的影视剧成本远超韩剧，大量的成本都用在了演员上。韩国的演员有这样的觉悟，比如在《星星》里，全智贤那些奢华的造型，大部分都是她自掏腰包买的，他们认为，我必须要确保我的形象经得起推敲,为此我宁愿自己掏钱。"

国产剧和韩剧到底差在哪?

从 1993 年内地首次播出的韩剧《嫉妒》开始,韩剧进入中国已经整整 20 年,且以一股"惊人而持久的力量"反复成为褒贬不一的讨论对象。韩剧为何取得如此成绩,中国电视剧又有什么值得学习之处?

虽然韩剧由于"逻辑性较差"和逃不出"玻璃鞋"的老套剧情而受到诟病,但其巨大成功是不争的事实。伴随韩剧等文化产品席卷全球,各国消费者对韩国产品的好感也在上升。据统计,韩国文化产业出口每增加 100 美元,就能使韩国商品出口增加 412 美元。

而这一切都归功于韩国开发制作电视剧等文化产品时,会把韩国的传统文化、饮食、服饰、旅游等捆绑在一起在剧中集中展现,这样观众对该剧的消费也是全方面的。同时,以该剧为核心的周边产品产业链条非常完备,能够保证这些产品的及时供给。

所以,无论是《星星》中女主角千颂伊最爱的"炸鸡和啤酒",还是男女主人公用来聊天的社交软件"连我(LINE)",都伴随这部韩剧的热播而人气爆棚。以《星星》为核心的产业链条不仅带来了最大的商业利益,也使更多外国人从"追剧"转变为"追文化"。

【生词】

掀起	xiānqǐ	(v)	lift;raise in height;begin
逻辑性	luójíxìng	(n)	logic
直播	zhíbō	(v)	broadcast live,not recorded
透露	tòulù	(v)	to leak out;to divulge;to reveal
核心	héxīn	(n)	core;nucleus

【摘要】

《来自星星的你》在中国再次掀起"韩流高潮"。近 20 年来,韩剧一直是韩国文化的一张名片。有些人担心韩剧是不是对中国人不好,但是调查显示,韩剧迷中过半以上是有高学历的人。而这一切都归功于韩国开发制作电视剧等文化产品时,会把韩国的传统文化、饮食、服饰、旅游等捆绑在一起在剧中集中展现,这样观众对该剧的消费也是全方面的。同时,以该剧为核心的周边产品产业链条非常完备,能够保证这些产品的及时供给。

【看法】

　　电视剧是一个文化的重要部分。电视剧里可以反映出一个国家的音乐、服装、饮食、语言等等。所以通过一部电视剧，我们可以认识某个国家的一部分。由于这样的原因，人们容易了解别国的文化。在全球化过程中，人们的网上交流大部分是有关电视节目的话题。所以提高文化产品的发展，就是赶得上全球化的一种方法。

【问题】

　　1. 你怎么看韩剧在中国很受欢迎？
　　2. 你喜欢看什么样的电视剧？

　　一位高级汉语班的泰国学生选的是2013年7月2日网络文章《中国式相亲：父母"摆摊"交易子女爱情成买卖？》。原文、图片、生词、摘要、看法与问题如下：

【原文】

中国式相亲：父母"摆摊"交易子女爱情成买卖？

新京报　2013年8月31日

　　父母们都建立了自己的"摊位"。为了让自己孩子的信息更显眼些，他们干脆将信息写在纸板上，铺在地上，甚至把纸板夹在树枝上。白纸黑字，稍微考究点的会打印出来，用塑料文件夹装好，像求职简历。据统计，相亲的青年中，女性占63.04%，当地人占89.13%，普通白领占39.1%。

　　一个周末，年轻漂亮的李菲被妈妈"连拽带求"，带到了上海的人民公园。

　　在这里，她惊讶地发现，自己的年龄、身高、学历、工作、月薪、房产和户口变成了一张"小广告"，在广告栏里"待售"。

　　如今，在北京、上海、杭州、鞍山等城市，都有这样的特殊公园，承载着两代人的"人生大事"。这里就是自发相亲角，50后、60后的父母为主体的"交易市场"，他们的"商品"则是自己的儿女——70后、80后和90后。

　　坐在老曹对面的苏阿姨，是在上海落户不久的"新上海人"。她的儿子目前有女朋友，但她"不是很满意"，想另找"门当户对"的结婚对象。苏阿姨也用市场化的语言,为自己辩护:"因为我特别知道社会的行情,婚姻就像买东西一样,凭人介绍还是范围太窄了,还是应该到市场来看看,可以挑。这也是一种进步。""摊位"前一位女孩家长的一声叹息:"今天生意不太好,来问情况的男方家长太少了!"在这位母亲的心里,女儿的婚姻已经异化成了一种生意。

一个傍晚,她曾无意间听到两位家长间的对话。双方似乎都对子女感到满意,临别时,女方家长问男方:"你这时回去,家里人都等你吃饭吧?""走高速开车回去也就1个多小时。""那你回去晚了,小区好停车吗?""我们小区车太多,就是车位少。停车费倒是很便宜的,才5块钱1天。"

市场化,让待婚青年的信息,在公开环境赤裸裸地被挑选、评判。目前,上海人民公园"生意红火",每周末的家长都超过500人。在杭州的万松书院、黄龙洞公园相亲会上,相亲者也摩肩接踵。一位妈妈说,相亲角里有一个潜在的市场价格。男的必须要有两室一厅、最好位于市中心;不能和父母住在一起;房产名字必须是本人;工资每月8000元以上。只有具备了这些条件,才能到人民公园来找女朋友。

那么,"不肯吃亏"的相亲角就是丑恶的吗?实际上,相亲角的择偶标准,正是当下中国社会转型期的一面镜子。"来到这里的,都是没有选择的选择。"研究员孙沛东说。

西方学者发表在《美国社会学研究》上的研究认为,在发达国家的现代化过程中,阶层内婚会经历"先升后降"的过程。随着社会物质财富的积累、社会保障制度的健全、社会福利水平提高,人们通过婚姻保持和提高自己社会地位的动机逐渐下降,经济因素的重要性才会随之下降,以爱情为基础、跨越社会阶层的婚姻才会增长。

但中国的相亲角,却呈现另一种图景:"GDP高速增长,社会福利和保障羞羞答答地滞后,人们迫切需要通过婚姻保持并提高自身的社会地位,择偶与婚姻中的经济考量日益深重。"原本年轻人应该自由追求的"幸福",已经发展成一条明晰的产业链。

在北京、上海、杭州、鞍山等城市,都有着特殊的相亲公园,承载着两代人的"人生大事"。孙沛东发现,从相亲家长所处的社会阶层来看,断然没有"富一代""权一代"的身影。

表面上,"相亲"大都是一派祥和景象。但婚姻市场上内部竞争机制的存在,让相亲角变成了没有硝烟的战场。孙沛东发现,在这里,父母之间"是没有闲谈的"。每句话都犹如谍战剧台词,背后都隐含着一个又一个"摸底"的企图。

问题看似平常,却含深意。这位母亲最后向孙沛东透露,她是为了打探对方的居住情况:"按天计算的停车费和价格,说明他住的一般是20世纪80年代的老公房或者郊区的中档商品房。从市中心到家需1小时、走高速,也就证明了是郊区的一处中档楼盘。"

李菲的妈妈觉得女儿在择偶问题上眼光太高,一味强调"感觉"和"缘分",这让她感觉很为难。"以前帮她介绍过一个,她说刚见到就想走了,呆不下去。这个男孩我跟她爸都挺喜欢,各方面条件也都不错,可她一直强调第一感觉很重要。"

李菲却认为,被家庭、社会压力"挟持"的相亲本身才是障碍。"我还是喜欢自己找。家里的相亲就意味着我失去了选择的权力,失去了婚姻的自由。只要家里觉得条件好,我就该无条件接受,完全不顾我的感受。"

一位家长说:"到相亲角来的,基本都是想打翻身仗!女孩自己挣5000块的,想找1万块的;挣1万块的想找两万块的;明明自己家里有房子,还要找个住在市中心的。男孩也想找比自己强的女孩,最好也有房子,省得以后离婚被揩油……"

"房",已成了80后、90后待婚青年及其家长的普遍焦虑。今年以来各地"国五条"的出台,又加剧了这种焦虑。此外,在上海、北京这样的一线城市,户口"战争"依然存在。

随着经济的快速发展,工业化、商品化和市场化直接渗透到了民众的日常生活中,也包括最为私人化的情感世界。越来越多的孩子和父母不再相信爱情,认为每个"上市"的男女都有其自己的"市场价格",认为婚姻就是"买东西",还有"行情"可以追踪。

父母们的急于相亲,让子女"又爱又恨"。50岁的杨阿姨,为了27岁的女儿,她来相亲角"摆摊"已经4年多了。"这里的父母都不肯吃亏。男的也想占便宜,女的也这么想,就没法谈了。这里为什么成功率低?原因就在这里。"老林总结道。

时代变迁,中国青年的择偶标准也一变再变。进入21世纪,市场资本和消费文化冲击了青年的择偶标准和婚恋观念,个人的形象资本、家庭的经济资本和社会地位,在婚姻市场上的地位更加显著。

在相亲角,情感被市场化和商业化的文化所渗透,导致了异化。

爱、情、美被标了价，人的价值被分割成若干内容和等级，失去了人作为一个整体的意义。相亲对象之间的明争暗斗，一次次"探底"的企图和尝试，也让真正具有情感内容的过程被舍弃了。

【生词】

1. 摊位（tānwèi）：出售货物的摊子，也指货摊的位置。

2. 门当户对（mén dāng hù duì）：旧时指男女双方的社会地位和经济情况相当，结亲很适合。

3. 摩肩接踵（mó jiān jiē zhǒng）：肩碰着肩，脚碰着脚，形容人多拥挤。

4. 国五条（guówǔtiáo）："国五条"是指在2013年2月20日国务院常务会议确定的五项加强房地产市场调控的政策措施。

5. 楼盘（lóupán）：楼盘指由具备开发资质的开发商承担设计、建设并聚集在某一处进入市场上销售的房子。楼盘一般指商品房。一般指正在建的或正在出售的楼房。

6. 挟持（xiéchí）：从两旁抓住或架住被捉住的人，倚仗权势或抓住别人的弱点，强使其服从。

7. 打翻身仗（dǎ fānshēnzhàng）：通过行动摆脱困境或不利局面。

8. 揩油（kāi yóu）：比喻占别人或公家的便宜。

9. 探底（tàn dǐ）："探底"是一个股票术语。简单地说，探底就是寻找股价最低点过程，探底成功后股价由最低点开始翻升。

【摘要】

如今，在北京、上海、杭州、鞍山等城市，都有特殊的公园，承载着两代人的"人生大事"。这里就是自发相亲角，50后、60后的父母为主体的"交易市场"，他们的"商品"则是自己的儿女——70后、80后和90后。

市场化，让待婚青年的信息，在公开环境赤裸裸地被挑选、评判。相亲角里有一个潜在的市场价格。男的必须要有两室一厅、最好位于市中心；不能和父母住在一起；房产名字必须是本人；工资每月8000元以上。只有具备了这些条件，才能到这样的公园来找女朋友。

随着经济的快速发展，工业化、商品化和市场化直接渗透到了民众的日常生活中，也包括最为私人化的情感世界。越来越多的孩子和父母不再相信爱情，认为每个"上市"的男女都有其自己的"市场价格"，认为婚姻就是"买东西",还有"行情"可以追踪。

时代变迁,中国青年的择偶标准也一变再变。进入21世纪,市场资本和消费文化冲击了青年的择偶标准和婚恋观念,个人的形象资本、家庭的经济资本和社会地位,在婚姻市场上的地位更加显著。

在相亲角,情感被市场化和商业化的文化所渗透,导致了异化。爱、情、美被标了价,人的价值被分割成若干内容和等级,失去了人作为一个整体的意义。相亲对象之间的明争暗斗,一次次"探底"的企图和尝试,也让真正具有情感内容的过程被舍弃了。

【看法】

你知道"三子"是什么吗?"三子"是中国式结婚成本,就是票子、车子、房子。眼下的很多年轻人通过中国式相亲找对象。相亲时,背后都隐含着一个企图,渴望知道谁有"三子"、谁的"三子"更好,货比三家以后,找到具备这些"三子"的对象,才可以中国式结婚。对他们来说,相亲是一种"假面具",婚姻是一种"买卖"。

可能是因为现代社会太现实了,所以年轻人的想法也随着社会的变化而改变。其实,他们的想法也算是对的。因为结婚了就要生活,并不是谈恋爱那样轻松,所以在婚姻生活中物质也是不能忽视的因素。

虽然婚姻需要一定的物质基础,但是必须靠自己或互相努力,而不是跟对象索取。我认为婚姻并不是购买现成的,而是两个人一起动手做出来的。没有共同努力的过程,只看对方已经具备的"条件"而结婚的话,这个"条件"结婚以后就威胁感情,甚至让婚姻破裂。假如在盲目追求物质中,却忘了婚姻和爱情的真正含义,这就不是梦想而是白日梦。只有两个人通过"相濡以沫",他们一起得到"物质"和"精神"上的满足,这才有真正的意义和价值。

遗憾的是,看来很多年轻人的想法,他们的婚姻关键已经不再是感情了。他们的脑子里"有缘千里来相会,无缘对面不相逢"已经改成"有钱千里来相会,没钱对面不相识"了。可是我认为社会再现实,婚姻也还是一定要建立在感情的基础上,没感情的婚姻,无法长久。婚姻是"执子之手,与子偕老",跟一个能分享我的人生、能与子偕老的人在一起,两个人一齐努力,都很宽容,不会计较多少,能够享受到踏踏实实的幸福,这就是我所认为的婚姻的真谛。

你觉得怎么样?我的想法已经out了吗?

【思考题】

1. 你认为"剩男剩女"越来越多的原因是什么？
2. 你对"中国式相亲"的看法怎么样？到底是爱情重要还是条件重要？

第二位学生的生词用韩文解释，省略未附上。以上这三位学生的书面发言稿中的摘要、看法、问题，除了明显的表达错误加以纠正以外，其他的都保持原貌。

（二）课文讲解：提问＋操练语言点＋解释词汇＋讨论话题

在报刊课教学中，应注意培养学生的阅读技能和让学生掌握报刊常用语言形式。课文应一段一段地讲，在正式讲解前让一位或几位同学读一遍所要讲的内容，随时纠正他们的读音错误。课文讲解应由四大部分组成：针对课文内容提问；重要语言点的讲解和操练；普通词汇的简要解释；话题的讨论。前者主要用来训练学生的阅读技能，后三者主要让学生掌握常用的报刊语言形式。

1. 针对课文内容提问。

（1）这种提问的作用有：① 检查学生对课文内容预习的情况和熟悉的程度；② 有意识地培养学生的阅读素质与技能，对学生进行有针对性的快读、略读和精读等不同类别的有效训练；③ 培养学生养成带着问题阅读思考、善于根据具体语境跨越障碍并能及时回答问题的良好阅读习惯；④ 有助于培养学生听、说及语言交际等诸方面的能力；⑤ 能有效地集中学生的注意力，让学生在积极高效的富有竞争性和挑战性的阅读思考中及时回答一个个问题，激发学生的学习兴趣；⑥ 有效贯彻教师为主导、学生为中心的对外汉语教学原则，确保学生在课堂上有充分训练各种语言技能特别是阅读能力的时间与机会，让学生在课堂教学中形成的阅读能力和良好的阅读习惯作为范式及时有效地迁移到课外的自学阅读中去。

（2）这种提问的要求有：① 所有的问题要尽量紧扣课文内容，并且这些问题加起来能涵盖全文；② 各个问题应有明确的阅读目标，让学生知道教师的意图，即回答具体问题是用来训练什么样的阅读能力与阅读习惯；③ 各个问题应有明确的时间限制，培养学生精读、略读与快读的不同阅读时间意识与效率；④ 注意问题的难易度和学生对问题的兴趣程度，设法让全班汉语水平与阅读能力不同的学生都能相对均等地参与；⑤ 教师应先提出具体问题，然后指定学生回答，让所有学生在被指定回答前积极思考；⑥ 提问或让学生相应的回答能及时有效地带出要操练的语言点、要解释的词汇、甚至一些可以进一步引发讨论的话题，使课堂教学由侧重于阅读能力的训练自然地过渡到其他语言技能的训练。

（3）针对课文内容的提问，从不同的角度可以分出不同的种类。这里列举报刊课常用的一种划分方法，即层次划分法，主要有：① 一级问题，主要问一篇文章的话题属于哪方面的；② 二级问题，主要问课文的主要内容或主要观点；③ 三级问题，问的是一篇文章各个主要组成部分（段落）的主要内容或观点；④ 四级问题，问的是一篇文章各个组成部分（段落）的细节内容。这样一篇文章的内容在四个层级的提问中清晰地呈现出来：话题→主要内容或观点→各组成部分的主要内容或观点→各组成部分的具体细节内容或观点。这种层次划分法，能使学生清晰地理解和掌握一篇文章的内容与结构。

2. 需要重点掌握和操练的语言点。

（1）重要语言点主要类别有：① 报刊文章常用的书面词语、词组及句式，如"抵达、已达、截至、……也不例外、把……归结于"等。这些用语的熟练掌握，可以帮助学生熟悉报刊的语体风格，能更顺利地阅读报刊文章；② 缩略词，如"股市、奥运会、申奥、三资企业"等，教师及时总结每篇文章中所出现的缩略词，让学生在掌握常见的缩略词中增强猜词悟意的能力；③ 长句子划分成分或找中心词，让学生适应报刊文章的长句子，并能准确地理解它们。这种练习方式可以培养学生化难为易、化繁为简的阅读意识与能力；④ 使文章更生动的修辞手法，如比喻、对偶、双关等。

（2）语言点的讲练原则是：精讲多练，区别对待。对上述的第②③④类语言点，教师在讲述这些类别的相关语言知识后，就可以在以后的课程中不断操练所涉及到的这些语言点。而在练习上述的第①类语言点中的当堂被用来造句的词汇或句式时应注意：① 教师对该语言点的意思和用法进行简要解释，并说出或写出模范句；② 教师给出事先设计好特定情境、然后让学生补充回答的问题，每次可以让学生在回答问题中练习该语言点；③ 在练习中教师设法引导学生复习、巩固以前学过的语言点、生词以及本课的内容与生词。教师切忌在解释完语言点的意思与用法后，在缺乏示范或提示过渡的情形下，让学生直接用该语言点造句，因为这样，要么让学生感觉太突兀，难以及时回答，影响课堂节奏，要么学生只选择过于简单的语言形式练习该语言点，不能将其他语言点或生词带出来，达不到让各种语言点与生词尽量不断重现的有效语言的教学目的。如在讲解课文《给公用筷子留个位置》①中的语言点"在于"时，可以设计如下几个情景性的问句，让学生在回答问题中训练该语言点：① 商品卖得快，关键在于什么？② 提高汉语水平，关键在于什么？③ 学好汉语，关键在于什么？④ 干好工作，关键在于什么？⑤ 找一个好工作，关键在于什么？这些问题贴近学生的日常生活，比较容易回答。

3. 简要解释的词汇。

主要有这几类：（1）词典中没收的、生词表上未解释的而学生又难以理解的词汇，如"购物票、银发浪潮、被动吸烟"等。（2）词典或生词表上的解释过难、学生难以理解的词汇，如"缩影、生力军、回笼、小康"等。（3）涉及到文化背景知识的词汇，如"计划经济、离休、下岗"等。（4）在具体课文中临时充当它原本不具有的特定意义的词汇等，如《学习制造两代人的战争》②中"战争"一词，本来指"武装斗争"，在这篇课文里指"冲突、矛盾"的意思。

教师对这些词汇的讲解应注意：（1）要简要；（2）要好懂；（3）不可引申发挥太多，应点到为止；（4）多鼓励学生根据上下文

---

① 《给公用筷子留个位置》，见吴成年编著《读报纸，学中文——中级汉语报刊阅读》（上）第十二课，北京大学出版社，2004年，第34—35页。

② 《学习制造两代人的战争》，见吴成年编著《读报纸，学中文——中级汉语报刊阅读》（上）第三课，北京大学出版社，2004年，第23—24页。

对这些词汇进行大胆的猜测。

4. 教师在提问或讲练语言点、解释词汇时，都可借机适当引出话题，组织学生讨论。讨论时要注意：（1）讨论的话题不宜过多，以免影响其他教学任务的完成。（2）讨论的内容不宜过泛，教师要积极引导、组织，使话题有一定的针对性和时间限定性。（3）鼓励学生将所学的语言点和生词运用于讨论中。

讲解课文过程中的这四大块应作为有机整体来兼顾。教师首先应明确报刊课的教学目的是培养学生的报刊阅读能力，这种阅读能力主要由两方面构成：一是根据时间与目标任务的要求自觉进行精读、略读和快读的能力，这种能力的训练主要体现在针对课文内容的提问中。二是熟悉并掌握报刊文章常用语言形式的能力，这种能力的训练主要体现在重要语言点与简要解释的词汇的练习中。这两方面的能力是相辅相成、缺一不可的，前者是后者的目标，后者是前者的基础。故具体报刊文章所讲解的这四大块的重要程度依次为：针对课文内容的提问＞语言点＞词汇解释＞话题讨论。由前者带动、引出后三者的实施，由后三者的实施深化学生对课文内容的理解和阅读技能的提高。

（三）练习讲解：重点训练泛读能力

练习的讲解也是课堂教学的重要环节，报刊阅读能力除了在讲解课文中进行训练，在练习中也应得到有效的训练，前者重点训练学生的精读能力，后者主要训练学生的泛读能力，两者对全面发展学生的不同形式的阅读能力都有着无法代替、相互补充、相互促进的作用。以《读报纸，学中文——中级汉语报刊阅读》为例，每一课的练习主要有八道题，前面几题主要是针对课文的各种训练，教师在讲解课文中都已基本涉及，学生可以独立完成，故让学生事先将这些习题做好，课堂上对这些练习以逐题核对答案的方式进行略讲。练习最后一题是阅读题，由三篇文章组成，这些是训练学生略读与快读能力的现成上好材料，因为它们往往与课文所谈论的话题具有一致性，学生借此机会进一步接触从不同角度讲述同一话题的材料，在陌生的材料中及时运用所学的报刊语言知识与技能。故阅读题应作为练习的重点。在具体讲解过程中，教师应注意：

1. 要求学生事先不要看阅读题当中的阅读材料，留着这些材料当堂阅读当堂做。

2. 根据阅读材料的字数和习题的不同要求，确定学生阅读完材料并做完习题的时间，让学生当堂在限定时间内完成阅读任务。

3. 提醒学生注意带着问题阅读，对与问题无关的部分快速地一扫而过，对阅读过程中出现的生词猜一下，跳过去，不要停下来或急着查字典。

4. 纠正一些不良阅读习惯，让学生在阅读过程中逐渐做到无声阅读。

5. 讲解完阅读材料后，教师可及时总结出这些材料所使用的一些常用的报刊用语，让学生熟记掌握。

此外，教师可根据教学时间的多少，及时补充一些与课文话题相关的报刊文章，进行当堂快速阅读训练，巩固课堂所学的阅读技巧与常用报刊语言形式。

上述三个报刊课教学步骤相互衔接，有机地组成一个完整的报刊课教学程序，而这三个教学步骤所各自采用的教学方法，既能有效解决各自所面对的教学问题与教学任务，也在整体上相互照应，共同服务于报刊课的教学目标，即培养留学生阅读中文报刊的能力。这些教学方法井然有序地运用于不同的教学步骤，形成一个布局合理、衔接紧密的教学程序，能有效地确保现有的报刊教材在使用时做到扬长补短、化难为易，最大限度地满足学生的需要，同时也使以往研究中的缺乏内在联系的众多研究方法能各得其所，在完整的教学程序中形成一个有机整体，便于教学实践操作，具有很强的教学实用性。

第四章 报刊课教学内容研究

第一节 报刊语言的特点与教学对策①

一、当前报刊语言教学的两大误区

1. 忽视报刊语言教学的重要性。认为报刊课教学主要是对报刊内容进行阅读的教学,对报刊语言的训练不够重视。由此而产生两种不良的教学后果:

其一,降低学生对固定教材的学习兴趣。由于报刊固定教材的出版时间与学生使用教材的现实时间之间存在差距,若在教学上过于考虑内容而不侧重于语言形式,必将把学生的注意力过多地引导到报刊内容上,而易使学生产生对报刊教材内容不满的情绪,从而降低了学习的兴趣。

其二,使学生对报刊语言的学习与掌握处于自发状态,对报刊语言学习缺乏举一反三、触类旁通的正迁移能力,从而限制了学生自学能力的发展。

2. 忽视报刊语言教学的独特性。把其他课程的语言教学方法不加辨析地直接照搬到报刊课的语言教学中,如在报刊课当中过多采用生词听写、朗读训练等语言教学方式。读写综合课、会话课的语言严格限定超纲范围,绝大部分词汇、语言点在大纲规定的范围之内,对之不仅要求能识别,还要求能使用,即设法将消

---

① 本节选自吴成年《报刊语言的特点与教学对策》,《语言文字应用》,2002年对外汉语教学与研究专辑。选入本书时略有改动。

极语言变成积极语言。而报刊课的语言超纲范围远没有读写综合课、会话课规定的那么严格、明确，教材有不少词汇、语言点是超纲的，按照其他课型的要求来进行教学，自然也会带来两种不良的教学后果：

其一，忽视报刊课教材的语言与其他课教材的语言的区别，会使学生学得非常吃力，久而久之，会让学生对报刊课产生畏难与抵触情绪。

其二，将其他语言技能课的教学方法直接照搬到报刊课上，会增加不必要的学习负担，降低学生的学习效率，使学生该学的没有学，不该学的反而学了。这样，学生学得很慢、读得吃力，难以快速高效轻松地阅读报刊文章。

可见，忽视报刊语言教学或报刊语言教学的方法不得当，会在很大程度上影响报刊课的教学质量。当前报刊语言教学存在这些问题与不足的根本原因在于，对报刊语言的独特性缺乏足够的重视与总结，从而限制了报刊语言教学质量的提高。

二、报刊语言的特点

报刊语言与其他课程的语言有着鲜明的不同。会话课、听力课的语言具有很强的口语化的特点，而报刊课的语言具有很强的书面语的特点①②。读写综合课的文学语言既有口语化的特点（如作品中的人物对话），也有书面语的特点，但这种书面语具有很强的文学性，主要为了达到形象化的目的。而报刊课的语言具有很强的新闻性和实用性，主要是为了直接传递信息，在词汇、句式、语篇上具有自己的特点。

1. 报刊语言的词汇特点。主要体现在以下几个方面：

第一，新词多。由于报刊语言具有很强的传递信息的功能，常常要对层出不穷的新事物进行及时报道，自然会出现一些新词。这些新词的构成主要有这几种类型：

---

① 陈昌娟《报刊语言特点探讨》，《天津商学院学报》，1997年第3期。
② 陈昌娟、董淑慧《报刊语言常用结构浅析》，《天津师大学报》，1998年第3期。

（1）旧词赋予新意，如"小资情调、先生、小姐、老总、民工、休闲、写真"等。

（2）几个旧有的词或语素构成新的词汇，如"科学消费、生态旅游、黄金周、考研热、沙尘暴、绿色食品、有机食品、转基因食品、经济全球化、反倾销、网络婚姻、黑哨"等。

（3）外来词的音译、意译或音译＋意译，如"克隆、纳米、纳米材料、丁克家庭"等。

（4）英文字母＋汉字，如"AA 制、BP 机、IBM 公司"等。

（5）词形全由英文字母构成，如"MTV、VCD、DVD、PED、WTO、CEO、MBA"等。这类词到底算不算汉语的新词目前学术界争议很大，但在当前的众多报刊文章中并不鲜见，它们在具体的报刊文章中的确具有词的功能，且易为普通读者看懂和接受。

新词往往出现在与人们生活最密切相关的几个领域，如经济、科技、环保等，在一定程度上敏锐地反映出生活的最新变化。

第二，缩略词多[①]。报刊文章用有限的版面报道尽可能多的信息，常常将几个词压缩成一个词，主要有两种类型：

（1）压缩式，即缩略词是通过对原有几个词当中的一些文字进行删减而直接获得的，如"股市、计生办、环保、公交、世贸组织、入世、奥运会、足协、男足、女足、乒协"等。

（2）归纳式，是对内涵相关的几个词进行归纳而成的，如"三资企业、三来一补、两个文明、两会、五保户、三转一响、三大件、参众两院"等。

第三，书面词汇多。出于语体要求以及节约版面、传达更多信息的需要，报刊语言多使用书面词汇，主要有以下几种：

（1）普通的书面词汇。如"抵达、会晤、企盼、钦羡、垂范、承诺、磋商、杜绝、濒临、吞噬、招徕、甄选、摈弃、垂涎、缔造、遏制、公允、禁锢、抉择、恪守、沦丧、疏漏"等。

（2）成语。报刊教材中所使用的成语在生词表中的比例要远高于大纲和处于同一水平的其他语言技能课教材的比例。以北京

---

① 浮根成《缩略词与对外汉语报刊课教学》，《汉语学习》，1999年第4期。

语言文化大学出版社出版的系列教材为例,作为三年级教材的《报刊阅读教程》上下册①生词中成语所占的平均比例为:$(122+144)÷(956+810)≈15.06\%$。《高级汉语教程》三册②生词中成语所占的平均比例是:$(74+79+72)÷(645+849+833)≈9.67\%$。而《高等学校外国留学生汉语教学大纲》(长期进修)③中所列的高级词汇表中成语所占比例为:$190÷2793≈6.80\%$。这样,《报刊阅读教程》生词中成语所占的平均比例,是《高级汉语教程》平均数的1.56倍,是大纲高级阶段的2.21倍。

(3) 报刊语言还较多使用带有文言成分的词汇,如"则、倘、颇、逾、悖、咎、罢、矣、亟、孰、尚、尚未、何以、毋庸、不啻、恍如、惟恐、日臻、自恃、罢黜、匮乏、赖以"等。

第四,固定结构多。报刊语言中单个的词语不仅有书面语的特色,而且词语之间的搭配形成固定结构也具有很强的书面语特点。这些固定结构有这几种:

(1) 介词+名词,如"在……基础上,趁……之机,从……处,朝……方向"等。

(2) 介词+动词,如"由……组成,据……预测,把……列为,被……视为"等。

(3) 动词+名词,如"采取……措施,倡导……精神,贯彻……方针,发出……通知"等。

(4) 动词+介词,如"习惯于,借助于,致力于,有益于,擅长于,植根于、关系到"等。

(5) 的字结构+是,如"值得关注的是,令人难以置信的是,令人激动的是"等。

(6) 带有文言成分的,如"为……所,以……为,继……之

---

① 王世巽、刘谦功、彭瑞情编写,《报刊阅读教程》(上),北京语言文化大学出版社,1999年;彭瑞情、王世巽、刘谦功编写,《报刊阅读教程》(下),北京语言文化大学出版社,1999年。

② 姜德悟主编,《高级汉语教程》(上、中、下),北京语言学院出版社,1990、1990、1992年。

③ 国家对外汉语教学领导小组办公室,《高等学校外国留学生汉语进修大纲》(长期进修·附件),北京语言文化大学出版社,2002年。

后,正是……所在"等。

2. 报刊语言的句式特点。体现在以下三个方面:

第一,长句子多。例如:

① 把治理淮河、海河、辽河和太湖、巢湖、滇池流域的水污染及酸雨控制区、二氧化硫控制区的空气污染作为环境保护的重点工作。

② 这是联合国环境署、联合国开发署、世界银行和美国世界资源研究所在4月22日"地球日"前夕联合发表的一份《1996—1997年度世界资源》的报告中向人们提出的警告。

这些句子通过增添并列成分、修饰成分来增加信息表达的长度与宽度。

第二,省略句、压缩句多。例如:

③ 要改变等车排长队,乘车"沙丁鱼",行车小时计的情况。

④ 改变少数人乘轿车的局面,较好体现社会公平。

这些句子常采用无主语、承前省略主语、压缩句中结构成分等方式增加信息表达的密度,将可有可无、根据具体语境可以推知的相关信息退隐幕后,推出必不可少或重点突出的信息。

第三,复句多。并列关系、因果关系、转折关系、递进关系、假设关系、让步关系等类型的复句,经常出现于报刊文章中。而报刊文章在复句使用上有两个特点:

(1) 在意合与形合的表达上,复句中各单句间更重视意合的联结,故在关联词的使用上遵循节约的原则,尽量少用、部分使用或不用。例如:

⑤ 债券既然比储蓄利率高,自然更受欢迎。

⑥ 长江是最靠近北方缺水地区而水量又相对丰富的大河,从长江流域向北方调水是顺理成章之举。

例⑤中只用了关联词组的前半段,例⑥内含因果关系,但没用关联词组。

(2) 关联词语多选用书面语,如"由于、因此、故、故而、而、则、倘若、即"等。

3. 报刊语言的语篇特点。目前对外汉语教学界对报刊语言的词汇、句式特点研究较多，但对语篇特点关注较少，而报刊语言的词汇特点、句式特点莫不统辖、受制于语篇特点，词汇特点、句式特点与语篇特点存在局部与整体的关系，语篇特点可以说是报刊语言特点的整体、集中体现。报刊语言的语篇具有以下几个特点：

第一，话题集中。报刊文章往往围绕某一个话题来传达相关信息，且话题的范围与种类常在标题上得以明确体现，具体文章中的词汇也具有表达相应话题的特点。如《中国民众投资活跃》是谈论投资的话题，《环境保护是实现可持续发展的关键》是谈论环保的话题等。

第二，语篇的信息分布不均衡，大致呈倒金字塔结构。报刊文章的标题往往集中一篇文章的最重要的信息，然后是第一段或各段的开头部分集中一些重要信息。这些都便于人们在有限的时间里可以有选择地进行阅读并保证获取足够的信息内容。

第三，语篇联结重意合。这与报刊语言的复句结构特点是一致的，各段之间启承转合少用或不用连接词，但在内容上有着密切的内在逻辑联系。如《中国人生活质量步步高》是按照时间的顺序，依次说出20世纪70年代、80年代、90年代生活的变化，说明中国人的生活质量不断提高。再如《"八五"乡镇企业外向型经济成就不凡》先主要介绍"八五"期间乡镇外向型经济所取得的成就以及特点，然后指出其所存在的问题。当然语篇在整体结构上重视意合和内在逻辑关系，并不排斥在局部段落之间使用一些标志明显的连接词，如谈论某种现象所存在的几个方面的问题或特点时多使用次序词；对上面所说的内容进行补充、推论或总结时，使用一些连接词，如"此外、除此之外、由此可见、总而言之、总的来说、总之"等。

贯穿在报刊语言的词汇、句式、语篇这三个层面上的共同特点是遵循实用性与经济性原则，即要求报刊文章用最经济的语言与表达方式传达出尽可能多的现实生活中的最新信息。

三、报刊语言的教学对策

由于报刊语言具有自己的鲜明特色，故应根据报刊语言特点积极探索有效的教学对策：

1. 语言形式训练与阅读技能训练相结合。在具体的报刊语言教学中照搬读写综合课的做法，如注重朗读、对生词表上的生词逐个讲解、进行生词听写等，就会使报刊课教学过于侧重语言技能的训练，以致占用过多的教学时间而疏于阅读技能的训练。在训练语言形式时，也要兼顾训练学生的阅读技能，反之亦然。比如以设置问题让学生及时找出答案的无声阅读比朗读完整段内容再找答案的有声阅读方式更好，在具体语境中讲解词汇比对生词表上的生词逐个讲解更佳，让学生用所学生词概述文章的内容或表达看法比单纯的听写单词更积极有效。

2. 报刊语言教学应是词汇教学、句式教学、语篇教学的有机结合，让学生在掌握报刊词汇特点、句式特点中领会语篇特点，在领悟语篇特点的基础上更自觉地学习报刊特有的词汇与句式。如根据报刊语篇话题集中的特点，教师可以引导学生定期有意识地围绕某一话题收集整理相关的词汇、句式、篇章结构方式，集中加以记忆学习。如在学习《中国民众投资活跃》时，可以引导学生围绕"投资"这一话题建立自己的分类词库：与"投资"有关的名词，如"储蓄、债券、股票、基金"等；与"投资"有关的动词，如"发行、看好、收藏、回报"等。这样学生在学习中有意识地收集整理报刊词汇、句式以及不同的谋篇布局的技巧，逐渐理解与掌握报刊语言的特点与风格。当学生掌握报刊词汇、句式、语篇结构越丰富越自觉时，就越能快速有效地阅读并理解一篇篇千变万化看似孤立、实则具有共同语言特点与内在联系的报刊文章。

3. 报刊语言教学应引导学生形成课外自觉寻找并阅读报刊文章的习惯与能力。教师除了指导学生快速阅读教材中的阅读练习材料外，还应适当补充与所学课文话题相关的最新报刊文章，以及鼓励学生课外自找材料自己阅读并做阅读笔记，以便将所学的语言技能及时地运用于最新语言材料上，及时按类别整理记下新的报刊词汇、句式和语篇结构，不断应用和丰富所学内容，从而达到学以致用、最终能直接阅读中文报刊文章的教学目的。

总结报刊语言的特点，并组织有针对性的报刊语言教学，这是汉语报刊课自觉提高教学质量、走向成熟的必由之路。

第二节 报刊课的中国国情与文化知识教学

一、报刊课进行中国国情与文化知识教学的必要性

1. 了解中国的需要

当今中国无论是历史还是现实，都有着丰富复杂的内容，都有着独特的魅力。中华文明是世界四大文明中唯一流传至今、仍然充满着活力的文明。中国丰富的历史、古老的智慧、深厚的人文底蕴，吸引着世界各地的中国文化爱好者。当今的中国正发生着翻天覆地的巨变，在改革开放前，中国的GDP总量比印度还差，还排在澳大利亚的后面；经过30年的快速发展，中国的经济总量已在2010年超过日本，目前位居世界第2位。特别是自2007年欧美国家发生经济危机以来，中国经济发展的速度有所趋缓，但在世界大经济体中仍属于发展速度最快的、经济形势最看好的国家。一个古老的国度正以前所未有的崭新形象屹立在世界的东方，自然吸引着世界各地汉语学习者的目光。中国发展得异常迅速，各方面正经历着巨变，这些自然增加了外国学习者了解中国的难度。不要说一个对中国文化、中国国情了解不多的外国学习者，就是从中国本土80年代、90年代出国留学后来在海外定居的中国人，时隔若干年后再回中国，发现中国各方面变化得太快、快得难以适应，他们会发现呆在中国、受教育程度远低于他们的兄弟姐妹比他们要开放得多、观念驳杂得多。笔者曾在培训海外汉语教师时，在讲座中提到"裸婚"这个新词语，当时在座的不少在海外定居的汉语教师也不清楚这个新词语的意思。笔者曾在2004—2005年公派泰国任教，回国后教外国留学生汉语时，班上有学生问笔者什么是"超女"，当时笔者没有回答得上，

说等下课后查好资料、下次课再告诉该生。课后笔者稍作了解就发现，就在笔者赴泰任教期间，湖南卫视正在播放"超级女声"的选秀节目，吸引了大量观众的关注，也包括年轻的外国留学生。可见，就是中国人面对快速变化的中国都要不断更新讯息方不过时，对外国汉语学习者来说，理解快速变化的中国更是巨大的挑战。

2. 提高汉语水平的需要

语言形式与内容相辅相成，当学生的汉语水平越来越高时，对中国国情与文化知识的理解更深入、更到位；而当学生能直接读懂越来越多的中国国情与相关文化知识时，自然汉语水平也在不断提高。当学生对中国专题内容了解得越广泛、越深入，学生的汉语水平也在随之提高，学生也就越来越容易听懂、读懂相关的中文报道，就可以越来越深入地对相关的中国专题进行讨论与交流。

3. 激发学习者学习兴趣的需要

对于学习汉语的外国学生，一般都有了解中国国情与文化的兴趣，我们可以利用学生这方面的兴趣，激发他们学习汉语的热情。在中级汉语报刊课教学阶段，有学生常常根据自己的专业兴趣阅读相关的中文报刊文章，尽管难度远远超过他们当时的汉语水平，但他们往往乐在其中、乐此不疲。特别是在中国留学的外国学生，对中国正在发生的事情非常感兴趣，如有一次笔者班上有学生在调查有关北京出租车在高峰期难打的新闻，激起了全班的兴趣与讨论，大家对北京出租车和出租车司机的看法各抒己见。一位英国学生说北京的出租车很便宜，在英国伦敦出租车很贵，只有有钱人才坐得起，普通学生一般不坐；而在北京，像她这样的普通学生可以常常打车，消费得起。一位韩国学生说北京出租车司机见多识广，每次坐出租车，都是跟司机聊天学汉语、了解中国国情的好机会。一位日本学生说北京司机很友好，有一次，他和同屋在外面喝多了酒，当时半夜了，一位出租车司机把他们送到了学校公寓楼下。同学们还设身处地分析了北京为何高峰期难打车的原因，并提出了各种解决办法与建议。这次讨论因为涉及到学生的日常生活，调动了学生的生活体验，所以立刻引起了全班高度的兴趣与互动，即使是班上平时不太爱开口的日本学生也积极地参与到讨论中来。

二、报刊课如何进行中国国情与文化知识教学

1. 教学"度"的问题

一是汉语报刊课教师在介绍中国国情与文化知识时，应处理好报刊内容教学与报刊语言教学之间的平衡"度"，应意识到报刊内容教学有利于报刊语言教学、促进报刊语言教学。同时应认识到，报刊课毕竟是基础语言课，而不是中国概况课、中国国情课。教师所讲解的中国国情与文化知识应是当前的报刊课教学内容所涉及的知识点，教材本身比较简单，难以消除学生的疑问，教师应酌情加以讲解。如果有学生能够介绍相关的内容与知识，教师应鼓励学生进行介绍，再根据具体教学情况，及时、适当地加以补充和修正。

二是要掌握好学生汉语水平的"度"。当学生的汉语水平不太高或刚开始学习汉语报刊课时，教师要有足够的耐心与细心，设身处地地控制中国国情与文化知识的语言难度与内容自身的难度，让学生更好地理解当前所学习、阅读的报刊文章，而不是在教师讲解的过程中制造新的学习障碍。同时还应注意到，班上学生客观存在水平不一的问题，特别是多国别生源的班级，如日本学生的阅读水平不错，但说的能力一般，而欧美学生阅读水平弱些，但普遍比较爱说。教师应针对不同类型的学生，采用多种教学策略，让不同水平的学生都能受益。

三是要把握好学生的兴趣"度"。每个教师都有自己感兴趣的中国国情与文化知识点，但应注意，我们应根据学生的兴趣来讲解中国国情与文化知识点，而不是根据教师本人的兴趣来讲解中国国情与文化知识点。如以往不少报刊教材很少有关于外国留学生方面的专题内容，而实际上，外国留学生对他们在中国生活与学习的各方面专题都很感兴趣，教师结合学生的兴趣讲解相关的专题更能激起学生的关注。如在讲解当今中国中医话题时，如果适当介绍世界各地当前中医的发展或让学生介绍本国中医发展及应用的话，可以丰富专题的内容，调动学习者的学习积极性。

有的教师在报刊课教学时，有时根据自己的兴趣来大讲特讲相关专题内容，如学生在报刊课接触到"改革开放"这一知识点时不太明白，教师对这方面的知识很熟悉、很感兴趣，于是从十一届三中全会开始，一直讲到当前的大政方针，他自己讲得兴趣盎然，学生听得则兴趣索然。

有时班上学生的兴趣差异较大，教师要尽可能照顾大多数学生的兴趣，兼顾少数学生的兴趣，以调动全班的积极性。如在介绍当下时尚话题"整容"时，教师除了简单介绍中国的相关情况，还要考虑到班上学生对整容话题兴趣不一的情况，如韩国学生对这方面话题的兴趣度明显高于班上其他学生，女生明显高于男生，此时教师可以巧妙设置问题引导大家讨论，如"如果你有足够的钱，你是否选择整容，为什么""整容有什么好处与坏处"，这样可以引导不同的学生都能参与到对整容话题的讨论中来。

2. 教学"量"的问题

一是涉及中国国情与文化知识的面应广泛，有代表性。教师在安排教学内容时，应尽量丰富多样，避免一个学期所讲的专题数量过于集中，让学生产生枯燥感。一般一到两周确保讲一个新专题，这样，整个学期，学生能至少接触到8个以上的专题内容。有的教师在安排报刊课教学内容时，内容过于集中，连续好几周都在讲同一专题内容，这样容易让学生缺乏足够的新鲜感，觉得内容枯燥乏味。相反，有的教师在每次课或每周的课上不断更新话题，让学生每次都有不一样的新鲜感，了解到中国方方面面的国情与文化知识，学生明显地有学习成就感。

二是每个专题涉及的"量"的多少要根据教学时间、教学任务、学习者的兴趣等方面因素综合考虑。当教学时间充足、学生的兴趣度高时，涉及的话题的"量"可大些，反之，则少些。由于报刊课课内教学时间有限，为了让学生多接触不同的话题，教师在有限的时间内，可以有选择地介绍主要的专题内容，有些课前阅读和课后延伸阅读的任务可以提前布置给学生在课外完成，这样可以拓展与丰富课堂内容，并及时培养学生的自主学习能力。

3. 巧妙化解分歧的原则

在具体的报刊课教学中，师生、生生之间往往对相同的新闻现象存在不同的看法,甚至很多时候,学生们期待教师参与其中、表达自己的见解,教师要学会灵活应对。如在一次讨论韩国女性流行整容现象时引起不同国家学生的争论,韩国不少同学认为整容有必要,因为在韩国,长得难看,找对象、找工作都不容易,会让自己很不自信;而整容后,变得漂亮了,人也自信了,就更容易找到对象和工作。而一些欧洲国家的学生反对整容,因为整容手术会有风险,手术不成功会变得更难看;如果通过整容才能找到对象,当有一天对方发现了真相后还会爱你吗?当两种观点相持不下,需要教师表达看法时,教师可以肯定各方合理的看法,表达一下个人的见解,如可以试着回应:每个人有选择整容或不整容的自由,最好能接受自己,那样就不必整容;如果一定要整容,要注意手术的风险与安全,尽量选择正规的医院来整容。

第三节 报刊课的语言技能教学

报刊课最核心的技能训练是阅读能力训练,是在训练阅读能力的同时,兼顾训练听、说、写等其他语言技能。

一、报刊课的阅读教学

1. 阅读教学的地位与目标

阅读能力的训练是报刊课语言技能训练中最重要的任务。尽管不同的学校与教材对报刊课的理解可能有些出入,对报刊课有无听、说、写技能训练的要求千差万别,但都不约而同地突出与强调了报刊课的阅读技能训练的功能,都是将报刊阅读能力训练置于报刊课教学内容的核心地位。

研究者指出,外语阅读教学的目标主要包括三个方面:巩固目标与知识,形成语感;扩展词汇量;培养阅读技能[①]。报刊课的阅读教学目标基本涵盖一般的阅读教学的目标要求,但有更具

---

① 周小兵、张世涛、干红梅《汉语阅读教学理论与方法》,北京大学出版社,2008年,第22—24页。

体的目标，即培养外国学习者能直接阅读中文报刊文章的能力。围绕这一目标，要让学习者了解、熟悉并适应报刊文章的特点、难度、写作风格，从而最终能根据自己的阅读需求，自主地选取与阅读报刊文章，准确地理解报刊文章的主要观点与基本内容。

2. 当前报刊课阅读教学存在的问题及其对策

当前报刊课阅读教学主要存在的问题有两个方面：学生读得不多、读得不快；对直接阅读中文报刊文章有畏难情绪。

目前国内高校对外汉语教学机构一般在中高级阶段开设报刊课，上述两个方面问题的症结主要在于：当前的报刊教材与报刊课教学主要将学生的精力集中在对报刊教材自身的学习上，特别是对报刊教材的主课文的学习，缺少泛读训练、快速阅读训练以及对中文报刊文章原文的直接阅读。这样的教学安排对学生的阅读内容过度控制，让学习者习惯于报刊教材本身的学习，缺乏对报刊文章原文大胆、直接地阅读；让学习者习惯于慢速度、准确率高的精读，缺乏大量阅读与快速阅读。我们可以简单统计一下，一个学期若有15个教学周，每周2～4课时，按精读的方式学习课文与副课文，学生一周只能学习1～2篇报刊教材上的文章，一学期只能学到15～30篇左右的报刊教材文章，这样的阅读量自然无法保证学生成功地发展报刊阅读能力。

相应的对策是：一是精读与泛读相结合。对主课文采用精读的方式，让学生学习常用的报刊语言形式；对教材练习部分的阅读材料采用泛读与快速阅读的方式，限定阅读时间，让学生在规定的时间内完成阅读任务。如果每周让学习者精读一篇课文，泛读3篇以上的报刊阅读材料，则一学期的报刊阅读量至少在60篇以上，是采用精读为主的教学方式的阅读量的2倍以上。

二是快速阅读训练。快速阅读训练主要根据班上大部分学生的汉语水平与报刊阅读材料的字数、难度、题量来确定答题时间，要求学生根据时间与任务要求，在规定的时间内完成各种阅读任务，重点训练学生要学会合理安排时间、根据阅读任务快速找到问题的答案，对于与答案无关的阅读部分，快速略过；对于与问题相关的阅读材料部分，要仔细阅读，准确、快速地确定答案。刚开始训练时，不少学生在规定的时间内难以完成快速阅读任务，但继续坚持训练一段时间后，学生的阅读速度会有明显进步。这种训练，只要教学时间允许，最好当堂完成，因为学生在课外进行训练时，往往控制不好时间，或在规定的时间内完不成快速阅读任务，会有种受挫感。当堂进行快速阅读训练，教师可以及时发现并制止学生的一些不良或不恰当的阅读习惯，如一遇生词就急着查词典等，让学生自觉形成良好的阅读习惯。特别是教师当堂发现一些学生未能及时完成快速阅读任务时，应及时鼓励并提出针对性改进办法。如有的学生习惯于读完全篇材料后再去看习题，结果又要重新看一遍材料才能答题，这样时间就不太够。教师可以建议学生先粗略浏览一下习题，再带着问题有针对性地阅读材料，这样效率会提高很多。初期进行快速阅读训练时，很多学生往往觉得时间不够用，没有有意识地提醒自己要快速读完阅读材料，这时教师在课堂上就可以有针对性地提醒剩余的答题时间，如"还剩下一半时间、还剩下5分钟、还剩下2分钟、还剩下1分钟、时间到"等。这样学生在教师的提醒下，激发自己的阅读潜能，逐渐学会在最短的时间内快速完成各种阅读任务。

三是课内阅读延伸到课外阅读。课内教学时间有限，教师应引导学生主动在课外形成良好的阅读习惯，因为学生只有大量接触、阅读报刊文章，才能逐渐适应报刊文章的特点并积累直接阅读中文报刊文章的经验。这样课内所学的各种语言形式、专题内容都可以有效地应用于课外阅读实践中，真正做到学以致用。对于从未直接阅读过报刊文章的学生来说，教师要做好引导工作，让学生熟悉报刊文章的特点，推荐适合学生水平的报刊文章，然后逐渐过渡到让学生自主阅读。为了调动学生课外直接阅读中文报刊文章的积极性，教师可以将学生的课外阅读篇数与完成情况纳入到课程总成绩的考核，让学生意识到课外直接阅读中文报刊文章是报刊课应有的要求。

二、报刊课的写作教学

1. 报刊课写作教学与综合课写作教学的区别

首先，报刊课的写作教学一般是围绕报刊文章来写摘要与看法，是对真实讯息的解读与述评；而综合课的写作更多的是围绕所学的语言点与某个专题来写人、叙事、抒情、议论，通常不会针对一篇报刊文章进行述评。

其次，报刊课的写作更多的是一种实用文体的写作，注重真实性；综合课的写作更多的是一种文学化文体的写作，注重抒情表意性，可以有虚构性。应该说，这两种文体都是学习者需要的，但学习者多接受的是文学化文体的写作，对报刊述评这类实用文体的写作一开始很不适应。

再次，报刊课写作比综合课写作的书面语程度更高，因报刊文章使用大量的书面语，报刊摘要的写作免不了要使用一些书面语。而综合课的范文有大量的口语体词汇，综合课的写作使用的书面语比报刊课写作要少、程度要低。

2. 报刊课写作教学存在的问题及其对策

其一，报刊摘要写作方面存在的各种问题及其对策：

（1）学生的摘要没有摘出重点

解决的对策：一是让学生通读全篇，找出全篇的关键句、关键段落；二是找出重要段落的关键句；三是将全篇的关键句、关键段落的关键句串起来，调整语言，组成完整的语篇。四是如果原文没有明显的关键句、关键段落，就逐渐学会用自己的语言概括出主要内容。提醒学生要有通篇阅读意识，不拘泥于一段一句来理解，要抓住要点。

（2）学生的摘要太长，不够精炼

解决的对策：一是引导学生确认全文主要的内容已摘出；二是删去摘出的内容中重复的部分；三是删除重复部分的内容后，摘要还不够简洁的，要引导学生学会归纳、合并相关的内容，删去细节性内容，增加摘要的概括性。

（3）学生的摘要书面语与口语表达方式杂糅，表达不够地道

解决的对策：一是引导学生学会区分书面语与口语，建立书面语的语体意识；二是引导学生建立书面语语篇意识，当一篇摘要以书面语体为主时，应优先选择书面语词语、格式、句式，少用或不用口语体。由于初中级综合课写作主要训练学生口语体或中间语体，因此学生刚接触报刊文章时，还没有书面语体、语篇

的意识,报刊阅读与写作教学中要有针对性地训练学生学会两种语体的自由识别、切换与转换。

(4) 学生摘要中错别字、病句较多,意思难以理解

解决的对策:一是教师要分析学生摘要表达错误多的原因,是学生态度的问题,还是学生水平的问题,还是两者兼而有之。二是如果是学生态度的问题,要引导学生树立检查意识,当学生写完摘要后,要求学生至少小声朗读一遍,因为朗读的过程中,学生会发现不少不通顺的地方,自己则加以改正。教师还可以将学生完成摘要写作的质量纳入到平时成绩中,激励学生形成认真写作的态度与习惯。三是如果是学生水平的问题,要善于保护学生的积极性,不要让学生受挫过大,如不要对所有的错误都要纠正,教师应以容忍性纠错态度来帮助学生,重点修改大错误,对小错误暂时不纠正或只是指出让学生尝试修改。教师批改后,鼓励学生重抄一遍,这样可以巩固正确的表达方式。四是鼓励学生水平不太高时或刚开始学写摘要时,多借鉴使用报刊文章原文的关键句,在模仿中逐步提高语言表达的准确性与自由度。五是鼓励学生经常摘录报刊重要书面语,在摘要写作中借鉴使用。六是要求学生刚开始写作摘要时,选读的报刊文章原文不要太长,摘要篇幅要简短,这样表达的错误相对减少,积累书面表达的信心,然后逐渐增加阅读篇幅的长度与摘要写作篇幅的长度。

其二,报刊看法写作方面存在的各种问题及其对策:

(1) 报刊看法写作的内容与报刊文章原文关系不大

解决的对策:一是让学生明确报刊看法写作的要求,即围绕报刊文章原文的主要内容与主要观点来谈自己的看法、见解,不能完全脱离报刊文章原文。二是引导学生报刊摘要写作要规范,能摘出报刊文章原文的主要内容、主要观点。如果学生报刊摘要写作脱离了原文的主要内容,接下来的报刊看法写作也容易跑题。

(2) 报刊看法写作的内容过于简单,字数过少

解决的对策:一是在思想意识上,让学生正确区分对报刊摘要写作与报刊看法写作的区别性要求,报刊摘要在抓住原文主要内容与主要观点的前提下力求简短,报刊看法写作是在紧密联系

报刊文章主要内容、主要观点的基础上尽量多写自己的看法。二是引导学生学会从自己熟悉的背景内容切入，与报刊原文内容进行比较，如结合本国情况与自身情况对报刊文章原文进行比较，让自己有内容可写，并写出一些新意。三是引导学生多角度、多层面地思考报刊文章的内容与观点，这样分析问题更全面、客观、深入。如对是否延迟退休年龄的新闻报道，可以引导学生从延迟退休年龄的利弊、对不同人群的影响不一等角度来谈，使自己的看法更客观、深入。

（3）报刊看法写作的语言表达错误较多，难以理解

解决的对策：一是培养学生自我修改意识。不少外国学生写完看法后不检查就直接交给教师，错误自然很多。当学生用心地修改，很多常见的错误自然可以避免。二是鼓励学生开始用简短易懂的句式，先要表达清楚，然后再用复杂的句式和表达结构。三是对学生错误的修改采取保护性策略，重点修改影响意思理解的语言错误，对于不影响理解的小错误只要指出让学生自己改正即可。

三、报刊课的会话教学

报刊课的会话教学主要有以下几种类型：

第一，针对报刊教材课文的讨论。

根据报刊教材课文教学的不同阶段又分成如下三种：

（1）报刊课文讲解前的讨论

在正式讲解课文前，为了调动学生的相关背景知识、集中学生的注意力，教师可以灵活地设置与要讲的课文内容有关的问题，让学生进行讨论。

如学生在学习课文《留学中国，异常热闹的背后》[①] 前，教师可以设置相关的问题：在你的国家，人们学习汉语的主要原因是什么？你为什么学习汉语？你认为到中国留学对学习汉语有哪些好处等等。这些问题都是与学生日常生活、自己国家以及自身

[①] 吴成年编著《读报纸，学中文——中级汉语报刊阅读》（下册），北京大学出版社，2004年，第1—2页。

密切相关，学生很容易回答并进行讨论，师生、生生之间进行很好的互动，为接下来的课文学习做了很好的铺垫与准备。

（2）报刊课文讲解中的讨论

在报刊课文讲解的过程中，根据课文内容可以适当巧妙地引出话题让学生进行讨论。

如在学习《留学中国，异常热闹的背后》第一段原文时："中国社会稳定，经济发展前景看好，高等教育质量逐步提高，中国正日益受到国际社会的重视。所有这一切，成为吸引海外学生来中国留学的主要原因。"[1] 在对学生进行字词句的疏通后，教师可以根据时间和学生的汉语水平设置相关问题：你认为中国吸引外国留学生的主要原因是什么？你到中国留学的主要原因是什么？这些问题既可以巩固所学的课文内容，又可以结合学生的具体情况进行适当延伸，学生既有可参照的语料输入，又有结合自身情况的语料输出，对课文语料活学活用，增强了师生、生生之间的互动，很好地活跃了课堂气氛。

在报刊课文讲解的过程中，有时可以根据所讲解的语言点灵活引出话题让学生进行讨论。

如在《教育发展最快的十年》中有一段："高层次的有各种专业资格认证培训和考试，如国际注册会计师（ACCA资格认证考试）、注册金融分析师（CFA资格认证考试）、国际商务职业资格证书（IBL）、国际行销职业资格证书（IIEM）等等"[2]。该段练习的是列举式的语言点"如……等等"。教师就可以设置问题，让学生用这个语言点来进行回答、交流看法：你喜欢吃哪些中国菜？你喜欢看哪些中国电影？在学生运用语言点回答这些问题的过程中，也是交流自己的爱好、想法与观点的过程。由于设置的问题与学生的自身生活密切相关，学生很容易回答、交流，彼此之间增进了很多有用信息的直接获取，如学生课上彼此介绍了自

---

[1] 吴成年编著《读报纸，学中文——中级汉语报刊阅读》（下册），北京大学出版社，2004年，第1页。

[2] 吴成年编著《读报纸，学中文——中级汉语报刊阅读》（下册），北京大学出版社，2004年，第104页。

己喜欢吃的中国菜、中国电影，课后就到餐馆品尝同学推荐的中国菜、看同学推荐的中国电影，这些都有助于丰富学生的课余生活、增进对中国的了解，都是无意讨论间的意外收获。

（3）报刊课文讲解后的讨论

学完一篇完整的报刊课文后，如果教学时间允许，可以让学生在深化理解课文内容的基础上设置问题，让学生进行讨论。

如在学完《走进休闲时代》①有关旅游休闲的课文后，教师可以设置如下问题，以引起学生的讨论：你喜欢去哪儿旅游？由于这是中级水平初期阶段的第一课，设置比较简单的问题，让学生容易参与、乐于参与。当时班上有来自不同国家的学生，大家结合自己的旅游经历与感受，纷纷发言，现场气氛很活跃。

学生A（韩国学生）：在韩国，汉江大桥很长，很多人周末在公园喝酒做饭烧烤，还可以聚餐，我喜欢去那儿。

学生B（日本学生）：我喜欢去日本京都，因为京都有很多寺庙，有好吃的菜。

学生C（捷克学生）：我喜欢去捷克东部，那里几乎没有人，可以欣赏风景、雪景。

学生D（法国学生）：我喜欢法国首都巴黎，非常罗曼蒂克的城市，有很多文化艺术。

学生E（波兰学生）：我喜欢波兰古城克拉科夫，波兰以前的首都，那里有很大的楼，也是罗曼蒂克的地方。

学生F（韩国学生）：在北京，我最喜欢去后海，因为去的地方不但可以欣赏美丽的夜景，而且可以一边走路一边听音乐，可以吃胡同里的比萨饼。

学生G（韩国学生）：我最喜欢北京后海，风景很浪漫，夜景很美。

学生H（韩国学生）：在韩国，我觉得夏天去南方，冬天去江原道。南方有海与岛，好玩好吃，海鲜新鲜便宜。江原道有雪，雪岳山可以滑雪，景点很美。

---

① 吴成年编著《读报纸，学中文——中级汉语报刊阅读》（上册），北京大学出版社，2004年，第1—2页。

学生 I（韩国学生）：我觉得韩国三清洞很好，周边有美食，有传统的街道，很浪漫，很漂亮、安静。

学生 J（韩国学生）：在韩国，我最喜欢的是我家附近的山，韩国有很多不太高的山，可以看美景。

学生 K（白俄罗斯学生）：在白俄罗斯南方有漂亮的地方，有很多很小的湖，深蓝色，很美，没人，可以欣赏风景，好好休息。

学生 L（韩国学生）：韩国全州是味道之乡，去时可以享受很多美食。

学生 M（韩国学生）：韩国釜山很有意思，夏天很多人，海边很美，还可以听到当地的方言。

第二，针对近期报刊文章内容的讨论。

有时教师根据学生的水平和教学时间补充一些近期报刊文章，或者组织学生轮流报告所选的近期报刊文章的主要内容以及自己的看法，设置一些问题以引发全班的讨论，这些都能丰富报刊教材时效性的不足。下面举一课堂教学实例来说明。

【原文】

加强监管　清除山寨"寄生虫"

http://news.hexun.com　2013 年 6 月 5 日

记者　武志军

娃哈哈变成了"旺哈哈"，营养快线变成了"营养抉线"，百事可乐变成了"白事可乐"，脉动变成"脉劫"，洗发水飘柔变成了"漂柔"，洽洽香瓜子变成"治治香瓜子"；更有甚者，将一个字拆成两个字，雕牌洗衣粉变成了"周住"……央视《焦点访谈》的报道是我国山寨产品泛滥的一个典型缩影。

山寨产品一向被认为是假冒伪劣的代名词，这些五花八门的山寨产品犹如寄生虫，让被山寨的厂家蒙受着巨大损失，甚至严重影响到"中国制造""中国品牌"的形象，《华盛顿邮报》曾尖刻地指出，"中国人没有能力，也永远不会创新"。面对肆虐的山寨乱象，中国政府始终保持打击侵权和假冒伪劣的高压态势，5 月，国务院发布通知，要求在全国范围内开展打击侵犯知识产权和制售假冒伪劣商品专项行动。我国政府相关监管部门已开始打响一场围剿山寨货的歼灭战。

公安部：对制假售假零容忍

5月15日，在上海、武汉、长春、哈尔滨等125个城市，900余万件损害百姓身心健康的假冒伪劣农药、种子、药品、日用品等被公安机关集中销毁，同时也宣告了2013年全国公安机关打击和防范经济犯罪活动正式启动。

据了解，近年来，经济领域制假售假日益猖獗，公安部部署全国公安机关突出打击各类制售假冒伪劣商品犯罪。今年年初，公安部部署全国公安机关紧紧围绕制售假药品、保健品、烟酒、日化、汽配、妇幼用品、日用消费品等领域犯罪，以及严重危害国计民生的其他制假售假犯罪，紧盯跨区域、链条式制售假犯罪和发生在群众身边、侵害群众切身利益、危害身体健康和生产生活安全的案件，开展深入集中打击，截至目前，共破获案件7025起，抓获犯罪嫌疑人万余名，涉案总价值622.7亿元。

为从根本上消除制假售假犯罪的危害，公安部指挥全国公安机关集中警力和资源，紧盯犯罪产业链条，深挖犯罪源头，开展集群战役打击行动。截至目前，公安部共指挥开展集群战役110起，打掉制假售假犯罪团伙523个，捣毁制假售假窝点1541个。

公安部有关负责人表示，制假售假犯罪严重侵害人民群众身体健康和切身利益，严重扰乱市场秩序，严重损害社会道德诚信，公安机关将始终保持对此类犯罪的严打高压态势，积极会同工商、质检、农业、食药监等部门，加强对重点地区、重点部位的打击整治，逐步铲除假冒伪劣犯罪滋生蔓延的土壤，为社会经济发展营造良好的环境。

工商总局：严打"傍名牌"

针对山寨乱象，国家工商总局5月10日发布了《打击"傍名牌"专项执法行动的补充通知》。"通知"要求将2013年二季度开展的打击"傍名牌"专项执法行动延长至11月底，并对《焦点访谈》中披露的假冒营养快线、旺仔、洽洽等商品的问题，要求各地工商机关立即开展调查，依法查处违法行为。

根据国家工商总局的统一部署，包括福建、江苏、广西、贵州、浙江、海南、山东等全国各地工商部门同时开展了针对服装、箱包鞋帽、化妆品等商品的打击"傍名牌"专项执法行动，取得了阶段性成效。

杭州市工商局集中查扣了一批"营养快线"产品，并立案调查处理，此外，杭州市工商局还在全市集中开展打击"傍名牌"专项执法整治行动，重点查处了仿冒防尘口罩、仿冒"银泰百货"折扣店、假冒西湖龙井茶叶罐等60多件典型案件。

四川绵阳市工商局仅在5天时间里就已查获假冒LV、香奈儿、古奇等一批国内外知名品牌的"傍名牌"挎包、手表、皮带、T恤等山寨产品80多件，涉案金额上万元。

国家工商总局相关负责人表示，在此次严厉打击"傍名牌"专项行动中，将加大查处力度，集中力量查处一批涉案金额巨大、案情复杂、危害严重、影响恶劣的大要案件，震慑违法分子；同时呼吁经营者要依法经营，诚信经营，增强知识产权保护意识，创建自己的品牌，共同建设和维护公平公正的市场秩序。

质检总局："质检利剑"直指假冒伪劣

为进一步保障产品质量安全，2013年，国家质检总局继续开展"质检利剑"行动，部署实施五大执法打假重点战役，包括以白酒和葡萄酒为重点的酒类产品打假、化肥打假、儿童用品打假、建筑用砖及钢筋打假和汽车制动液打假。同时继续抓好肉类、乳制品、食用油、饮品、食品添加剂、调味品、化妆品、农药、农机、农膜、室内装饰装修材料、车用汽柴油等重点产品日常专项执法打假。精心组织开展"农资打假下乡"行动和进校园、进社区、进家庭的"清新居室"行动。

六一儿童节期间，针对儿童用品质量安全，国家质检总局将5月27日至31日列为儿童用品打假战役集中行动周，重点打击以次充好、以不合格产品冒充合格产品、有毒有害物质超标、标识欺诈等严重质量违法行为。

为确保此次集中行动取得实效，质检总局要求各地要精心组织部署，搞好违法线索摸排，强化与公安、工商等相关部门和省际质监部门之间的执法联动，严格落实层级督查督办和大案要案督查督办制度，对重大案件组织案件会商，对重大案件查处不力、地方保护干扰执法等问题突出的地方向当地政府发稽查建议书，确保各项工作要求落到实处。

围剿山寨需要公安、工商、质检、农业、卫生、食药监等相关监管部门重拳出击，形成合力；清除山寨"寄生虫"重症关键还需用猛药。这剂药，对监管执法部门来说，责无旁贷；这药方，就是更细致、更完善的法律法规和更有力地执行。只有这样，才能让山寨无处藏身。

【生词】

1. 尖刻　　jiānkè　　　　　　尖酸刻薄
2. 剿　　　jiǎo　　　　　　　消灭
3. 歼灭战　jiānmièzhàn　　　消灭全部或大部敌人的战役或战斗
4. 销毁　　xiāohuǐ　　　　　熔化毁掉：销毁兵器。也指烧毁：销毁文件
5. 破获　　pòhuò　　　　　　侦破并捕获
6. 捣毁　　dǎohuǐ　　　　　 打垮，毁坏
7. 铲除　　chǎnchú　　　　　根除；彻底消灭
8. 冒充　　màochōng　　　　 以假充真
9. 欺诈　　qīzhà　　　　　　用狡诈的手段骗人
10. 摸排　　mōpái　　　　　 为侦破案件对一定范围内的人进行逐个摸底调查
11. 稽查　　jīchá　　　　　　① 检查（走私、偷税、违禁等活动）；② 担任这种检查工作的人
12. 责无旁贷 zé wú páng dài 自己应尽的责任，不能推卸给旁人

【摘要】

　　山寨产品一向被认为是假冒伪劣的代名词，这些五花八门的山寨产品，让被山寨的厂家蒙受着巨大损失，甚至严重影响到"中国制造""中国品牌"的形象。制假售假犯罪严重侵害人民群众身体健康和切身利益，严重扰乱市场秩序，严重损害社会道德诚信，公安机关将始终保持对此类犯罪的严打高压态势。所以今年年初，公安部部署全国公安机关紧紧围绕制售假药品、保健品、烟酒、日化、汽配、妇幼用品、日用消费品等领域犯罪，以及严重危害国计民生的其他制假售假犯罪，紧盯跨区域、链条式制假售假犯罪和发生在群众身边、侵害群众切身利益、

危害身体健康和生产生活安全的案件，开展深入集中打击。而且积极会同工商、质检、农业、食药监等部门，加强对重点地区、重点部位的打击整治，逐步铲除假冒伪劣犯罪滋生蔓延的土壤，为社会经济发展营造良好的环境。

【看法】

　　我在中国留学的时候买过很多CD，都是山寨的，没有买过一张真品。那时候的我是一个手头比较紧的留学生，对于我来说山寨CD是很不错的。但是通过最近的新闻报道，我才知道了山寨的东西不只是CD，什么山寨都有，最惊讶的是山寨鸡蛋。在中国山寨的东西为什么这样泛滥呢？

　　很多人用的高科技产品，特别是手机当中有很多山寨手机。手机在日常生活当中已经成为必需品了，听说手机的制作原价不太贵，但是加上广告费用什么的，那到消费者手中的时候已经远远超过制作原价了。中国很多老百姓的生活还没有到小康的水平，对他们来说这样的高科技产品是奢侈的。我觉得有了他们的需求，所以产生了山寨文化。我认为一方面，山寨的好处也是很多的。山寨厂家模仿优质产品的时候，往往整合了很多不同优质品牌的长处，而且还加上新的功能，廉价卖出去，这对平民老百姓是一个好事。虽然说"模仿是创新的动力"，但山寨厂家的行为是严重侵犯企业的知识产权的，不维护企业的知识产权，那么企业会蒙受巨大的经济损害，在这样的环境下企业不能发展下去。而且最近山寨产品扩展到食品、药品等，可能严重侵害消费者的切身利益。

　　我觉得山寨文化虽然有利于促进社会进步，山寨的东西对于发展中国家来说是利大于弊。但是这样下去的话，这山寨产品可能成为中国持续发展的绊脚石，为了更大的、长远的发展，中国政府应该保护企业的利益，严打制假售假的行为。

【讨论问题】

　　1. 你买过山寨产品吗？你对山寨产品有什么看法？
　　2. 分组讨论
　　正方：山寨产品利大于弊。（山寨厂家，一部分老百姓的立场）
　　反方：山寨产品弊大于利。（政府，被山寨的企业，一部分老百姓的立场）

　　围绕这些问题，学生们展开热烈的讨论。

对第一个问题讨论的主要观点如下：

学生 A：我在哈尔滨读书时常买盗版光盘，偶尔买正品，它们差不多。我还买过山寨的包，质量很好，用了10年，正品7～10万韩币，山寨不到1万韩币。

学生 B：我不喜欢买山寨产品，但买过山寨光盘与玩具、乐高玩具，正品很贵，2万韩元山寨品，对健康没有影响。

学生 C：有钱人应该不喜欢山寨产品，一般老百姓喜欢山寨产品，我也喜欢买山寨产品，鞋子真品与山寨品没区别，但价格相差5倍。

学生 D：我从来没买过山寨产品，我不喜欢那种产品，因为质量不好，价格很便宜，功能不好，干脆不买这种产品。

学生 E：如果人们有钱的话，都会买高档的东西，老百姓向往那样的生活，山寨产品满足他们的需求。日用品如包、衣服对健康没什么害处，饮料食品山寨不安全。商标太近似太可恶。

学生 F：我也买过很多盗版CD、VCD、饮料，买过一瓶雪碧，喝之后才知道不是，是云碧，感觉被欺骗了。衣服、鞋、包山寨还可以接受，吃的方面要严打。

学生 G：我也一样，其他人买山寨品我觉得可以买，这反映了想买名牌的想法。小时候在中国读书，看到名牌山寨手提包，很惊喜，但用了几个月就坏了，那时我醒悟了，山寨产品坏了没法换。后来不再买山寨产品。

对第二个问题讨论的主要观点如下：

学生 A：一个企业开发技术要花很多钱，山寨企业没花什么钱。山寨企业是为了挣钱，吃的食品有对身体不好的东西，弊大于利。

学生 B：现代社会按照技术与科技发展，大部分差不多，关键是有创意的想法，山寨是偷别人的想法，是弊大于利。

学生 C：对老百姓来说，利大于弊；对企业来说，弊大于利。政府要保护企业的利益。

学生 D：弊大于利。山寨产品，有假的奶粉，对有孩子的家庭来说，是让人生气的事。吃的方面最重要，假的越来越多，对孩子们不好，所以反对。

学生 E：大家都是反方，我认为山寨弊大于利的理由是：侵犯知识产权，食品不安全，与生命有关。但我还是认为利大于弊，山寨不是合法的，是违法的，对别的国家是弊大于利，现在在中国是利大于弊。吃的不好，我们可以不买；衣服、包可以自己选择。山寨产品在生产过程中可以加入新的技术，模仿过程中会有发展。山寨是利大于弊。

学生 F：弊大于利。因为吃的东西是山寨产品的话，是让人很愤怒的事。山寨牛奶鸡蛋对人的健康造成危害，这跟社会的信任有关。如果山寨产品越来越多，人们吃的时候很难信任对方，食品公司很难发展下去。买山寨的包、表，是与虚荣心有关，要根据自己的经济情况来消费。

学生 G：我认为弊大于利。第一、山寨产品侵犯企业知识产权，没有产品开发；第二、吃的产品山寨是很大的问题。第三、有的人知道是山寨产品还买，但有的人不知道买了，买了上当了，没法退货或修理。总之，弊大于利。

通过这些问题的讨论，既是对报刊文章原文的深化理解，也是让同学们在进行真实的交际，交流个人的生活经历，加深对共同关注的社会问题的探讨。

四、报刊课的听力教学

报刊课的听力教学多与其他能力的训练结合在一起，如听后说、听后写等。

第一，新闻听力教学。

（1）选取一些与课文内容相关的电视新闻报道、广播新闻报道、访谈节目等，训练学生的听力，让学生听后回答问题，或进行讨论。

（2）选取一些与课文内容无关的电视新闻报道或广播新闻报道、访谈节目等，训练学生的听力，让学生听后回答问题，或进行讨论。

第二，针对课文内容的听答训练。

教师在讲解课文的过程中，常常会问一些问题，训练学生的听力，当学生听懂了教师的问题，才能有针对性地回答。根据学生的汉语水平和课文内容的难易，教师可以灵活选取要求不同、难度不同的问题，如：直接让学生能从课文原文中找到答案的问题；学生根据课文内容进行适当地概括、分析、补充才能回答的问题；学生根据课文内容、联系自身的经历与感受才能回答的问题等。

第三，各种话题讨论中的听力训练。

围绕各种话题，进行话题讨论时，先要听懂别人的问题、观点，然后才能表达自己的看法与观点。话题讨论具有很大的随机性与开放性，对学生的听力训练有很大帮助，是在完全真实交际的环境下进行听力训练。

五、报刊课与学生跨文化交际能力的培养

在报刊课教学中，学生的跨文化交际能力可以得到多途径的培养。

1. 国别班学生将本国情况与中国进行比较

如"人肉搜索"现象在各国普遍存在，其利弊引起很大的争议。下面是一位韩国学生针对"表哥"杨达才这一网络"人肉搜索"案件发表的自己的看法：

"表哥"杨达才因事故现场微笑的照片引发网友关注，被"搜"出各种名表，继而被撤职、起诉，一审被确认有罪。这的确是从"人肉搜索"开始而中国司法制度完成的令人欣喜的一件大好事，也可以说是一场中国"网络反腐"的胜利。因为这是发挥包括广大网民在内的人民群众的力量才取得的反腐败斗争的决定性胜利。换句话来说，是"成千上万的网民积极活用互联网、手机的优秀功能而拍成的一段让人开心的社会自净节目"。

虽然"表哥"咎由自取、罪有应得是大好事，但是要继续找到腐败分子的"网络反腐"名分之下，怎么能合法化利用人肉搜索的方法来侵犯隐私呢？

可需要注意的是，当前网络谣言活动动不动就侵犯隐私的已引发不少社会问题了。激发网络正能量是好，发扬群众智慧而社会自净再好，但我们也决不能忽视"人肉搜索"的负面作用。

近几年韩国也有很多有关"人肉搜索"的现象。被人肉的对象往往是自由奔放、随心所欲而看来有点放纵的年轻的女孩儿。人肉她们，曝光她们的主体往往是对她们愤怒的男孩儿比较多。原因在哪儿？我也不太清楚。找到具体社会现象的原因是专家的本领。

从表面上看，也许当前韩国社会给公民的压力太大了吗？考大学、就业、买房子、结婚等连个人的生活基本条件也都很难满足，特别是有的年轻人说，结婚后有了孩子对自己来说是一种奢侈。压力，不满，绝望，愤怒。这样的感情要素好像寻找猎物一样，一碰到某一种情况就会

触发愤怒而猛烈地攻击对象。

那时自己却撑着匿名的雨伞，但可怜的猎物的伞已经被撕掉了……

人肉搜索是天使还是恶魔？

人肉搜索到底是监督之眼还是暴力之手？

在这位学生的主持下，班上其他韩国学生围绕"人肉搜索"进行了多角度的交流：

学生A：最近在韩国……女的词语很普遍，比如前一阵子有一女人带狗坐地铁，狗拉屎了，女人不处理，周围乘客非常气愤，有一个奶奶替她处理狗屎，这个女人被人肉搜索了，人们称她为"狗屎女"。现在生活压力太大，没有消气的地方，对弱势群体发泄，其实是好事，但不能侵犯别人的隐私，应适当使用IT。

学生B：我听说不认识的一个男老师，他已经结婚了，看起来高富帅，是一位很有魅力的男老师。但他经常坐地铁，偷拍女人的身体，后来被警察抓住了，有记者把这件事在网上曝光了，新闻上也简单说明是某城某老师做的，后来大家知道了他是谁。通过这件事，我觉得很可怕，网民很厉害，他的妻子的信息也被公开了，我担心他的妻子，觉得很难受。

学生C：最近发生一件事情，釜山一家面粉公司有一个女孩跟法律工作者结婚了，母亲怀疑女婿有第三者，有一天母亲发现他与别的女人打电话，他说是表妹。结果母亲被杀死了。他们很有钱。

学生D：最近韩国网民很厉害，对演员人肉搜索。有一次一位演员的偶像吃饭时拍照，虽然照片里只有自己，但网民通过他拿的勺子的投影来进行人肉搜索，竟能查出是哪位演员。人们对演员过分关注了，使他们没有任何隐私。眼镜里的投影也能看出是谁。看新闻时我觉得有意思，但对明星影响很大。

学生E：人肉搜索对象范围扩大，由明星扩大到一般人。假如被人肉的话，很为难。所有的人都有可能犯错，如果别人曝光我的隐私，我会觉得丢脸，对我的工作也有影响。

学生F：有一次坐飞机，一位乘客让空姐煮面，这是根本不可能的事，但他一直要，周围的乘客不高兴，就在网上对他进行了曝光。结果发现他是一家大企业的员工，这是很大的公司，可能有点影响，结果他被炒鱿鱼了。

学生G："人肉搜索"寻找"救人英雄"有维护公共道德的作用，但现在产生了很多不好的影响。很多人通过曝光别人的隐私来攻击别人，所以这种行为很不好，我们应该推行人肉搜索的正面作用。

学生 H：我认为人肉搜索的利弊是并存的。地铁上喝多的人，旁边的人帮助喝醉的人，是好事。通讯网络普遍化，应该规范化。

学生 I：人肉搜索很好，人们可以提高自己的警惕感，不做不文明的事；过分的话，带来负面的影响。烙印影响，心理影响很大。

学生 J：网络时代生活，不能拒绝网络的影响，人肉搜索有好处也有坏处，我们应该自然接受这种影响，减少负面影响。韩国警察常在网上工作，可以减少负面影响。中国现在流行网络反腐，没有网络，一些腐败官员不会被发现，应该支持。

学生 K：人肉搜索有两面性，匿名时自己比较有安全感，生活公共道德很重要，一个人容易做不好的事情，人肉搜索以后，曝光了隐私，有让别人盯着自己的感觉，有一种不安全感。在学校，网络教育课应教育好学生。

学生 L：我觉得人肉搜索弊大于利，有人犯错了，应该从法律角度处罚，不是私下处理；网络消息有时不可靠，传出去容易引起不好的影响。我们不能太相信人肉搜索。人肉搜索容易造成人身攻击。

学生 M：我很惊奇的是，人肉搜索已成了名词，有罗志祥的歌曲《人肉搜索》，台湾已经合法化，用"人肉搜索"来维护公共道德。人肉搜索有利有弊。很多事情都是如此。韩国釜山有个女孩在网上说出了自己的意见，结果男孩在全罗道找到她并杀了她，他是利用 GPS 找到那个女孩的。因此上网应注意安全，关闭 GPS，上传个人消息越少越好。

这是同一国家的学生对中韩两国"人肉搜索"现象进行比较，分析这种现象的利弊，增进了大家对中韩两国这方面现象的认识，提高了跨文化交际的意识与能力。

2. 混合班学生将各自国家情况与中国进行比较

中国高校的对外汉语教学机构大多采用混合编班的形式，来自各个国家的学生就中国的某一专题进行交流时，常常谈及本国情况。如一位日本学生介绍了《为什么"严师出高徒"》的主要内容与自己的看法，然后提出问题：你们国家的教育严厉吗？你觉得最好的教育方式是什么？然后让同学发表自己的见解。于是各国学生纷纷介绍自己国家的教育情况。

韩国学生：以前是很严厉，老师打骂孩子们，现在越来越轻松，最近学生们知道如果老师打自己，他可以找警察，这样的事发生过。

法国学生：以前听说严厉，可是现在教育越来越轻松。戒尺打学生，如果学生不乖，老师让学生站在前面，戴大帽子。

泰国学生：以前严厉，现在越来越轻松，虽然课很多，但老师不严厉，也有打学生的现象，没有戴帽子，老师罚学生多写字。

波兰学生：和法国差不多，现在老师越来越轻松，以前学生学得不好，要多练习。

西班牙学生：以前严厉，现在很轻松。现在的问题是，老师不可以对学生大声训斥，如果老师对学生大声，老师有问题，这样不好。父母特别保护孩子，但是老师有时候也会大声批评学生。

英国学生：以前很严厉，现在很轻松，学生欺负老师，不做作业。

印尼学生：有严厉的也有轻松的，印尼有许多岛，对不同学生有不同的教育方法。在农村有严厉的教育。

白俄罗斯学生：很多年前有严厉教育，老师可以打骂学生，现在不可以打学生，可以批评学生，让他们努力学习。

捷克学生：老师都非常严厉，总是批评学生。我到英国学汉语，英国的教育非常轻松。

韩国学生2：我觉得严厉是必须的，但经常严厉不太好，小孩子有时分不清好坏，长辈言传身教。

韩国学生3：我想对温柔的学生不要严厉；有的学生有反抗行为，要告诉他们什么是好的，这是老师的责任，对那样的学生要严厉教育。我的朋友感谢老师的严厉教育，让人们走正道。如果只有轻松，学生不容易知错。严厉也需要。

法国学生：我觉得最好的方法是有严厉也有轻松，老师不是当朋友，是当老师，需要严厉，要不然学生不配合。轻松也需要，会让学生产生兴趣、快乐。

日本学生总结：我今天了解了各个国家的教育情况，我很高兴。现在日本重新研究了教育方法，研究主张要进行严厉教育。但我认为严厉过多对学生不好。我与你们一样这样认为。

当时这个班的学生来自9个不同的国家，在讨论中国严厉式教育的同时，也在介绍、比较自己国家的教育情况，这样，在短短的讨论中，10个国家的教育情况都得到了交流、比较，从而充分发挥了混合班多国别的优势，学生的跨文化交际能力也得到了很好的训练。

第五章　报刊课学习者对报刊课教学评价之研究

一、报刊课教学研究现状

目前报刊课教学的研究已取得一定的成绩，研究的范围主要集中在以下几个领域：

1. 根据报刊语言特点而组织的具有针对性的专项语言技能训练的教学方法研究，如张和生①、金学丽②、张崇富③、郝琳④、浮根成⑤、吴成年⑥等的研究。这类论文在已有的报刊课教学研究中所占比例最高。2. 报刊课阅读能力训练的教学方法研究，如李杰⑦、侯敏与王秀清⑧、吴雅民⑨等的研究。3. 报刊课文化背景知

---

① 张和生《关于对外汉语报刊课的一点思考》，《北京师范大学学报》，1994年第3期。
② 金学丽《对外汉语〈报刊语言基础〉教学方法初探》，《沈阳师范学院学报》，1996年第2期。
③ 张崇富《问题与对策——报刊课之我见》，《汉语学习》，1998年第1期。
④ 郝琳《试论报刊选读课的教学定位》，《北京第二外国语学报》，1998年第2期。
⑤ 浮根成《缩略词与对外汉语报刊课教学》，《汉语学习》，1999年第4期。
⑥ 吴成年《报刊语言的特点与教学对策》，《语言文字应用》（对外汉语教学与研究专辑），2002年。
⑦ 李杰《试论语域理论用于报刊阅读课》，《嘉应大学学报》，1995年第4期。
⑧ 侯敏、王秀清《报刊课的教学设想与安排》，《语言教学与研究》，1996年第2期。
⑨ 吴雅民《报刊阅读教学要立足实际能力培养》，《北京地区第三届对外汉语教学学术研讨会论文选》，北京：北京大学出版社，2004年。

识教学方法研究，如王葆华①、于丛杨②等的研究。这些研究主要是从研究者或教师的角度进行的，缺少从学生的角度进行调查分析。由于国内对外汉语教学机构普遍采用的是混合编班，因此国内对外汉语教学界还没有专门针对具体国家与地区的报刊课教学研究。

二、报刊课教学模式

本书所调查的北京师范大学汉语文化学院的报刊课实行统一的教学模式，北京师范大学汉语文化学院报刊课实行"1＋X"教学管理模式，即由一位专职教师带领其他兼职教师进行基本统一的教学，如采用同一教材、采用基本相同的教学模式与教学进度等，以确保教学质量的稳定。整个年级报刊课有统一的教师参考用书，采用基本相同的教学模式。这种教学模式③主要包括"报刊发言、课文讲解、练习讲解"三部分。

报刊发言主要包括：让学习报刊课的每位学生课外每周看1～2篇近期中文报刊文章并写出摘要和个人见解，并在每次报刊课的前20～30分钟的时间轮流让2位学生对所读的报刊文章进行介绍、发表看法并组织讨论。

课文讲解主要包括：生词讲解、课文分析、提问、语言点操练、话题讨论等环节。

练习讲解主要包括：当堂限定时间让学生快速阅读教材④中的3篇文章并完成练习。

对这种模式，学习者是如何评价的？目前还缺少相关的调查研究。

---

① 王葆华《略论报刊语言教学中的文化导入》，《学语文》，1994年第5期。
② 于丛杨《文化与报刊语言教学》，《第二届国际汉语教学讨论会论文选》，北京：北京语言学院出版社，1988年。
③ 该教学模式详见本书第二章第一节。该教学模式具体体现在北京大学出版社出版的《读报纸，学中文》报刊系列教材及其免费下载的电子版教参中。
④ 吴成年编著《读报纸，学中文——中级汉语报刊阅读》（下册），北京：北京大学出版社，2004年。

三、调查问卷的设计与发放

为了了解各国留学生对报刊课教学的评价，设计的调查问卷主要包括：评价报刊课的作用；评价对报刊课教学的满意程度；评价报刊课的教学安排；评价报刊发言等。绝大部分问题的选项设计成 5 分制（即 5 个选项、5 个等级）。

调查问卷在 2010 年春季学期快结束时发给 201 整个年级全体学生，回收的有效问卷为 158 份，对各主要生源国和地区的留学生的调查统计数据及分析详见下文。

第一节　韩国留学生对报刊课教学评价之调查分析

回收的韩国留学生的有效问卷为 60 份，对韩国留学生的调查统计数据见下文。

一、问卷调查结果与分析

1. 韩国留学生对报刊课作用的评价

表 1　韩国留学生对报刊课作用的评价

报刊课的作用	总评	本科生	语言生	本科生与语言生之间的差异性	男	女	男女之间的差异性	年龄组 1（19～22 岁）	年龄组 2（23～26 岁）	年龄组 1、2 之间的差异性
提高汉语水平	4.1	3.9	4.2	.279	4.3	4.1	.562	4.4	3.8	.076
提高听力	3.2	3.3	3.1	.279	3.7	3.0	.081	3.0	3.4	.279
提高说的能力	3.4	3.3	3.5	.444	4.0	3.3	.024	3.4	3.5	.865
提高快速阅读能力	4.2	3.8	4.3	.064	4.4	4.1	.297	4.2	4.1	.574
提高报刊阅读能力	4.3	4.0	4.4	.191	4.6	4.2	.282	4.6	3.9	.013
提高写作能力	3.9	3.4	4.1	.068	3.9	4.0	.825	4.1	3.7	.262
提高报刊摘要写作能力	4.1	3.6	4.3	.049	4.0	4.1	.714	4.3	3.8	.132
了解新闻	4.1	4.0	4.1	.671	4.1	4.1	.868	4.3	3.8	.132

续表

报刊课的作用	总评	本科生	语言生	本科生与语言生之间的差异性	男	女	男女之间的差异性	年龄组1 (19~22岁)	年龄组2 (23~26岁)
了解中国国情、社会	4.1	3.9	4.1	.454	4.3	4.0	.434	4.1	4.1
了解中国文化	4.0	3.8	4.1	.279	4.1	4.0	.704	4.1	3.9
了解不同国家同学的看法	4.2	4.0	4.3	.329	3.9	4.3	.121	4.3	4.1
培养跨文化交际能力	3.8	3.8	3.8	.941	3.9	3.7	.714	3.6	3.9

从表1可以看出：

一是韩国留学生在整体上对报刊课提高汉语水平、提高快速阅读能力、提高报刊阅读能力、提高报刊摘要写作能力、了解新闻、了解中国国情与社会、了解中国文化、了解不同国家同学的看法等方面的作用给予了很高的评价（平均分4.0以上）；对报刊课提高写作能力、培养跨文化交际能力的作用给予了较高的评价（3.8～3.9）；对报刊课提高听力、提高说的能力的作用给予一定的肯定（3.2～3.4）。

二是对报刊课发展听说读写四个方面能力的作用的评价，阅读能力＞写作能力＞说的能力＞听力，在整体上对提高阅读与写作能力的作用的评价高于对提高听说能力的作用的评价。

三是报刊课除了可以发展学生的听说读写的语言技能以外，还可以有其他方面的重要作用，学生予以充分的肯定，各项评价的平均分值都在3.8分以上，肯定的程度依次为：了解不同国家同学的看法＞了解新闻、了解中国国情与社会＞了解中国文化＞培养跨文化交际能力。国内一直有关于混合编班和按国别分班的讨论，但从表1学生的调查反馈可以看出，混合编班对报刊课教学很有利，学生可以了解不同国家同学的看法（4.2分）。

四是韩国本科生和语言生对报刊课12个方面作用的评价在整体上相差不大，但本科生对报刊课作用的评价要略低于语言生对报刊课作用的评价,特别是对提高报刊摘要写作能力这一项的评价,本科生是 3.6 分,语言生是 4.3 分,两者的差异性 p 值为 .049,低于 0.05,具有显著性差异。

五是韩国男生和女生对报刊课作用的评价在整体上相差不大,但男生对报刊课作用的评价要稍高于女生,特别是对提高说的能力这一项的评价,男生为 4.0 分,女生为 3.3 分,两者的差异性 p 值为 .024.低于 0.05,具有显著性差异。

六是韩国学生年轻组(19~22 岁)和年龄稍大组(23~26 岁)对报刊课作用的评价在整体上相差不大,但年轻组对报刊课作用的评价要略高于年龄稍大组,特别是对提高报刊阅读能力这一项的评价,年轻组为 4.6 分,年龄稍大组为 3.9 分,两者的差异性 p 值为 .013.低于 0.05,具有显著性差异。

2. 韩国留学生对 2010 年春季学期报刊课教学满意度的评价

表 2　韩国留学生对 2010 年春季学期报刊课教学满意度的评价

报刊课教学的满意度	总评	本科生	语言生	本科生与语言生之间的差异性	男	女	男女之间的差异性	年龄组 1 (19~22 岁)	年龄组 2 (23~26 岁)	年龄组 1、2 之间的差异性
本学期的报刊课	4.1	3.9	4.2	.364	4.1	4.1	.875	4.4	3.8	.046
报刊发言	3.8	3.3	4.0	.047	3.6	3.9	.465	3.9	3.7	.586
课文讲解	4.0	3.6	4.2	.114	4.3	4.0	.379	4.2	3.8	.300
练习讲解	4.0	3.6	4.1	.167	4.4	3.8	.084	4.0	3.9	.801

从表 2 可以看出:

一是韩国学生对本学期报刊课教学的整体评价很高(4.1 分);对报刊课三个组成部分的评价也较高(3.8~4.0)。

二是韩国语言生对报刊课教学的满意度评价普遍高于本科生,特别是对报刊发言这一项,语言生为 4.0 分,本科生为 3.3 分,两者差异性的 p 值为 .047,低于 0.05,具有显著性差异。

三是韩国男生和女生对报刊课教学满意度的评价差异不大。

四是韩国学生年轻组对报刊课教学的满意度评价普遍高于年龄稍大组,特别是对本学期的报刊课这一项,年轻组为 4.4 分,年龄稍大组为 3.8 分,两者差异性的 p 值为 .046,低于 0.05,具有显著性差异。

3. 韩国留学生对报刊课教学安排的评价

(1) 韩国留学生关于报刊课教学安排对提高汉语水平的评价

表3 韩国留学生关于报刊课教学安排对提高汉语水平的评价

报刊课教学安排	总评	本科生	语言生	本科生与语言生之间的差异性	男	女	男女之间的差异性	年龄组1(19～22岁)	年龄组2(23～26岁)	年龄组1、2之间的差异性
报刊发言	4.0	3.8	4.0	.484	4.3	3.9	.344	3.9	4.1	.606
课文讲解	3.9	3.8	4.0	.584	4.4	3.7	.070	3.9	3.8	.776
练习讲解	3.8	3.8	3.9	.778	4.4	3.7	.057	3.9	3.8	.753

从表3可以看出：

一是韩国留学生关于报刊课教学安排对提高汉语水平的作用基本给予肯定，均在3.8分以上，其中对报刊发言评价分值最高。报刊课三个组成部分教学安排对提高汉语水平作用评价的肯定程度依次为：报刊发言（4.0分）＞课文讲解（3.9分）＞练习讲解（3.8分）。

二是本科生与语言生之间、男生与女生之间、年轻组与年龄稍大组之间对教学安排提高汉语水平的作用评价差别不大，只是语言生的评价稍高于本科生的评价、男生的评价稍高于女生的评价，但这些评价的差异性均未达到显著性的水平。

(2) 韩国留学生对报刊课教学安排有意思程度的评价

表4 韩国留学生对报刊课教学安排有意思程度的评价

报刊课教学安排	总评	本科生	语言生	本科生与语言生之间的差异性	男	女	男女之间的差异性	年龄组1(19～22岁)	年龄组2(23～26岁)	年龄组1、2之间的差异性
报刊发言	3.9	3.4	4.0	.141	4.0	3.9	.709	3.8	3.9	.793
课文讲解	4.0	3.5	4.1	.045	4.4	3.8	.070	3.9	4.0	.834
练习讲解	3.7	3.6	3.8	.703	4.4	3.5	.008	3.7	3.8	.800

从表4可以看出：

一是韩国留学生对报刊课教学安排的有意思程度给予肯定，均在3.7分以上。报刊课三个组成部分教学安排有意思程度评价的肯定程度依次为：课文讲解（4.0分）＞报刊发言（3.9分）

➢练习讲解（3.7分）。

二是语言生对报刊课教学安排有意思程度的评价要高于本科生，特别是对课文讲解的评价，语言生是4.1分，本科生是3.5分，两者差异性的 p 值为.045，低于0.05，具有显著性差异。

三是男生对报刊课教学安排有意思程度的评价要高于女生的评价，特别是对练习的讲解的评价，男生为4.4分，女生为3.5分，两者差异性的 p 值为.008，低于0.05，具有显著性差异。

四是年龄稍大组对报刊课教学安排有意思程度的评价要高于年轻组，但两者之间的差异性未达到显著性的水平。

4. 韩国留学生对报刊发言的评价

（1）韩国留学生对报刊发言喜欢程度的评价

表5 韩国留学生对报刊发言喜欢程度的评价

对报刊发言的喜欢程度	总评	本科生	语言生	本科生与语言生之间的差异性	男	女	男女之间的差异性	年龄组1（19～22岁）	年龄组2（23～26岁）	年龄组1、2之间的差异性
对自己作报刊发言的喜欢程度	3.4	3.1	3.6	.301	3.7	3.4	.439	3.4	3.5	.676
对其他同学作报刊发言的喜欢程度	3.6	3.1	3.8	.080	3.9	3.5	.456	3.7	3.5	.680

从表5可以看出：

一是韩国留学生无论是对自己还是对班上其他同学作报刊发言都基本持肯定态度，其中对其他同学作报刊发言喜欢程度的评价稍高于对自己作报刊发言的喜欢程度，这表明韩国学生更喜欢班上其他同学作报刊发言。

二是本科生与语言生之间、男生与女生之间、年轻组与年龄稍大组之间评价的差异性均未达到显著性水平，不过，语言生的评价稍高于本科生的评价、男生的评价稍高于女生的评价。

（2）韩国留学生对完成报刊发言的作用的评价

表 6 韩国留学生对完成报刊发言作用的评价

报刊发言的作用	总评	本科生	语言生	本科生与语言生之间的差异性	男	女	男女之间的差异性	年龄组1（19~22岁）	年龄组2（23~26岁）	年龄组1、2之间的差异性
提高汉语水平	4.0	3.9	4.0	.674	4.4	3.9	.181	4.0	4.0	1.000
提高听力	3.3	3.5	3.2	.429	3.7	3.1	.152	3.1	3.5	.171
提高说的能力	3.7	3.4	3.9	.268	4.1	3.6	.224	3.6	3.9	.359
提高快速阅读能力	4.0	4.0	4.0	.886	4.6	3.8	.015	3.9	4.1	.497
提高报刊阅读能力	4.1	3.9	4.2	.334	4.6	4.0	.064	4.0	4.2	.433
提高写作能力	4.1	3.8	4.3	.163	4.7	4.0	.054	4.0	4.3	.377
提高报刊摘要写作能力	4.3	3.9	4.4	.133	4.7	4.1	.134	4.1	4.5	.152
了解新闻	4.1	3.9	4.2	.276	4.3	4.1	.579	4.2	4.1	.715
了解中国国情、社会	4.0	3.9	4.0	.592	4.4	3.9	.085	4.0	4.0	1.000
了解中国文化	4.0	3.9	4.0	.648	4.7	3.8	.012	3.9	4.2	.409
了解不同国家同学的看法	4.3	4.1	4.4	.478	4.4	4.3	.680	4.3	4.3	.988
培养跨文化交际能力	4.0	3.9	4.0	.674	4.6	3.8	.071	3.8	4.3	.123

从表 6 可以看出：

一是韩国留学生关于报刊发言对提高汉语水平作用的整体评价较高（4.0 分）。

二是韩国留学生关于报刊发言对提高语言技能作用的评价的肯定程度依次为：写作能力＞阅读能力＞说的能力＞听力。这种排序与表 1 的统计结果（阅读能力＞写作能力＞说的能力＞听力）略有不同，说明韩国留学生认为报刊发言对提高写作能力比提高其他能力的作用更大。

三是韩国留学生关于报刊发言对了解不同国家同学的看法、了解新闻、了解中国文化、培养跨文化交际能力、了解中国国情与社会的作用都给予很高的评价，与表 1 的调查统计结果基本一致。

四是语言生对报刊发言作用的评价普遍要高于本科生的评价，但两者之间的差异性未达到显著性水平。

五是男生对报刊发言作用的评价各项都高于女生的评价，其中对提高快速阅读能力与了解中国文化这两项的评价，男生与女生评价之间的差异性达到显著性水平。

六是年龄稍大组对报刊发言作用的评价普遍略高于年轻组的评价，但两者各项之间的差异性未达到显著性水平。

（3）韩国留学生对报刊发言次数、难易度的评价

表 7　韩国留学生对报刊发言次数、难易度的评价

对报刊发言次数、难易度的评价	总评	本科生	语言生	本科生与语言生之间的差异性	男	女	男女之间的差异性	年龄组 1（19～22 岁）	年龄组 2（23～26 岁）	年龄组 1、2 之间的差异性
对报刊发言次数的评价	2.4	2.1	2.5	.368	1.8	2.5	.062	2.4	2.4	.899
对报刊发言难易度的评价	3.1	3.1	3.1	1.000	3.3	3.1	.248	3.1	3.2	.813

从表 7 可以看出：

一是韩国留学生认为每个学生一个学期作报刊发言的合适次数是 2.4 次，这说明目前报刊课教学每次报刊课安排 2 位同学作报刊发言、一个学期每个学生轮流平均作 3 次报刊发言的教学安排基本是合理的，符合韩国留学生的评价。

二是韩国留学生对报刊发言难易度的评价是 3.1 分，说明目前报刊课报刊发言的难易度正合适，很适合韩国留学生，这与表 2～表 6 中韩国留学生对报刊发言的肯定是一致的。

三是本科生与语言生、男生与女生、年轻组与年龄稍大组，对报刊发言次数、难易度的评价的差异性均未达到显著性水平。

二、小结

从表1～表7的统计结果可以总结出如下观点：

一是韩国留学生整体上对报刊课教学比较满意，但在对报刊课教学的各项评价中，韩国语言生比本科生、年轻组比年长组，整体评价要好。韩国语言生比本科生对报刊发言的评价更高，达到显著性差异水平；年轻组比年长组对报刊课教学满意度更高，达到显著性差异水平；韩国留学生男生与女生之间未达到显著性差异水平。

二是韩国留学生在对报刊课教学安排的满意度方面，语言生高于本科生、男生高于女生、年长组高于年轻组，其中语言生与本科生在课文讲解的满意度方面达到显著性差异水平，男生与女生在练习讲解的满意度方面达到显著性差异水平。

三是韩国留学生认为报刊课教学在整体上对提高读写能力的作用大于提高听说能力；对报刊发言提高写作能力作用的评价要高于提高其他语言能力的作用。

四是韩国留学生除了肯定报刊课教学对提高听说读写能力的作用以外，还对报刊课教学了解不同国家同学的看法、了解新闻、了解中国文化、了解中国国情与社会、培养跨文化交际能力的作用给予较高的评价。

五是韩国留学生认为目前报刊发言安排的次数（每人一学期3次左右）、报刊发言的难易度正合适。

六是韩国留学生的语言生对报刊课教学各项评价普遍好于本科生的评价，其中对报刊课提高报刊摘要写作能力、报刊发言的满意度、课文讲解的有意思程度这三项评价的差异性，达到显著性水平。

七是韩国留学生的男生对报刊课教学各项评价普遍好于女生的评价，其中对报刊课提高说的能力、练习讲解有意思程度、报刊发言提高快速阅读能力与了解中国文化的作用这四项评价的差异性，达到显著性水平。

八是韩国留学生的年轻组对报刊课教学各项评价在大体上要略好于年龄稍大组的评价，其中对报刊课提高报刊阅读能力、本学期报刊课的满意度这两项评价的差异性,达到显著性水平。

总之,通过问卷调查,我们可以得出如下结论:韩国留学生的语言生比本科生、男生比女生、年轻组比年长组在大体上对报刊课教学的评价要高一点。韩国语言生比本科生对报刊课教学评价更好的主要原因可能与学生自身的素质有一定关系,在目前中国高校的韩国留学生,语言生的综合素质、学习能力、学习的自主性与积极性在整体上普遍优于本科生,他们在学习报刊课时更容易有成就感,自然对报刊课的评价更高。年轻组比年长组在学习报刊课时具有一定的年龄优势,学习效果更好,对报刊课的评价整体更好。

第二节 日本留学生对汉语报刊课评价之调查分析

调查问卷在 2010 年春季学期快结束时发给 201 年级 9 个班全体学生,对日本学生的调查统计数据见下文。

一、问卷调查结果与分析

1. 日本留学生对报刊课作用的评价

日本学生对报刊课作用的评价结果统计见表 8:

表 8 日本留学生对报刊课作用的评价

报刊课的作用	评价结果的平均分 (选项为 5 分制,最低分为 1 分,最高分为 5 分)
提高汉语水平	4.8
提高听力	3.3
提高说的能力	3.8
提高快速阅读能力	4.7
提高报刊阅读能力	4.8
提高写作能力	4.2
提高报刊摘要写作能力	4.5
了解新闻	4.5
了解中国国情、社会	4.3

续表

报刊课的作用	评价结果的平均分 (选项为 5 分制,最低分为 1 分,最高分为 5 分)
了解中国文化	4.5
了解不同国家同学的看法	4.8
培养跨文化交际能力	4.3

从表 8 可以看出:

一是日本留学生对报刊课提高汉语水平、提高快速阅读能力、提高报刊阅读能力、提高报刊摘要写作能力、了解新闻、了解中国文化、了解不同国家同学的看法等方面的作用给予了很高的评价(平均分 4.5~4.8);对报刊课提高写作能力、了解中国国情与社会、培养跨文化交际能力的作用给予了较高的评价(4.2~4.3);对报刊课提高听力、提高说的能力的作用给予基本的肯定(3.3~3.8)。

二是对报刊课发展听说读写四个方面能力的作用的评价,阅读能力＞写作能力＞说的能力＞听力,在整体上对提高阅读与写作能力的作用的评价高于对提高听说能力的作用的评价。

三是报刊课除了可以发展学生的听说读写的语言技能以外,还可以有其他方面的重要作用,学生予以充分的肯定,各项评价的平均分值都在 4.3 分以上,肯定的程度依次为:了解不同国家同学的看法＞了解新闻、了解中国文化＞了解中国国情与社会、培养跨文化交际能力。国内一直有关于混合编班和按国别分班的讨论,但从表 1 学生的调查反馈可以看出,混合编班对报刊课教学很有利,学生可以了解不同国家同学的看法(4.8 分)、有助于培养跨文化交际能力(4.3 分)。

四是报刊课的教学定位。从学生对报刊课发展学生听说读写四个方面能力的作用的评价结果来看,将报刊课仅仅定位为培养学生的阅读能力是不够的,应该是注重读写、兼顾听说。除了发展语言技能以外,学生对报刊课其他方面的作用也给予了很高的评价。这就说明,仅仅将报刊课局限于语言教学、局限于课本是不够的,还应该注意报刊课教学的内容,注意教学内容的时效性、反映中国文化与中国国情，培养学生的跨文化交际能力等方面。

2. 日本留学生对报刊课教学满意度的评价

日本留学生对 2010 年春季学期报刊课教学满意度的评价结果统计见表 9：

表 9　日本留学生对 2010 年春季学期报刊课教学满意度的评价

报刊课教学的满意度	评价结果的平均分 （选项为 5 分制，最低分为 1 分，最高分为 5 分）
本学期的报刊课	4.5
报刊发言	4.5
课文讲解	4.0
练习讲解	4.2

从表 9 可以看出，学生对本学期报刊课的整体评价很高（4.5 分）；对报刊课三个组成部分的评价也较高，特别是对报刊发言给予了很高的评价。对报刊课教学三个组成部分评价的肯定程度依次为：报刊发言（4.5 分）＞练习讲解（4.2 分）＞课文讲解（4.0 分）。

3. 日本留学生对报刊课教学安排的评价

（1）日本留学生关于报刊课教学安排对提高汉语水平的评价

日本留学生关于报刊课教学安排对提高汉语水平的评价结果统计见表 10：

表 10　日本留学生关于报刊课教学安排对提高汉语水平的评价

报刊课教学安排	评价结果的平均分 （选项为 5 分制，最低分为 1 分，最高分为 5 分）
报刊发言	4.5
课文讲解	4.3
练习讲解	4.3

从表 10 可以看出：日本留学生关于报刊课教学安排对提高汉语水平的作用给予充分的肯定，均在 4.3 分以上，其中对报刊发言评价分值最高。报刊课三个组成部分教学安排对提高汉语水平

作用评价的肯定程度依次为：报刊发言（4.5 分）＞课文讲解、练习讲解（4.3 分）。

（2）日本留学生对报刊课教学安排有意思程度的评价

日本留学生对报刊课教学安排有意思程度的评价结果统计见表 11：

表 11　日本留学生对报刊课教学安排有意思程度的评价

报刊课教学安排	评价结果的平均分 （选项为 5 分制，最低分为 1 分，最高分为 5 分）
报刊发言	4.3
课文讲解	4.0
练习讲解	4.0

从表 11 可以看出：日本留学生对报刊课教学安排的有意思程度给予较高的肯定，均在 4.0 分以上，其中对报刊发言评价分值最高。报刊课三个组成部分教学安排有意思程度评价的肯定程度依次为：报刊发言（4.3 分）＞课文讲解、练习讲解（4.0 分）。

综合表 10、表 11 的统计结果，学生关于报刊课教学安排对提高汉语水平的作用与有意思程度这两个方面在整体上给予充分的肯定，特别是对报刊发言的肯定，在报刊课三个组成部分中均居首位。

4. 日本留学生对报刊发言的评价

（1）日本留学生对报刊发言喜欢程度的评价

日本留学生对报刊发言喜欢程度的评价统计结果见表 12：

表 12　日本留学生对报刊发言喜欢程度的评价

对报刊发言的喜欢程度	评价结果的平均分 （选项为 5 分制，最低分为 1 分，最高分为 5 分）
对自己报刊发言的喜欢程度	4.2
对其他同学报刊发言的喜欢程度	4.2

从表 12 可以看出：日本留学生无论是对自己还是对班上其他同学作报刊发言都持同样肯定，均为 4.2 分，这表明日本学生很喜欢报刊发言这一报刊课教学组成部分。

（2）日本留学生对完成报刊发言的作用的评价

表 13　日本留学生对完成报刊发言作用的评价

报刊发言的作用	评价结果的平均分 （选项为 5 分制，最低分为 1 分，最高分为 5 分）
提高汉语水平	4.5
提高听力	3.5
提高说的能力	4.2
提高阅读能力	4.2
提高报刊阅读能力	4.5
提高写作能力	4.0
提高报刊摘要写作能力	3.8
了解新闻	4.7
了解中国国情、社会	4.3
了解中国文化	4.5
了解不同国家同学的看法	4.8
培养跨文化交际能力	4.5

从表 13 可以看出：

一是日本留学生关于报刊发言对提高汉语水平作用的整体评价很高（4.5 分）。

二是日本留学生关于报刊发言对提高语言技能作用的评价呈现一定的差异，报刊发言对提高听说读写能力评价的肯定程度依次为：阅读能力＞说的能力＞写作能力＞听力。这种排序与表 8 的统计结果（阅读能力＞写作能力＞说的能力＞听力）略有不同，说明日本留学生认为报刊发言对提高说的能力的作用比提高写作能力的作用更大。这可以理解，因为报刊发言的主要过程都离不开说，学生介绍新闻摘要与看法，提出问题与进行讨论等等，都要突出说的能力。

三是日本留学生关于报刊发言对了解不同国家同学的看法、了解新闻、了解中国文化、培养跨文化交际能力、了解中国国情与社会的作用都给予很高的评价，与表 8 的调查统计结果基本一致。

（3）日本留学生对报刊发言次数、难易度的评价

日本留学生对报刊发言次数、难易度的评价统计结果见表 14：

表 14　日本留学生对报刊发言次数、难易度的评价

对报刊发言次数、难易度的评价	评价结果的平均分 （选项为 5 分制，最低分为 1 分，最高分为 5 分）
对报刊发言次数的评价	3.2
对报刊发言难易度的评价	3.2

从表 14 可以看出：

一是日本留学生认为每个学生一个学期作报刊发言的合适次数在 3 次左右，这说明目前报刊课教学每次报刊课安排 2 位同学作报刊发言、一个学期每个学生轮流平均作 3 次报刊发言的教学安排是合理的，符合日本留学生的评价。

二是日本留学生对报刊发言难易度的评价是 3.2 分，说明目前报刊课报刊发言的难易度正合适，很适合日本留学生，这与表 9～表 13 中日本留学生对报刊发言的充分肯定是一致的。

二、小结

从表 8～表 14 的统计结果可以总结出如下观点：

一是日本留学生关于报刊课教学的整体满意度、对提高汉语水平的作用给予很高的评价。

二是日本留学生认为报刊课教学在整体上对提高读写能力的作用大于提高听说能力，报刊发言对提高读说能力的作用大于写听的能力。

三是日本留学生除了肯定报刊课教学对提高听说读写能力的作用以外，还对报刊课教学了解不同国家同学的看法、了解新闻、了解中国文化、了解中国国情与社会、培养跨文化交际能力的作用给予很高的评价。

四是日本留学生对报刊课教学的三个组成部分予以肯定评价的同时，对报刊发言给予最高的评价。

五是日本留学生对报刊发言提高读、说能力作用的评价要高于提高写、听能力的作用。

六是日本留学生认为目前报刊发言安排的次数（每人一学期3次左右）、报刊发言的难易度正合适。

这些调查结果显示，日本留学生对报刊课教学评价的满意度很高，对报刊发言提高报刊阅读能力和了解不同国家的同学的看法给予很高评价，而对报刊发言提高听力的评价最低，说明日本学生对目前的报刊课教学提高报刊阅读能力、了解不同国家学生看法很满意、收获很大；而对报刊课教学提高听力的作用不很满意，报刊课教学在提高听力方面还有努力的空间。

第三节 东南亚留学生对中级报刊课评价之调查分析

调查问卷在 2010 年春季学期快结束时发给中级班一个年级的全体学生，回收的是东南亚学生的有效问卷 38 份，其中印尼学生 20 份，泰国学生 18 份。对东南亚学生的调查统计数据见下文。

一、问卷调查结果与分析

1. 东南亚留学生对报刊课作用的评价

东南亚学生对报刊课作用的评价结果统计见表 15：

表 15　东南亚留学生对报刊课作用的评价

报刊课的作用	评价结果的平均分
提高汉语水平	4.0
提高听力	3.4
提高说的能力	3.7
提高快速阅读能力	4.1
提高报刊阅读能力	4.2
提高写作能力	3.8
提高报刊摘要写作能力	3.8
了解新闻	4.1
了解中国国情、社会	4.1
了解中国文化	3.9

续表

报刊课的作用	评价结果的平均分
了解不同国家同学的看法	3.7
培养跨文化交际能力	3.8

从表15可以看出：

一是东南亚留学生对报刊课提高汉语水平、提高快速阅读能力、提高报刊阅读能力、了解新闻、了解中国国情与社会等方面的作用给予了很高的评价（平均分4.0以上）；对报刊课了解中国文化、提高写作能力、提高报刊摘要写作能力、了解不同国家同学的看法、培养跨文化交际能力、提高听力、提高说的能力的作用给予一定的肯定（3.3～3.8分）。

二是对报刊课发展听说读写四个方面能力的作用的评价，阅读能力＞写作能力＞说的能力＞听力，在整体上对提高阅读与写作能力的作用的评价高于对提高听说能力的作用的评价。

三是报刊课除了可以发展学生的听说读写的语言技能以外，还可以有其他方面的重要作用，学生予以充分的肯定，各项评价的平均分值都在3.7分以上，肯定的程度依次为：了解新闻、了解中国国情与社会＞了解中国文化＞培养跨文化交际能力＞了解不同国家同学的看法。

2. 东南亚留学生对2010年春季学期报刊课教学满意度的评价

东南亚留学生对2010年春季学期报刊课教学满意度的评价结果统计见表16：

表16 东南亚留学生对**2010年春季学期报刊课教学满意度的评价**

报刊课教学的满意度	评价结果的平均分
本学期的报刊课	4.0
报刊发言	4.0
课文讲解	4.1
练习讲解	4.1

从表16可以看出，学生对本学期报刊课的整体评价较高

(4.0分);对报刊课三个组成部分的评价也较高。对报刊课教学三个组成部分评价的肯定程度依次为:课文讲解(4.1分)、练习讲解(4.1分)>报刊发言(4.0分)。

3. 东南亚留学生对报刊课教学安排的评价

(1)东南亚留学生关于报刊课教学安排对提高汉语水平的评价

东南亚留学生关于报刊课教学安排对提高汉语水平的评价结果统计见表17:

表17 东南亚留学生关于报刊课教学安排对提高汉语水平的评价

报刊课教学安排	评价结果的平均分
报刊发言	4.2
课文讲解	4.0
练习讲解	4.0

从表17可以看出:东南亚留学生关于报刊课教学安排对提高汉语水平的作用给予充分的肯定,均在4.0分以上,其中对报刊发言评价分值最高。报刊课三个组成部分教学安排对提高汉语水平作用评价的肯定程度依次为:报刊发言(4.2分)>课文讲解、练习讲解(4.0分)。

(2)东南亚留学生对报刊课教学安排有意思程度的评价

东南亚留学生对报刊课教学安排有意思程度的评价结果统计见表18:

表18 东南亚留学生对报刊课教学安排有意思程度的评价

报刊课教学安排	评价结果的平均分
报刊发言	4.1
课文讲解	3.8
练习讲解	3.8

从表18可以看出:东南亚留学生对报刊课教学安排的有意思程度给予较高的肯定,均在3.8分以上,其中对报刊发言评价分值最高。报刊课三个组成部分教学安排有意思程度评价的肯定程度依次为:报刊发言(4.1分)>课文讲解、练习讲解(3.8分)。

综合表 3、表 4 的统计结果，学生关于报刊课教学安排对提高汉语水平的作用与有意思程度这两个方面在整体给予充分的肯定，特别是对报刊发言的肯定，在报刊课三个组成部分中均居首位。

4. 东南亚留学生对报刊发言的评价

（1）东南亚留学生对报刊发言喜欢程度的评价

东南亚留学生对报刊发言喜欢程度的评价统计结果见表 19：

表 19　东南亚留学生对报刊发言喜欢程度的评价

对报刊发言的喜欢程度	评价结果的平均分
对自己作报刊发言的喜欢程度	3.8
对其他同学作报刊发言的喜欢程度	3.8

从表 19 可以看出：东南亚留学生无论是对自己还是对班上其他同学作报刊发言都持同样肯定，均为 3.8 分，这表明东南亚学生比较喜欢报刊发言这一报刊课教学组成部分。

（2）东南亚留学生对完成报刊发言的作用的评价

表 20　东南亚留学生对完成报刊发言作用的评价

报刊发言的作用	评价结果的平均分
提高汉语水平	4.2
提高听力	3.8
提高说的能力	4.0
提高阅读能力	4.1
提高报刊阅读能力	4.4
提高写作能力	4.1
提高报刊摘要写作能力	4.0
了解新闻	4.1
了解中国国情、社会	4.1
了解中国文化	3.9
了解不同国家同学的看法	3.8
培养跨文化交际能力	3.8

从表 20 可以看出：

一是东南亚留学生关于报刊发言对提高汉语水平作用的整体评价很高（4.2 分）。

二是东南亚留学生关于报刊发言对提高语言技能作用的评价与表 15 的统计结果基本一致，都是阅读能力＞写作能力＞说的能力＞听力，只是所给的评价分值比表 15 中的对应项要略高些，说明东南亚留学生认为报刊发言对提高各种语言能力有着更突出的作用。

三是东南亚留学生关于报刊发言对了解新闻、了解中国国情与社会、了解中国文化、了解不同国家同学的看法、培养跨文化交际能力的作用都给予较高的评价，与表 15 的调查统计结果基本一致。

（3）东南亚留学生对报刊发言次数、难易度的评价

东南亚留学生对报刊发言次数、难易度的评价统计结果见表 7：

表 21　东南亚留学生对报刊发言次数、难易度的评价

对报刊发言次数、难易度的评价	评价结果的平均分
对报刊发言次数的评价	3.0
对报刊发言难易度的评价	3.3

从表 21 可以看出：

一是东南亚留学生认为每个学生一个学期作报刊发言的合适次数是 3 次，这说明目前报刊课教学每次报刊课安排 2 位同学作报刊发言、一个学期每个学生轮流平均作 3 次报刊发言的教学安排是合理的，完全符合东南亚留学生的评价。

二是东南亚留学生对报刊发言难易度的评价是 3.3 分，说明目前报刊课报刊发言的难易度正合适，很适合东南亚留学生，这与表 16～表 20 中东南亚留学生对报刊发言的充分肯定是一致的。

二、小结

从表 15～表 21 的统计结果可以总结出如下观点：

一是东南亚留学生关于报刊课教学的整体满意度、对提高汉语水平的作用给予很高的评价。

二是东南亚留学生认为报刊课教学在整体上对提高读写能力的作用大于提高听说能力。

三是东南亚留学生除了肯定报刊课教学对提高听说读写能力的作用以外，还对报刊课教学了解新闻、了解中国国情与社会、了解中国文化、了解不同国家同学的看法、培养跨文化交际能力的作用给予较高的评价。

四是东南亚留学生对报刊课教学的三个组成部分予以肯定评价的同时，对报刊发言给予最高的评价。

五是东南亚留学生对报刊发言提高读写能力作用的评价要高于提高听说能力的作用，同时也对报刊发言提高听说能力的作用也给予较高的评价。

六是东南亚留学生认为目前报刊发言安排的次数（每人一学期3次左右）、报刊发言的难易度正合适。

这些调查结果表明，东南亚学生对报刊发言的评价很高，并认为报刊发言的难度适中，对报刊发言所起的多方面作用给予了积极的评价，与韩日留学生的评价相比，东南亚学生对报刊发言各方面作用的评价比较均衡，分值相差的幅度较小。

第四节　非汉字圈留学生对中级报刊课评价之研究

一、问卷调查背景简介

报刊课在对外汉语的几种课型中，难度要相对大些，对学生识字量的要求更高些，非汉字圈学生比汉字圈学生在学习这门课时会遇到更大的挑战。非汉字圈留学生会怎样看待这门课？本文通过对非汉字圈学生的问卷调查来了解他们对报刊课教学的评价，为更好地开设这门课提供参考。

非汉字圈学生的母语与汉语差距较远，汉字是他们学习的难点，而报刊课对汉字识字量的要求比其他课型要求更高，有必要对这一群体加强有针对性的研究。为了了解非汉字圈学生对报刊课教学的具体评价,设计的调查问卷主要包括:评价报刊课的作用;评价对报刊课教学的满意程度;评价报刊课的教学安排;评价报刊发言等。绝大部分问题的选项设计成5分制(即5个选项、5个等级)。调查问卷在2010年春季学期快结束时发给属于中级汉语水平的一个年级的全体同学,回收的非汉字圈学生的有效问卷是86份,学生分别来自非汉字圈的13个国家,国别、人数与比例构成见表22。

表22 非汉字圈学生国别、人数与比例构成

国家	人数	百分比
澳大利亚	2	2.3
比利时	2	2.3
波兰	2	2.3
德国	2	2.3
俄罗斯	2	2.3
法国	6	7.0
吉尔吉斯斯坦	4	4.7
美国	4	4.7
斯洛文尼亚	4	4.7
泰国	16	18.6
土耳其	6	7.0
印尼	20	23.3
英国	16	18.6
合计	86	100.0

对非汉字圈学生的调查统计数据见下文。

二、问卷调查结果与分析

1. 非汉字圈留学生对报刊课作用的评价

表 23 非汉字圈留学生对报刊课作用的评价

报刊课的作用	总评	学历生	语言生	学历生与语言生之间的差异性	男	女	男女之间的差异性	年龄组1（19～22岁）	年龄组2（23岁以上）	年龄组1、2之间的差异性
提高汉语水平	4.3	4.4	4.3	.752	4.2	4.3	.520	4.4	4.1	.139
提高听力	3.4	3.5	3.4	.729	3.3	3.4	.618	3.6	3.1	.113
提高说的能力	3.8	3.8	3.8	.845	3.6	3.9	.504	4.0	3.4	.037
提高快速阅读能力	4.3	4.3	4.3	.907	4.5	4.2	.385	4.4	4.0	.097
提高报刊阅读能力	4.4	4.3	4.4	.555	4.4	4.4	.875	4.4	4.3	.518
提高写作能力	4.1	4.1	4.1	.917	3.8	4.2	.269	4.3	3.6	.028
提高报刊摘要写作能力	4.0	3.5	4.1	.072	3.7	4.1	.216	4.2	3.7	.124
了解新闻	4.2	3.8	4.3	.139	4.3	4.1	.633	4.3	4.1	.638
了解中国国情、社会	4.2	4.0	4.3	.460	4.4	4.2	.610	4.3	4.1	.679
了解中国文化	4.0	3.9	4.1	.651	3.9	4.1	.670	4.1	3.8	.290
了解不同国家同学的看法	4.1	4.3	4.0	.573	4.0	4.1	.789	4.0	4.1	.740
培养跨文化交际能力	4.0	3.8	4.0	.467	3.9	4.0	.791	4.0	3.9	.823

从表 23 可以看出：

一是非汉字圈学生对报刊课提高汉语水平、提高快速阅读能力、提高报刊阅读能力、了解新闻、了解中国国情与社会、了解中国文化、提高写作能力、提高报刊摘要写作能力、了解不同国家同学的看法、培养跨文化交际能力等方面的作用给予了很高的评价（平均分 4.0 以上）；对报刊课提高听力、提高说的能力的作用给予一定的肯定（3.4～3.8 分）。

二是对报刊课发展听说读写四个方面能力的作用的评价，

阅读能力＞写作能力＞说的能力＞听力，对提高阅读与写作能力的作用的评价高于对提高听说能力的作用的评价。

三是报刊课除了可以发展学生的听说读写的语言技能以外，还可以有其他方面的重要作用，学生予以充分的肯定，各项评价的平均分值都在4.0分以上，肯定的程度依次为：了解新闻、了解中国国情与社会＞了解不同国家同学的看法＞了解中国文化、培养跨文化交际能力。

四是学历生与语言生对报刊课作用的各项评价互有高低，总的来看，语言生的评价要略高于学历生的评价，两者之间的差异性都未达到显著性水平。

五是女生的评价在整体上略高于男生的评价，两者之间的差异性未达到显著性水平。

六是年轻组的评价普遍高于年龄稍大组的评价，两者只有提高写作能力这一项达到显著性差异水平，p 值为 .028，<.05，其他各项的评价两者之间的差异性未达到显著性水平。

2. 非汉字圈留学生对 2010 年春季学期报刊课教学满意度的评价

表24 非汉字圈留学生对 2010 年春季学期报刊课教学满意度的评价

报刊课教学的满意度	总评	学历生	语言生	学历生与语言生之间的差异性	男	女	男女之间的差异性	年龄组1（19～22岁）	年龄组2（23岁以上）	年龄组1、2之间的差异性
本学期的报刊课	4.1	4.0	4.1	.638	4.1	4.1	.900	4.1	4.1	.876
报刊发言	4.0	4.0	4.1	.886	3.8	4.1	.386	4.1	3.9	.597
课文讲解	4.1	3.9	4.1	.438	4.3	4.0	.433	4.2	3.9	.220
练习讲解	4.0	3.8	4.1	.324	4.1	4.0	.766	4.1	3.9	.621

从表24可以看出：

一是学生对本学期报刊课的整体评价和报刊课三个组成部分的评价都较高（4.0以上）。

二是语言生对报刊课教学满意度的各项评价都高于学历生，两者之间差异性未达到显著性水平。

三是男生与女生对报刊课教学满意度的各项评价互有高低，

两者之间差异性未达到显著性水平。

四是年轻组对报刊课教学各组成部分的满意度评价均高于年龄稍大组，但两者之间差异性未达到显著性水平。

3. 非汉字圈留学生对报刊课教学安排的评价

（1）非汉字圈留学生关于报刊课教学安排对提高汉语水平的评价

表 25　非汉字圈留学生关于报刊课教学安排对提高汉语水平的评价

报刊课教学安排	总评	学历生	语言生	学历生与语言生之间的差异性	男	女	男女之间的差异性	年龄组 1（19~22 岁）	年龄组 2（23 岁以上）	年龄组 1、2 之间的差异性
报刊发言	4.1	4.0	4.1	.762	3.8	4.2	.269	4.1	4.1	.814
课文讲解	4.1	4.1	4.1	.856	4.4	4.0	.232	4.1	3.9	.498
练习讲解	4.0	3.8	4.0	.659	4.0	4.0	1.000	4.1	3.9	.463

从表 25 可以看出：

一是非汉字圈留学生关于报刊课教学安排对提高汉语水平的作用给予充分的肯定，均在 4.0 分以上。

二是语言生的评价要高于学历生的评价，年轻组的评价要略高于年龄稍大组的评价，男生与女生的评价互有高低，但各组之间的差异性都未达到显著性水平。

（2）非汉字圈留学生对报刊课教学安排有意思程度的评价

表 26　非汉字圈留学生对报刊课教学安排有意思程度的评价

报刊课教学安排	总评	学历生	语言生	学历生与语言生之间的差异性	男	女	男女之间的差异性	年龄组 1（19~22 岁）	年龄组 2（23 岁以上）	年龄组 1、2 之间的差异性
报刊发言	4.0	3.6	4.1	.199	3.6	4.1	.125	4.0	4.0	1.000
课文讲解	3.8	3.6	3.8	.597	3.9	3.7	.447	3.8	3.6	.431
练习讲解	3.8	3.6	3.8	.542	3.7	3.8	.798	3.9	3.6	.369

从表 26 可以看出：

一是非汉字圈留学生对报刊课教学安排的有意思程度给予较高的肯定，均在 3.8 分以上，其中对报刊发言评价分值最高。报刊课三个组成部分教学安排有意思程度评价的肯定程度依次为：

报刊发言（4.0 分）＞课文讲解、练习讲解（3.8 分）。

二是对报刊课教学安排的有意思程度的评价，从大体上看，语言生高于学历生、女生高于男生、年轻组高于年龄稍大组，各组之间的差异性都未达到显著性水平。

综合表 25、表 26 的统计结果，学生关于报刊课教学安排对提高汉语水平的作用与有意思程度这两个方面在整体上给予充分的肯定，特别是对报刊发言的肯定，在报刊课三个组成部分中均居首位。

4. 非汉字圈留学生对报刊发言的评价

（1）非汉字圈留学生对报刊发言喜欢程度的评价

表 27 非汉字圈留学生对报刊发言喜欢程度的评价

对报刊发言的喜欢程度	总评	学历生	语言生	学历生与语言生之间的差异性	男	女	男女之间的差异性	年龄组 1（19～22 岁）	年龄组 2（23 岁以上）	年龄组 1、2 之间的差异性
对自己作报刊发言的喜欢程度	3.8	3.8	3.7	.884	3.5	3.8	.254	3.7	3.8	.667
对其他同学作报刊发言的喜欢程度	3.8	3.8	3.7	.900	3.1	4.0	.008	3.8	3.8	1.000

从表 27 可以看出：

一是非汉字圈留学生无论是对自己还是对班上其他同学作报刊发言都持同样肯定，均为 3.8 分，这表明非汉字圈学生比较喜欢报刊发言这一报刊课教学组成部分。

二是学历生的评价略高于语言生的评价，两者之间评价的差异性未达到差异性的水平。

三是女生的评价要高于男生的评价，在对其他同学作报刊发言的喜欢程度这一项评价上，两者之间的差异性达到差异性水平，p 值为 .008，＜.05。男生对自己作报刊发言的喜欢程度要高于对其他同学作报刊发言的喜欢程度，女生则相反。

三是年龄稍大组在对自己作报刊发言的喜欢程度略高于年轻组，在对其他同学作报刊发言的喜欢程度上两者评价都一样。

（2）非汉字圈留学生对完成报刊发言的作用的评价

表 28 非汉字圈留学生对完成报刊发言作用的评价

报刊发言的作用	总评	学历生	语言生	学历生与语言生之间的差异性	男	女	男女之间的差异性	年龄组1（19～22岁）	年龄组2（23岁以上）	年龄组1、2之间的差异性
提高汉语水平	4.1	4.0	4.2	.649	3.9	4.2	.331	4.2	4.0	.527
提高听力	3.7	4.0	3.7	.358	3.3	4.0	.058	3.7	3.8	.838
提高说的能力	4.1	4.0	4.2	.608	3.9	4.2	.272	4.1	4.2	.870
提高快速阅读能力	4.1	3.8	4.1	.315	4.2	4.0	.558	4.0	4.2	.631
提高报刊阅读能力	4.2	3.6	4.3	.052	4.4	4.1	.504	4.2	4.2	.888
提高写作能力	4.1	4.3	4.3	.586	4.1	4.1	.951	4.2	3.8	.182
提高报刊摘要写作能力	4.0	4.3	3.9	.342	3.9	4.0	.874	4.1	3.7	.257
了解新闻	4.3	4.4	4.3	.769	4.4	4.3	.758	4.3	4.3	.967
了解中国国情、社会	4.2	3.9	4.3	.283	4.2	4.2	.976	4.3	4.0	.386
了解中国文化	4.1	3.9	4.1	.553	3.9	4.1	.544	4.2	3.8	.204
了解不同国家同学的看法	4.0	4.3	3.9	.403	3.6	4.1	.202	3.9	4.2	.451
培养跨文化交际能力	4.2	4.3	4.2	.783	4.0	4.2	.426	4.3	4.0	.370

从表28可以看出：

一是非汉字圈留学生关于报刊发言对提高汉语水平作用的整体评价和各项评价普遍很高（4.0分以上），只有一项是3.7分。

二是非汉字圈留学生关于报刊发言对提高语言技能作用的评价与表23的统计结果基本一致，只是说的能力更突出些，阅读能力＞说的能力、写作能力＞听力，说明非汉字圈留学生认为报刊发言对提高说的能力有着更突出的作用。

三是非汉字圈留学生关于报刊发言对了解新闻、了解中国国情与社会、了解中国文化、了解不同国家同学的看法、培养跨文化交际能力的作用都给予很高的评价（4.0 分以上），与表 23 的调查统计结果基本一致。

四是对报刊发言作用的各项评价中，语言生与学历生之间互有高低，语言生的评价略微高些；女生比男生、年轻组比年龄稍大组的各项评价普遍稍高些，但各组之间的差异性都未达到显著性水平。

（3）非汉字圈留学生对报刊发言次数、难易度的评价

表 29　非汉字圈留学生对报刊发言次数、难易度的评价

对报刊发言次数、难易度的评价	总评	学历生	语言生	学历生与语言生之间的差异性	男	女	男女之间的差异性	年龄组 1（19~22 岁）	年龄组 2（23 岁以上）	年龄组 1、2 之间的差异性
对报刊发言次数的评价	2.9	2.7	2.9	.724	2.9	2.9	.928	2.7	3.2	.327
对报刊发言难易度的评价	3.3	3.6	3.2	.146	3.2	3.3	.567	3.3	3.3	.774

从表 29 可以看出：

一是非汉字圈留学生认为每个学生一个学期作报刊发言的合适次数是 2.9 次，这说明目前报刊课教学每次报刊课安排 2 位同学作报刊发言、一个学期每个学生轮流平均作 3 次报刊发言的教学安排是合理的，完全符合非汉字圈留学生的评价。

二是非汉字圈留学生对报刊发言难易度的评价是 3.3 分，说明目前报刊课报刊发言的难易度比较合适，很适合非汉字圈留学生，这与表 23~表 27 中非汉字圈留学生对报刊发言的充分肯定是一致的。

三是各组之间略有差异，都未达到显著性水平。

三、小结

从表 22~表 28 的统计结果可以总结出如下观点：

一是非汉字圈留学生对报刊课教学的整体满意度、对报刊课提高汉语水平的作用给予很高的评价。

二是非汉字圈留学生认为报刊课教学在整体上对提高读写能力的作用大于提高听说能力。

三是非汉字圈留学生除了肯定报刊课教学对提高听说读写能力的作用以外，还对报刊课教学了解新闻、了解中国国情与社会、了解中国文化、了解不同国家同学的看法、培养跨文化交际能力的作用给予很高的评价。

四是非汉字圈留学生对报刊课教学的三个组成部分予以较高评价，其中对报刊发言的评价最高。

五是非汉字圈留学生对报刊发言提高读写和说的能力作用的评价要高于提高听的能力的作用，对报刊发言提高说的能力的作用给予较高的评价。

六是非汉字圈留学生认为目前报刊发言安排的次数（每人一学期3次左右）、报刊发言的难易度正合适。

七是从整体上看，非汉字圈留学生中的语言生比学历生、女生比男生、年轻组比年龄稍大组对报刊课教学的评价要略高。这在一定程度上体现了非汉字圈中的语言生比学历生、女生比男生、年轻组比年龄稍大组学习报刊课的态度更积极些。

这些调查结果表明：报刊课尽管难度很大，对非汉字圈学生充满困难与挑战，但教学模式得法，学生还是会喜欢这门课，充分肯定报刊课的作用。

第五节　汉字圈与非汉字圈留学生对中文报刊课评价之比较研究

一、问卷调查背景简介

报刊课作为对外汉语教学的一种课型，目前在国内不少高校对外汉语教学机构的中高年级开设。对于这门课教学评价，汉字圈学生和非汉字圈学生、学历生与语言生、男生与女生、年轻组与年龄稍大组之间有什么异同？本文通过从不同角度对外国留学生的问卷调查进行对比分析，为更好地开设这门课提供参考。

为了了解不同类别留学生对报刊课教学的具体评价，设计的调查问卷主要包括：评价报刊课的作用；评价对报刊课教学的满意程度；评价报刊课的教学安排；评价报刊发言等。绝大部分问题的选项设计成5分制（即5个选项、5个等级）。调查问卷在2010年春季学期快结束时发给属于中级汉语水平的一个年级的全体学生，回收的有效问卷是158份，学生的不同类别人数统计见表30。

表30　外国留学生按汉字圈与非汉字圈、学历生与语言生、性别、年龄统计的人数

汉字圈	非汉字圈	学历生	语言生	男生	女生	22岁以下	23岁以上
72	86	32	126	42	116	98	60
45.6%	54.4%	20.3%	79.7%	26.6%	73.4%	62%	38%
总人数：158							

此次调查统计中，汉字圈国家的学生来自韩国和日本，非汉字圈国家的学生来自澳大利亚、比利时、波兰、德国、俄罗斯、法国、美国、斯洛文尼亚、泰国、土耳其、印尼、英国等13个国家。

二、问卷调查结果与分析

1. 外国留学生对报刊课作用的评价

表31　外国留学生对报刊课作用的评价

报刊课的作用	总评	汉字圈	非汉字圈	AB差异性	学历生	语言生	CD差异性	男生	女生	EF差异性	G 22岁以下	H 23岁以上	GH差异性
提高汉语水平	4.3	4.3	4.3	.754	4.1	4.3	.351	4.3	4.3	.958	4.4	4.0	.019
提高听力	3.3	3.2	3.4	.354	3.4	3.3	.740	3.5	3.2	.336	3.3	3.2	.610
提高说的能力	3.7	3.5	3.8	.130	3.5	3.7	.407	3.7	3.7	.802	3.8	3.4	.070
提高快速阅读能力	4.3	4.3	4.3	.864	4.3	4.3	.111	4.3	4.3	.132	4.4	4.1	.123
提高报刊阅读能力	4.4	4.4	4.4	.970	4.1	4.5	.106	4.5	4.4	.549	4.5	4.2	.033
提高写作能力	4.0	4.0	4.1	.573	3.8	4.1	.171	3.9	4.1	.306	4.2	3.7	.011

续表

报刊课的作用	总评	汉字圈	非汉字圈	AB差异性	学历生	语言生	CD差异性	男生	女生	EF差异性	G 22岁以下	H 23岁以上	GH差异性
提高报刊摘要写作能力	4.1	4.2	4.0	.459	3.6	4.2	.005	4.0	4.1	.395	4.2	3.9	.068
了解新闻	4.2	4.2	4.2	.983	3.9	4.2	.109	4.3	4.1	.426	4.2	4.0	.261
了解中国国情、社会	4.2	4.1	4.2	.548	3.9	4.2	.229	4.3	4.1	.350	4.2	4.1	.734
了解中国文化	4.1	4.1	4.0	.677	3.8	4.1	.227	4.1	4.1	.855	4.2	3.9	.222
了解不同国家同学的看法	4.2	4.3	4.1	.226	4.1	4.2	.787	4.0	4.2	.423	4.2	4.2	.933
培养跨文化交际能力	3.9	4.0	3.9	.561	3.8	4.0	.376	4.0	3.9	.645	3.9	4.0	.549

从表31可以看出：

一是非汉字圈学生对报刊课提高汉语水平、提高快速阅读能力、提高报刊阅读能力、了解新闻、了解中国国情与社会、了解中国文化、提高写作能力、提高报刊摘要写作能力、了解不同国家同学的看法等方面的作用给予了很高的评价（平均分4.0以上）；对报刊课提高听力、提高说的能力、培养跨文化交际能力的作用给予一定的肯定（3.3~3.9分）。

二是对报刊课发展听说读写四个方面能力的作用的评价，阅读能力＞写作能力＞说的能力＞听力，对提高阅读与写作能力的作用的评价高于对提高听说能力的作用的评价。

三是报刊课除了可以发展学生的听说读写的语言技能以外，还可以有其他方面的重要作用，学生予以充分的肯定，各项评价的平均分值都在3.9分以上，肯定的程度依次为：了解新闻、了解中国国情与社会、了解不同国家同学的看法＞了解中国文化＞培养跨文化交际能力。

四是汉字圈和非汉字圈学生对报刊课作用四项评价是一致的，四项评价汉字圈学生略高，四项评价非汉字圈学生略高，两者之间的差异性都未达到显著性水平。非汉字圈学生在对报刊课提高听说能力方面的评价比汉字圈学生高，而汉字圈学生对报刊课了解中国文化、了解不同国家同学的看法、培养跨文化交际能力方面的评价比非汉字圈学生高。

五是学历生只有一项即对报刊课提高听力的作用的评价比语言生高，其余的11项评价都比语言生低，其中有一项即对报刊课提高报刊摘要写作能力作用的评价，两者差异性的 p 值为.005，<.05，达到显著性水平。总的来看，语言生对报刊课作用的评价要比学历生更积极一些。

六是男生与女生有3项对报刊课作用的评价是一致的：提高汉语水平、提高说的能力、了解中国文化；男生有6项评价高于女生：提高听力、提高快速阅读能力、提高报刊阅读能力、了解新闻、了解中国国情与社会、了解中国文化、了解不同国家同学的看法；女生有3项评价高于男生：提高写作能力、提高报刊摘要写作能力、了解不同国家同学的看法。男生的评价在整体上略高于女生的评价，两者之间的差异性未达到显著性水平。男生对报刊课提高阅读、听力的作用评价略高，女生对报刊课提高写作能力的作用评价略高。

七是年轻组与年龄稍大组只有一项评价是一致的：了解不同国家同学的看法；年龄稍大组只有一项评价高于年轻组：培养跨文化交际能力；其余10项评价都是年轻组高于年龄稍大组，其中的提高写作能力这一项，两者之间达到显著性差异水平，p 值为.011.<.05。总的来看，年轻组对报刊课作用的评价要高于年龄稍大组。

2. 外国留学生对2010年春季学期报刊课教学满意度的评价

表32 外国留学生对报刊课教学满意度的评价

报刊课教学的满意度	总评	汉字圈	非汉字圈	AB差异性	学历生	语言生	CD差异性	男生	女生	EF差异性	G 22岁以下	H 23岁以上	GH差异性
本学期的报刊课	4.1	4.2	4.1	.772	3.9	4.2	.239	4.1	4.1	.980	4.2	4.0	.207
报刊发言	4.0	3.9	4.0	.550	3.6	4.1	.089	3.8	4.1	.322	4.1	3.9	.382
课文讲解	4.1	4.0	4.1	.728	3.8	4.1	.088	4.2	4.0	.258	4.2	3.9	.096
练习讲解	4.0	4.0	4.0	.900	3.7	4.1	.071	4.2	3.9	.242	4.0	4.0	.695

从表 32 可以看出：

一是学生对本学期报刊课的整体评价和报刊课三个组成部分的评价都较高（4.0 分以上）。

二是汉字圈与非汉字圈学生对报刊课教学满意度评价互有高低，两者之间的差异性未到显著性水平。

三是语言生对报刊课教学满意度的各项评价都高于学历生，两者之间的差异性未达到显著性水平。

四是男生与女生对报刊课教学满意度的各项评价互有高低，在大体上，男生评价高于女生，两者之间的差异性未达到显著性水平。

五是年轻组对报刊课教学各组成部分的满意度评价普遍高于年龄稍大组，但两者之间差异性未达到显著性水平。

3. 外国留学生对报刊课教学安排的评价

（1）外国留学生关于报刊课教学安排对提高汉语水平的评价

表 33　外国留学生关于报刊课教学安排对提高汉语水平的评价

报刊课教学的满意度	总评	汉字圈	非汉字圈	AB差异性	学历生	语言生	CD差异性	男生	女生	EF差异性	G 22岁以下	H 23岁以上	GH差异性
报刊发言	4.1	4.1	4.1	.862	3.9	4.1	.344	4.0	4.1	.874	4.0	4.1	.675
课文讲解	4.0	4.0	4.1	.631	3.9	4.0	.662	4.4	3.9	.032	4.1	3.9	.476
练习讲解	4.0	3.9	4.0	.679	3.8	4.0	.452	4.2	3.9	.168	4.0	3.9	.456

从表 33 可以看出：

一是留学生关于报刊课教学安排对提高汉语水平的作用给予充分的肯定，均在 4.0 分以上。

二是从整体上看，非汉字圈学生的评价要高于汉字圈学生，语言生的评价要高于学历生，年轻组的评价要略高于年龄稍大组，男生要高于女生的评价，其中男生对课文讲解提高汉语水平的评价与女生的差异达到显著性水平，p 值为 .032.<.05。其余各项评价，各组之间的差异性都未达到显著性水平。

（2）外国留学生对报刊课教学安排有意思程度的评价

表 34　外国留学生对报刊课教学安排有意思程度的评价

报刊课教学的满意度	总评	汉字圈	非汉字圈	AB差异性	学历生	语言生	CD差异性	男生	女生	EF差异性	G 22岁以下	H 23岁以上	GH差异性
报刊发言	4.0	4.0	4.0	.818	3.5	4.1	.020	3.8	4.1	.299	4.0	4.0	1.000
课文讲解	3.9	4.0	3.9	.303	3.6	4.0	.057	4.1	3.8	.100	3.9	3.9	.991
练习讲解	3.8	3.8	3.8	.867	3.6	3.9	.288	4.0	3.7	.148	3.8	3.8	.850

从表 34 可以看出：

一是留学生对报刊课教学安排的有意思程度给予较高的肯定，均在 3.8 分以上，其中对报刊发言评价分值最高。报刊课三个组成部分教学安排有意思程度评价的肯定程度依次为：报刊发言（4.0）＞课文讲解（3.9）＞练习讲解（3.8）。

二是对报刊课教学安排的有意思程度的评价，从大体上看，语言生高于学历生、男生高于女生、汉字圈学生略高于非汉字圈学生、年轻组与年龄稍大组完全一样，各组之间的差异性都未达到显著性水平。

综合表 33、表 34 的统计结果，学生关于报刊课教学安排对提高汉语水平作用与有意思程度这两个方面在整体上给予充分的肯定，特别是对报刊发言的肯定，在报刊课三个组成部分中均居首位。

4. 外国留学生对报刊发言的评价

（1）外国留学生对报刊发言喜欢程度的评价

表 35　外国留学生对报刊发言喜欢程度的评价

对报刊发言的喜欢程度	总评	汉字圈	非汉字圈	AB差异性	学历生	语言生	CD差异性	男生	女生	EF差异性	G 22岁以下	H 23岁以上	GH差异性
对自己作报刊发言的喜欢程度	3.8	3.6	4.0	.117	3.7	3.8	.613	3.7	3.8	.648	3.8	3.8	.986
对其他同学作报刊发言的喜欢程度	3.9	3.8	4.0	.357	3.7	3.9	.427	3.6	4.0	.111	3.9	3.8	.504

从表 35 可以看出：

一是留学生无论是对自己还是对班上其他同学作报刊发言都持同样肯定，3.8 分以上，这表明留学生比较喜欢报刊发言这一报刊课教学组成部分。

二是对报刊发言喜欢程度的评价，非汉字圈学生比汉字圈、语言生比学历生、女生比男生、年轻组学生比年龄稍大组都要高，各组之间评价的差异性未达到显著性的水平。

（2）外国留学生对完成报刊发言的作用的评价

表 36　外国留学生对完成报刊发言作用的评价

报刊发言的作用	总评	汉字圈	非汉字圈	AB差异性	学历生	语言生	CD差异性	男生	女生	EF差异性	G 22岁以下	H 23岁以上	GH差异性
提高汉语水平	4.2	4.1	4.2	.708	3.9	4.2	.277	4.1	4.2	.957	4.2	4.1	.503
提高听力	3.6	3.4	3.8	.037	3.8	3.6	.513	3.5	3.7	.471	3.6	3.7	.674
提高说的能力	4.0	3.8	4.2	.080	3.7	4.1	.090	4.0	4.1	.664	4.0	4.1	.749
提高快速阅读能力	4.1	4.0	4.1	.651	3.9	4.1	.298	4.3	4.0	.109	4.0	4.1	.645
提高报刊阅读能力	4.2	4.2	4.3	.751	3.8	4.3	.011	4.4	4.2	.207	4.2	4.3	.752
提高写作能力	4.1	4.1	4.1	.998	4.0	4.2	.500	4.3	4.1	.396	4.1	4.2	.585
提高报刊摘要写作能力	4.1	4.2	4.0	.349	4.1	4.1	.807	4.2	4.1	.664	4.3	4.3	.697
了解新闻	4.3	4.3	4.3	.575	4.1	4.3	.304	4.3	4.3	.597	4.2	4.1	.741
了解中国国情、社会	4.2	4.1	4.2	.417	3.9	4.2	.109	4.3	4.1	.426	4.2	4.0	.403
了解中国文化	4.1	4.1	4.1	.896	3.9	4.2	.239	4.1	4.1	.375	4.2	4.1	.499
了解不同国家同学的看法	4.2	4.4	4.0	.082	4.2	4.2	.890	4.0	4.3	.345	4.2	4.3	.535
培养跨文化交际能力	4.2	4.1	4.2	.542	4.1	4.2	.560	4.3	4.1	.510	4.1	4.2	.658

从表 36 可以看出：

一是留学生关于报刊发言对提高汉语水平作用的整体评价和各项评价普遍很高（4.0 分以上），只有一项是 3.9 分。

二是留学生关于报刊发言对提高语言技能作用的评价与表 31 的统计结果基本一致，阅读能力＞写作能力＞说的能力＞听力，只是对报刊发言提高说的能力的作用评价更高些，说明留学生认为报刊发言对提高说的能力有着更突出的作用。

三是留学生关于报刊发言对了解新闻、了解中国国情与社会、了解中国文化、了解不同国家同学的看法、培养跨文化交际能力的作用都给予很高的评价（4.0分以上），与表31的调查统计结果基本一致。

四是对报刊发言作用的各项评价中，非汉字圈学生要比汉字圈学生略高，特别是对报刊发言提高听力作用的评价，两者达到差异显著性水平；语言生的评价普遍比学历生高，特别是对报刊发言提高报刊阅读能力作用的评价，两者达到差异显著性水平；男生比女生的评价稍高些，年龄稍大组比年轻组略高些，但各组之间的差异性都未达到显著性水平。

（3）外国留学生对报刊发言次数、难易度的评价

表37　外国留学生对报刊发言次数、难易度的评价

对报刊发言次数、难易度的评价	总评	汉字圈	非汉字圈	AB差异性	学历生	语言生	CD差异性	男生	女生	EF差异性	G 22岁以下	H 23岁以上	GH差异性
对报刊发言次数的评价	2.7	2.6	2.9	.167	2.5	2.8	.319	2.6	2.8	.560	2.7	2.8	.665
对报刊发言难易度的评价	3.2	3.1	3.3	.294	3.3	3.2	.318	3.2	3.2	.896	3.2	3.2	.614

从表37可以看出：

一是留学生认为每个学生一个学期作报刊发言的合适次数是2.7次，这说明目前报刊课教学每次报刊课安排2位同学作报刊发言、一个学期每个学生轮流平均作3次报刊发言的教学安排是合理的，基本符合留学生的期待。

二是留学生对报刊发言难易度的评价是3.2分，说明目前报刊课报刊发言的难易度比较合适，很适合留学生，这与表31～表36中非汉字圈留学生对报刊发言的充分肯定是一致的。

三是各组之间略有差异，都未达到显著性水平。

三、小结

从表31～表37的统计结果可以总结出如下观点：

一是留学生对报刊课教学的整体满意度、对报刊课提高汉语水平的作用给予很高的评价。

二是根据对表31～表36中36个调查项的评价数据进行汇总而形成的表38,可以看出,在整体上,非汉字圈学生比汉字圈学生、语言生比学历生、男生比女生、年轻组比年龄稍大组,对报刊课教学的各项评价普遍要高。特别是语言生与学历生、年轻组与年龄稍大组之间各有3项评价达到差异性水平,这在一定程度上体现了语言生比学历生、年轻组比年龄稍大组对报刊课更肯定、对报刊课的学习态度更积极。

表38 根据表31～表36各对比组之间的评价数据汇总

	A 汉字圈	B 非汉字圈	C 学历生	D 语言生	E 男生	F 女生	G 22岁以下	H 23岁以上
比对比组评价高的调查项	8	17	2	32	20	12	20	9
比对比组评价低的调查项	17	8	32	2	12	20	9	20
对比组评价相同的调查项	11	11	2	2	4	4	7	7
对比组之间差异显著的调查项	1	1	3	3	1	1	3	3
调查项合计	36							

三是留学生认为报刊课教学在整体上对提高读写能力的作用大于提高听说能力。

四是留学生除了肯定报刊课教学对提高听说读写能力的作用以外,还对报刊课教学了解新闻、了解中国国情与社会、了解中国文化、了解不同国家同学的看法、培养跨文化交际能力的作用给予很高的评价。

五是留学生对报刊课教学的三个组成部分予以较高评价,其中对报刊发言的评价最高。

六是留学生对报刊发言提高读写和说的能力作用的评价要高于提高听的能力的作用,对报刊发言提高说的能力的作用给予较高的评价。

七是留学生认为目前报刊发言安排的次数（每人一学期3次左右）、报刊发言的难易度正合适。

这些调查结果有助于更好地明确报刊课的教学定位和更好地开设报刊课教学：传统上将报刊课仅仅定位为培养阅读能力是不够的，从学生对报刊课提高读写能力给予很高评价、对报刊课提高听说能力给予较高评价来看，报刊课应注重读写、兼顾听说；传统上将报刊课仅仅定位为语言技能课是有局限的，从学生对报刊课了解新闻、了解中国国情与社会、了解中国文化、了解不同国家同学的看法、培养跨文化交际能力的作用给予很高的评价来看，报刊课在注重语言技能训练的同时，也应注重教学内容的时效性、丰富性与文化内涵等；从学生对报刊发言作用的12个调查项中11项给以4.0分以上的评价来看，还应充分重视报刊发言的作用，增强报刊课对学生的吸引力。

第六章 报刊课"1＋X"模式与教师研究

第一节 "1＋X"：一种有效的对外汉语教学管理模式①

一、当前对外汉语教学界的难题

随着汉语国际推广事业的不断发展壮大，来华学习汉语的留学生人数也在不断增长，不少高校留学生的教学规模在不断扩大，各高校对外汉语教学机构受进人指标等因素的限制，专职教师增长的速度远远赶不上留学生增长的速度。各高校对外汉语教学机构一个解决专职师资数量不足的通常做法就是适量聘用兼职教师。如北京某高校对外汉语教学机构2007年的第一个学期，全院在国内执行教学任务的在岗专职教师只有30多人，而该学期聘请的兼职教师有140多人。"北京语言大学汉语速成学院2005至2006年第一学期的正式在岗教师为70多人，兼职教师却达180人。"②"目前清华对外汉语教学中心有专任教师9人（其中教授1人，副教授2人，讲师5人，助教1人），

---

① 本节内容选自吴成年《"1＋X"：一种有效的对外汉语教学管理模式》，见《语言学与应用语言学研究第三辑》，中国社会科学出版社，2012年，第394—402页。选入时略有修改。

② 付继伟《对外汉语兼职教师培训模式新谈》，《云南师范大学学报（对外汉语教学与研究版）》，2006年第5期。

而常年受聘做兼任教师的40人左右,专兼任教师比为1∶5。"①可见,在不少对外汉语教学单位,兼职教师的人数已远远超过专职教师的人数。如何在教学规模不断扩大、专职教师规模变化不大的同时,确保教学质量的稳定?这是目前对外汉语教学界的一大难题。

目前高校对外汉语教学单位的专职教师普遍存在工作负担重的问题,在承担繁重的汉语教学任务的同时,不少教师还要承担科研、编写教材、培训师资、培养研究生等任务。如何让高校对外汉语教学界专职教师的教学任务减轻些,精力分配更合理些?这是目前对外汉语教学界的第二大难题。

这两大难题之间似乎存在很大的相关性,一般解决第一个难题就难以解决第二个难题,即为了确保整体教学质量,就尽量增加专职教师的教学工作量,而增加了专职教师的教学工作量,专职教师就难以有足够的精力投入到科研等方面。如果解决了第二个难题似乎又影响到第一个难题的解决,即减少专职教师的教学工作量,又影响到整体教学质量的稳定。目前,一些高校的对外汉语教学机构采用教学岗与科研岗分离的模式,如北京语言大学对外汉语研究中心的专职研究人员就不用承担具体教学任务,而该校其他部门从事对外汉语教学的教师的教学任务仍然很重。这样在不少教师身上,教学与科研存在严重脱节的现象,并没有真正解决这种两难问题。

如何在汉语国际推广事业快速发展的大好形势下,较好地解决对外汉语教学界的这两大难题?北京师范大学汉语文化学院作为国家首批对外汉语教学基地之一,在国内探索并推行了"1+X"教学管理模式,较好地解决了这两大难题。

二、"1+X"教学管理模式:从实验到正式实行

"1+X"教学管理模式,是指在一个年级的同一门课程的所有平行班中实行"1位专职教师+X位兼职教师"的教学管

---

① 王小宁《对外汉语的教师组合模式探讨》,《清华大学教育研究》,2000年第2期。

理模式。这种模式先是在北京师范大学汉语文化学院101年级读写、102年级报刊、201年级会话、202年级听力不同年级的四门课程中进行实验,实验的周期为两轮,即两个学期(从2006年3月到2007年1月)。北京师范大学汉语文化学院每学期末前夕都有各班学生对本学期各门课程的教学评估,满分为100分。以下是四门课程进行"1+X"教学管理模式实验前后连续三个学期的教学评估的数据对照表:

表 1①

年级/课程	时间	该年级教学班	该年级该课程平均分	该年级平均分	全院平均分	专兼职教师分布:专职教师数(班级数);兼职教师数(班级数)
101年级读写	Term 1	13	86.7	83.2	80.9	4(8);3(5)
	Term 2	13	87.2	84.6	82.7	1(1);10(12)
	Term 3	15	86.9	85.6	81.9	1(1);10(14)
102年级报刊	Term 1	17	79.5	80.4	80.9	2(4);9(13)
	Term 2	17	77.7	80.9	82.7	1(2);9(15)
	Term 3	18	80.1	81.5	81.9	1(2);13(16)
201年级会话	Term 1	13	78.3	80.1	80.9	1(2);10(11)
	Term 2	13	80.8	80.5	82.7	1(2);10(11)
	Term 3	14	86.7	77.6	81.9	1(2);11(12)
202年级听力	Term 1	9	77.3	83.2	80.9	1(1);6(8)
	Term 2	9	83	83.9	82.7	1(1);5(8)
	Term 3	10	83.6	81.4	81.9	1(1);6(9)

从上表的统计数据可以看出,北京师范大学汉语文化学院不同年级的四门课程所进行的"1+X"教学管理模式实验都取得了成功,实验第二轮的教学评估的统计数据都比实验前要好。

在实验的基础上,北京师范大学汉语文化学院在2007年

---

① 表1中的Term 1指进行"1+X"教学管理模式实验之前的一个学期,即2005年9月—2006年1月;Term 2指进行第一轮"1+X"教学管理模式实验的学期,即2006年3月—2006年6月;Term 3指进行第二轮"1+X"教学管理模式实验的学期,即2006年9月—2007年1月。

3月～6月的这一学期中，进一步在全院班级数、留学生人数最多的三个年级的所有语言课中正式全面推行"1＋X"教学管理模式，专兼职教师分布的具体情况见下表：

表 2①

年级	课程	时间	班级数	专兼职教师分布：专职教师数（班级数）；兼职教师数（班级数）
101年级	读写	Term 1	13	4（8）；3（5）
		Term 2	12	1（1）；11（11）
	会话	Term 1	13	4（4）；9（9）
		Term 2	12	1（1）；8（11）
	听力	Term 1	13	2（3）；7（10）
		Term 2	12	1（1）；9（11）
102年级	读写	Term 1	17	6（7）；9（10）
		Term 2	15	1（1）；11（14）
	会话	Term 1	17	3（4）；13（13）
		Term 2	15	1（2）；9（13）
	听力	Term 1	17	1（2）；11（15）
		Term 2	15	1（1）；9（14）
	报刊	Term 1	17	2（4）；9（13）
		Term 2	15	1（1）；8（14）
201年级	读写	Term 1	13	7（10）；3（3）
		Term 2	12	1（1）；9（11）
	会话	Term 1	13	1（2）；10（11）
		Term 2	12	1（1）；9（11）
	听力	Term 1	13	3（4）；7（9）
		Term 2	12	1（2）；7（10）
	报刊	Term 1	13	2（3）；6（9）
		Term 2	12	1（1）；6（11）

① 表 2 中的 Term 1 指进行"1＋X"教学管理模式实验之前的一个学期，即 2005 年 9 月—2006 年 1 月；Term 2 指开始正式推行"1＋X"教学管理模式的学期，即 2007 年 3 月—6 月。

根据表 2 的数据，这四个年级共 11 门课程在实行"1＋X"教学管理模式前后的相关数据对比情况统计如下：

表 3①

时间	专职教师数（班级数）；兼职教师数（班级数）	专兼职教师人数比	专兼职教师班级数比
Term 1	35（51）；87（108）	1（35）：2.5（87）	1（51）：2.1（108）
Term 2	11（13）；96（131）	1（11）：8.7（96）	1（13）：10.1（131）

从表 3 的数据统计就可以看出，在教学整体规模变化不大的情形下，实行"1＋X"教学管理模式后的三个年级 11 门课程投入的专职教师人数不到实行"1＋X"教学管理模式前的 1/3。专职教师所承担的班级课程数只有之前的 1/4 左右。

三、"1＋X"教学管理模式的作用

一是"1＋X"教学管理模式可以较好地破解当前对外汉语教学界的两大难题，在确保教学质量稳定的同时，大量节省了专职教师直接投入到教学中的精力，该模式推行的范围越广，节省的人力将越多。从上文表 1 可以看出，实行"1＋X"教学管理模式，可以确保教学质量的稳定；从表 2、表 3 可以看出，实行"1＋X"教学管理模式，可以大量节省专职教师投入到教学的人力。全国对外汉语教学界，特别是教学规模较大的单位，若推行这一教学管理模式，就可以很好地解决专职教师规模变化不大、留学生规模不断扩大、确保教学质量稳定的难题；还可以在确保教学质量稳定的同时，腾出大量的人力从事科研、教材编写、师资培训、海外教学等工作，为国家汉语国际推广事业的全面发展提供重要的人力支持和制度保障。

二是"1＋X"教学管理模式对对外汉语专职教师提出全新的挑战，为对外汉语专职教师的教学、科研、管理等多方面能力的锻炼与发展提供了重要的契机。在实行该模式中，专职教

---

① 表 3 中的 Term 1、Term 2 与表 2 相同。

师应起教学示范的作用，负责解答兼职教师所提出的各种教学问题，并针对兼职教师教学中出现的问题提出具体的改进意见。实行"1+X"教学管理模式，对外汉语教学机构对兼职教师的日常管理就可以通过专职教师来实现，就可以较好地做到教学管理的规范化，将全年级同一门课程共同的要求较好地贯彻下去。

三是"1+X"教学管理模式探索了一种培养、管理兼职教师的新模式，可以充分发挥专职教师与兼职教师的集体智慧。目前对外汉语教学界对专职教师的培训探讨较多，对兼职教师的培训探讨较少。如吕必松先生将培训分为岗前的短期培训等五种形式[①]，邓恩明提出要根据对外汉语教师的知识结构与能力结构的要求设置相应的培训课程[②]，刘珣提出了教师培训的六大目标[③]，卞觉非指出21世纪的对外汉语教师应具有自觉的时代意识[④]，刘晓雨主张教师培训应注重教学理论、教学实习和研究方法[⑤]，张德鑫强调对外汉语教师要练好基本功[⑥]，周健提出对外汉语教师应培养双语、双文化的意识[⑦]，陆俭明指出对外汉语教师要树立应有的职业意识[⑧]，李泉指出对外汉语教师应具有11种课堂教学意识[⑨]，张和生强调应注重教师知识与能力之间关系的研究等[⑩]。

---

① 吕必松《对外汉语教学探索》，北京语言学院出版社，1987年，第69页。
② 邓恩明《谈教师培训的课程设置》，见《第三届国际汉语教学讨论会论文选》，北京语言学院出版社，1991年，第438—444页。
③ 刘珣《关于汉语教师培训的几个问题》，《世界汉语教学》，1996年第2期。
④ 卞觉非《21世纪：时代对对外汉语老师的素质提出更高的要求》，《语言文字应用》，1997年增刊。
⑤ 刘晓雨《对对外汉语教师业务培训的思考》，《北京大学学报（哲社版）》，1999年第4期。
⑥ 张德鑫《功夫在诗外——谈谈对外汉语教师的"外功"》，《海外华文教育》，2001年第1期。
⑦ 周健《论汉语教学中的文化教学及教师的双文化意识》，《语言与翻译》，2004年第1期。
⑧ 陆俭明《汉语教员应有的意识》，《世界汉语教学》，2005年第1期。
⑨ 李泉《对外汉语教学理论思考》，教育科学出版社，2005年，第87—95页。
⑩ 张和生《对外汉语教师素质与培训研究的回顾与展望》，《北京师范大学学报（社科版）》，2006年第3期。

这些对专职教师培训的探讨很有针对性和实用价值，对兼职教师的培训也有很重要的借鉴意义。在对兼职教师培训的研究中，有的对岗前培训提出不少好的具体做法，如"针对兼职教师的来源、特点以及他们所承担的教学任务，根据教师在课堂教学中所充当的角色，我们提出'演练——评价'这样一种兼职教师培训的模式"[①]，"每种教学技能的培训又分为五个步骤，即技能学习、技能观摩、技能评鉴、技能操练、技能改进，我们把这个培训模式简单地称之为'五步式'培训模式"[②]。对于兼职教师在具体教学过程中的管理，一般采取由有经验的专职教师定期不定期听课的方式[③]，但往往只能听部分兼职教师的课，无法覆盖所有的兼职教师，更是难以覆盖到所有兼职教师的不同教学阶段。实行"1+X"教学管理模式，专职教师由于直接投入到课堂教学的工作量大大减少，就有足够的精力用于教学监督管理，对所负责的所有兼职教师都能进行听课监督，并能定期与兼职教师进行探讨，执教同一门课程的所有专兼职教师彼此可以交流、借鉴不同的教学方法、教学技巧，互相取长补短，及时发现并改进教学中存在的问题。由于专职教师与所负责的兼职教师教的是同一课程，教学进度一致，专职教师对兼职教师的培训与教学指导就更具有针对性。

四是"1+X"教学管理模式可以很好地控制和降低教育成本，并为在读的研究生提供大量的勤工助学的机会和为毕业生、社会工作人员创造大量的就业岗位。

"1+X"教学管理模式非常适合当前对外汉语教学界的迫切需求，其影响与作用是多方面的。

---

① 付继伟《对外汉语兼职教师培训模式新谈》，《云南师范大学学报（对外汉语教学与研究版）》，2006年第5期。

② 董莘《关于对外汉语教师培训模式的思考与探索》，《沈阳师范大学学报（社会科学版）》，2006年第3期。

③ 鲁俐《关于完善对外汉语教学兼聘制教师管理机制的几点思考》，《清华大学教育研究》，2000年第2期。

四、"1＋X"教学管理模式的具体过程与要求

"1＋X"教学管理模式的具体过程主要由三个阶段组成：

第一阶段：学期正式开始前的准备工作。工作内容主要包括：作为年级课程负责人的专职教师的确定；兼职教师的选拔、确定和岗前培训；排课；教学单位的工作要求与规章制度的发放；课程教学计划的制订；教案的准备等。

这一阶段工作的具体要求如下：

一是作为年级课程负责人的专职教师的确定很重要，专职教师应对所负责的课程的特点要求、教学管理模式的整个流程、单位的工作要求与规章制度都很熟悉，并有热情和认真负责的精神。专职教师制订学期课程教学计划，负责向兼职教师传达工作要求等。专职教师的能力与责任心直接影响着"1＋X"教学管理模式的实施效果。

二是在兼职教师的选拔上，应考虑到普通话水平、专业背景、年龄、教学经验、责任心等因素，优先考虑普通话水平好的、对外汉语专业、现代汉语专业、教育等专业背景的、有一定教学经验（特别是对外汉语教学经验）的、责任心强、有热情的教师。

三是加强对兼职教师的岗前培训。岗前培训可分成三步：第一步对兼职教师进行读写、会话、听力、报刊四种课型的整体性培训，让每一位兼职教师对对外汉语四大课型有一宏观、整体的认识；第二步，分课型进行有针对性的培训，要组织兼职教师观看所要教的年级课程示范课完整的一课录像，并鼓励观看其他课程的录像，让兼职教师尽快熟悉所要教的课程；第三步，组织兼职教师进行试讲，在备好课的基础上，让每一位兼职教师轮流试讲，专职教师和其他兼职教师现场进行点评，争取让每一位兼职教师能在第一次课上给学生留下较好的印象。

四是在排课上，"1＋X"教学管理模式中专职教师的上课时间与兼职教师的上课时间应错开，这样便于专职教师和兼职教师互相听课，专职教师可以随时抽查监控兼职教师的教学。在排课上，最好能考虑在某一时间段上（一般在周一、周二较好）安排

集体备课的时间、地点，确保学期正式开始后专职教师和所有相关的兼职教师都能参加集体备课。

第二阶段：学期正式开始后的各项日常工作。主要包括：集体备课、听课、课堂教学、考试、教学评估等。具体要求如下：

一是在集体备课上，要求每个教学周在固定的时间与地点，"1+X"教学管理模式中的专兼职教师都要参加集体备课会。集体备课最大的优点就是为教师备课提供了一个合作交流的平台，这个合作交流的平台可以使每位教师充分发挥自己的主观能动性，从而促进对外汉语教师的集体成长[①]。在每次集体备课会上，要求每位教师轮流简介本班上一周的教学情况，学生出勤的情况，教学心得与教学中存在的问题等，并就相关问题集中进行讨论；专职教师简要介绍上一周在听兼职教师课中发现的问题；重点讨论事先由某一位兼职教师主备、其他兼职教师辅助准备的教案，意见统一后确定为一课的公共教案，会后再印发给各位任课教师。这种集体备课的方式，使同一课程的任课教师之间及时进行沟通交流，产生规范、质量较高的公共教案。

二是在听课上，要求作为课程负责人的专职教师对所负责的所有兼职教师进行若干次听课，听课时间可分散在学期的不同阶段，每次听课的时间不限，将听课中发现的问题及时反映给任课教师，并提出相应的改进意见。兼职教师必须在学期初完整地听完专职教师讲解的一课，然后对同一年级的其他由专职教师所教的语言课程每门要听2节左右。这样，在听课中，让兼职教师明确所教的课程与同一年级其他课程之间的关系以及异同点。同时，鼓励兼职教师之间互相听课，以及多听本单位其他优秀的专兼职教师的课。

三是在课堂教学上，要求任课教师在公共教案的基础上结合本班教学的实际情况开展个性化的教学、创造性的教学，坚决反对照本宣科、照着公共教案讲，要求每位兼职教师在每次课堂教

---

① 刘智伟《试论汉语作为第二语言教学集体备课方式》，《语言文字应用》，2006年增刊2。

学后写课后小结、自我分析教学心得与所存在的问题，并注明对公共教案进行个性化处理和改动的地方，这些在集体备课会上将要进行介绍。

四是在考试上，期中与期末考试的题型在集体备课时讨论确定后，由专职教师独立命题，对其他教师在考试前严格保密，防止漏题现象的出现。

五是在教学评估上，可以分两次进行。第一次评估在期中考试前夕，让学生匿名对教师的教学进行评估，评估表可以与期末评估不一样，这样教师可以在学期的中间阶段了解学生的意见，更好地改进教学。第二次评估在学期结束前夕，让学生匿名对教师的教学进行评估，此次评估表的成绩与教学奖励、下学期对兼职教师是否续聘直接挂钩。

第三阶段：学期结束后的后续工作。主要包括：进行学期教学总结。要求所有的兼职教师对本学期的教学情况进行总结，专职教师在各位兼职教师总结的基础上，对所负责的全年级同一课程的教学情况进行总结，为下一轮实行"1＋X"教学管理模式提供经验参考。

五、结语

在当前汉语国际推广的新形势下，对外汉语的教学管理模式也应发生新的变化，这样才能应对新形势发展的挑战。如果将目前数量与规模相对不足的专职教师队伍比喻成对外汉语教学的塔尖的话，那么数量与规模庞大的兼职教师队伍无疑是对外汉语教学的塔基，"1＋X"教学管理模式充分调动了处于塔尖的专职教师的示范与管理作用，使处于塔基的兼职教师迅速融入到对外汉语教学中来、适应对外汉语教学发展的行业要求，这样专兼职教师优势互补，共同推动汉语国际推广事业的发展。

"1＋X"教学管理模式容易做到教学规范化，在教学中一些兼职教师比较忽略教学个性化，存在照本宣科地使用公共教案等问题。所以，专职教师应提醒并督促兼职教师一定要根据本班的教学实际情况来灵活、个性化地使用公共教案，力求实现教学规范化与个性化的协调统一。另外，到目前为止，"1＋X"教学管理模式在北京师范大学汉语文化学院的实验和正式实行只涉及到101～202年级，对于零起点的100年级、301以上的高年级是否适用该模式，还有待探讨。

总之，对外汉语教学的稳定发展离不开对教学管理模式的探讨与创新，好的教学管理模式可以创造更大的绩效，取得事半功倍的作用。当然，没有包办一切、适用一切的教学管理模式，对于这种独特的"1+X"教学管理模式，我们在具体的教学实践中要进一步丰富发展完善，同时我们还应在实践中探寻切合实际需要的其他的新的教学管理模式。

第二节　报刊课"1+X"模式实验总结

一、102报刊课"1+X"模式实验基本情况简介①

"1位专职教师+X位兼职教师"的教学管理模式（以下简称"1+X"模式）已在102报刊课中试用了两轮，大致情况如下：

102年级第一学期共有17个教学班，任课教师中有专职教师（兼课程负责人）1名、兼职教师和学院研究生9名，共10名教师。我们按照课题组的要求，完成既定的工作任务，如：课程负责人听课量达到30节；组织兼职教师前两周集中听课程负责人的课或其他老师的课；每周集体备课一次（共14次）；对一些教师的课堂教学进行录音录像等。各位兼职教师积极配合，完成实验要求的各项既定任务。

102年级第二学期共有18个教学班，任课教师中有专职教师（兼课程负责人）1名、兼职教师和学院研究生13名，共14名教师。我们按照课题组的要求，基本完成实验要求的各项既定任务。

---

① 该报告完成于2007年1月19日。报告中的102年级指北京师范大学汉语文化学院零起点汉语学习者的第三个学期；102年级实行"1+X"教学管理模式，连续进行两轮实验，从2006年3月到2007年1月。

表 4　教学评估的数据

时间	全年级教学班	全年级报刊平均分	全年级平均分	全院平均分	备注
2006.3—2006.6	17	77.7	80.9	82.7	1位专职教师2个班，3位兼职教师上过报刊课，其余6位兼职教师第一次上对外汉语的课。
2006.9—2007.1	18	80.1	81.5	81.9	1位专职教师1个班，3位兼职教师上过报刊课，其余10位兼职教师第一次上对外汉语的课。

第二学期的报刊课实验与第一学期相比，依据评估数据来分析，有两点变化：

一是全年级班级学生对报刊课教师评估平均分的最低值在提高，第一学期平均分最低的两个班分别是35、58，第二学期平均分最低的两个班分别是61.7、65。

二是全年级班级平均分在提高，第二学期比第一学期有所提高，与全年级的平均分的差距进一步缩小。

下面就两轮教学实践进行总结，指出可取之处与需要改进的地方，为将来的教学实践提供参考。

二、102报刊课"1＋X"模式实验的可取之处

1. "1位专职教师＋X位兼职教师"的管理模式（以下简称"1＋X"模式）可以在整体上节省专职教师直接投入到教学中的精力，推广的范围越广，节省的人力将越多。这为较好地解决全国对外汉语教学界的老大难问题（专职教师教学任务过重，科研投入明显不足）迈出了关键性的一步。今后学院将在稳定教学质量的前提下，可以腾出大量的人力从事科研与教材编写，为学院科研实力的提升创造宝贵的机遇，全院教师将从该模式中获益。

2. "1＋X"模式可以充分发挥专职教师与兼职教师的集体智慧，特别是对教学经验缺乏的兼职教师能起到很大的推动作用。

3. "1+X"模式不断深化着对课型特点的认识。

4. 集体备课中,由于每一位教师所思考的问题、角度不同,在共同探讨的过程中,集体备课的深度广度远超过一个人的备课。

5. 集体备课或互相听课的过程中,彼此可以交流、借鉴不同的教学方法、教学技巧,以丰富课堂教学。

6. "1+X"模式可以最大限度地确保教学管理的规范化,将全年级同一门课共同的要求较好地贯彻下去。

7. "1+X"模式要求专职教师对兼职教师教学的督导作用更大、督导责任更明确。

8. "1+X"模式促使每一位兼职教师更认真地备课、上课、听课,更熟悉本班学生的情况,更了解学院的相关规定。

9. 重视学生的反馈意见。本学期期中考试后,对评估规则进行修订,让学生打分,对全年级报刊课进行评估,一些班级及时发现问题并及时加以改进。

10. 重视增强教学的吸引力,在突出课型特点的基础上,鼓励大胆的创新与实验,探寻灵活有效的教学方法与技巧。如重视教学导入、游戏竞争法、分组互相提问、分组讨论等。

11. 强调教师用语应简明易懂,应充分考虑学生的语言水平。

12. 重视对学生报刊阅读能力的强化训练,如每周读 1 篇课外文章,当堂进行 3 篇限时阅读等。经过一个学期的强化,学生的阅读能力有明显的提高,即使是英国伦敦班的学生,阅读水平也有明显的进步。

13. 突出学生阅读能力的同时,注重与听、说、写能力的结合。

三、102 报刊课 "1+X" 模式实验需改进的方面

1. 在排课上,"1+X"模式中专职教师的上课时间与兼职教师的上课时间应错开,这样便于专职教师和兼职教师互相听课,专职教师可以随时抽查监控兼职教师的教学。第二轮实验中,课程负责人的课与两位兼职教师的课在同一时间段,彼此无法听课。

2. 在排课上,早上 8 点的课出勤率最低,如果一个教师的一周两次课都排在 8 点,整个班级的出勤很受影响。如果能一次安排 8 点,另一次安排其他时间段,可能更好。

3. 在排课上,最好能考虑在某一时间段上(一般在周一、周二较好)安排集体备课的时间及地点。第二轮教学实验中,有 3 位老师无法做到正常参加集体备课,在一定程度上影响"1+X"模式作用的发挥。

4. 在兼职教师的选拔上,最好能考虑到普通话水平、专业背景、年龄、教学经验、责任心等因素,优先考虑普通话水平好的,对外汉语专业、现代汉语专业或教育专业背景的,有一定教学经验(特别是对外汉语教学经验),相对年轻些,且责任心强、热情高的教师。

5. 加强对兼职教师的岗前培训。在正式上课前,要组织兼职教师观看报刊课程完整一课的录像,鼓励观看其他课型的录像,让兼职教师尽快熟悉报刊课。在备好课的基础上,让每一位兼职教师进行试讲,专职教师和其他兼职教师现场进行点评,争取让每一位教师能在第一次课上给学生留下较好的印象。

6. 课程负责人对兼职教师的听课应集中在前 3 周。

7. 组织兼职教师必须完整地听完专职教师的一课教学,然后对同一年级的其他三门课型每门要听 2 节左右。

8. 学院可多购置一些工具书,供兼职教师教学参考。如汉语水平词汇等级大纲,商务印书馆的《学汉语辞典》(鲁健骥、吕文华主编)等。

9. 在期中考试前夕,让学生对教师的教学进行评估,评估表可以与期末评估不同,这样教师可以在学期的中间阶段了解学生的意见,更好地改进教学。

10. 在对整个学期的评估中,不具有参加某门课期末考试资格的学生不应参与对这门课的评估,因为这些学生很难对严格执行学院规定的教师进行客观公正地评估。

11. 102 报刊课是学生第一次学习,在同年级的四门课中难度最大,教师在前两周设法让学生适应难度,报刊发言的任务可以先让水平较好的学生来完成。

12. 整个教学的安排应体现出坡度。期中考试后，学生普遍有些松散，对前一阶段的教学已适应，这时教师在教学方法、教学内容上应作出适当调整。

13. 对学生的管理要加强，如果一个学生在预习、出勤和作业方面能做得比较好且对这门课有兴趣，那么他就能学好这门课。

14. 集体备课应调动每一位教师的积极性。首先，每位教师应根据教参进行备课，重点对教学导语、语言点讲解和例释、教学方法与教学技巧进行准备。然后，每一课负责主备课的教师将大家的备课意见收集起来进行整理，将整理后的教案在集体备课时发给大家，进行集体讨论。再次，每位教师再将集体讨论后的共同教案结合本班的具体情况进行个性化准备，在上课时进行个性化运用。

15. "1+X"模式容易做到教学规范化，但在实验中一些兼职教师忽略教学个性化，照搬集体教案，存在照本宣科的不足。所以，应提醒兼职教师一定要根据本班的教学实际情况来灵活、个性化地使用教参和集体讨论的教案。

16. 教师对教学一直保持高度的热情和责任心很重要。如第二轮实验中的两位教师进步很大与此很有关系。

17. 102是全院班级最多的年级，兼职教师中最好能有一部分有报刊课教学经验，如果新教师较多，最好一些老教师能同时带2～3个平行班，减少兼职教师的数量，这样便于管理，在一定程度上节约教学成本。

四、报刊课型特点的再认识

1. 从课型的定位来看，是精读与泛读的结合。如对主课文采用精读的方法，对课外读报、练习中的快速阅读采用泛读的方式。

2. 从能力训练上看，注重报刊阅读能力的培养，兼顾听说写能力的训练。

3. 从教学任务安排来看，每次课的报刊文章述评（即轮流将课外所读的报刊文章内容在课堂上做报告）、每一课书练习八的快速阅读都注重阅读能力的训练。这些任务是报刊课独有的。在对课文内容的讲解、语言点的讲练中注重对报刊语言形式的掌握和阅读能力的训练。

4. 从教学时间安排来看，一课教材的主要教学时间安排如下：报刊文章述评（20～30 分钟）→ 课文讲解（60～70 分钟）→ 报刊文章述评（20～30 分钟）[→ 课文讲解（讲上节课所剩的课文部分）]→ 练习讲解（60～70 分钟）。具体教学内容与时间安排如下图：

[报刊文章述评]	[课 文 讲 解]	[报刊文章述评]	{ 讲解练习二～八 }	
			[练习二～七]	[当堂做练习八]
20～30 分钟	60～70 分钟	20～30 分钟	60～70 分钟	
第一节课	第二节课	第三节课	第四节课	

属于报刊课独有任务的安排占了将近一半的时间，属于报刊课与其他课型有交叉部分的任务安排占了一半左右的时间。

5. 目前对报刊课文的讲解主要包括五个方面：（1）提问；（2）语言点讲解；（3）词语解释；（4）文化因素讲解；（5）话题讨论。这五个方面与别的课型有交叉、重叠的地方，但出发点与归宿都与其他课型有所不同，那就是为学生掌握报刊语言形式与提高报刊阅读能力服务。当任课教师对报刊课课型有明确的认识并能在教学中得到体现时，报刊课才会教得与其他课型有所不同，形成自己的特色。

第三节 报刊课教师的教学反思与总结

一、教师 A 的报刊课教学反思与小结

1. 教师 A 的背景

该教师为教育专业在读研究生，第一次上 102 年级的报刊课，缺乏对外汉语教学经验与报刊课教学经验。

2. 教师 A 的报刊课教学总结

今年下半年①,我上了102的报刊课。这是我第一次以正式老师的身份走上讲台,所以我经历了一个从学生变成老师的转换过程,同时也经历了一个从最初的非常紧张到不那么紧张、从不自信到比较自信的渐变过程。第一次当老师是一种很奇妙的体验,一种很奇妙的心理过程。同时,在不断的教与学、听课与集体备课的过程当中,我的收获非常多,当然我也意识到自己还有很多没有做到的地方和需要克服的缺点。现在,对我来说最重要的就是扬长而又不避短:从成功之处中分析成功的原因,以便在以后的教学中能够理性地更好地运用曾经的成功因素;从失败中分析失败的原因,以便在以后的教学中能够吸取教训,改正缺点。

我自认为自己做得比较好的主要有以下三点:

1)态度比较认真。我深知要想受学生欢迎首先要上好课,所以每一次课我都坚持不备课不上讲台的原则。在备课的时候我充分利用了我所有的工具书,同时也会就自己不太清楚的问题和方法和同宿舍同专业的同学一起讨论。在讲课中遇到的问题我大部分能够及时在集体备课中提出,通过和吴老师以及其他老师的讨论,找到一个比较满意的答案或思路。每一次学生问的问题和交的作业我都会认真地批改,凡是他们作业中我修改过的我都力求给他们一个修改的原因。

2)关心学生,尽量与所有学生沟通。没有教不好的学生,我认为如果有学生上课不认真或者不来上课,那么一定不是他的错,而是我上课有问题或者说没有足够的吸引力。一个学期下来,和学生相处融洽,彼此关心和尊重,所以上课的时候气氛很好,尤其在讨论或者辩论的时候非常热烈。

3)我尽量努力去实现我认为的教育的真正目的,即向学生传播一种生命力与希望。所以不管我发生了什么事情,我总是试图以最有激情、最快乐、最积极的方式站在讲台上。

我做得不好的地方或者说存在的问题很多,主要有以下几点:

1)尽管我态度比较认真,但是我应该还能做到更认真一些,应该再多听一些有经验的老师的课,更好地吸收他们的优点并落到实处。同

---

① 指2006年9月到2007年1月,在北京师范大学汉语文化学院教102年级报刊课。

时，对一些具体的语言点，我应该多看一些针对对外汉语教学本体研究的文章。

2）虽然我很注意不断改善自己的教学方法，但还是没有把握得很好。报刊课的课型特点当然是以培养学生的阅读能力为主要目的，但有时候我没有掌握好：第一，到底应该怎么教阅读课上的语言点，怎样才能让这些语言点来为提高阅读能力这个目的服务，或者在讲解语言点的时候，如果是口语的内容，我应该简单举出场景，如果是书面的内容，那么就应该有意识地增加符合学生难度且学生可接受的社会文化方面的内容；第二，文化教学意识不强，在以后的教学中也许我可以尝试用第一点指出的方法来向学生展示一些有意思又比较重要的中国社会文化的内容。

3）没有发挥好作为一个教师的主导作用。北京师范大学汉语文化学院专业老师多次强调这一点，我也觉得这一点非常重要。确实，如果学生们都不预习或者不做作业，那么不是学生的错，而在于老师的主导作用没有发挥出来，但是这点我没有做好。报刊课的学生非常自觉努力，所以他们都交作业，但是我自己并没有严格要求学生并督促他们写作业。我想这和我还没有完成角色的转换有很大的关系，在我做学生的时候，我认为老师不应该太限制学生的自由，应该相信学生的自觉性，所以在自己成为老师之后，我不想每一次都检查学生的预习和督促他们写作业。但是对语言课来说，预习是很重要的，上次另一位老师来我校做报告的时候就说他也是每次都要求学生预习，不预习的学生不能上课。

4）教态方面：我上课的姿态有时候有些偏随便，有时候又有些偏拘束，看起来不太稳重，我想主要还是因为我不太从容和自信，还需要锻炼。

总之，教育实践充分锻炼和培养了我的教学组织能力，也增长和丰富了我的知识。真心感谢各位老师给予我的指导与帮助，我希望我能够在新的学期中好好利用这个学期所获得的经验，克服缺点和存在的问题，以取得更好的成绩。

3. 对教师 A 的点评

该教师是典型的新手型教师，此前从未教过对外汉语。在教学初期，课堂组织管理能力、报刊语言点讲解等方面明显不足，后来在课程负责人的指导下、在认真听课的基础上不断改进自己的缺点,教学能力提高很快。为了活跃课堂教学气氛,该教师还灵活地教唱学生一些简单易学的中文歌曲如《卖报歌》等,另外,他还积极组织一些课堂游戏活动,如在回答问题环节增加分组抢答积分的活动,让平时中规中矩学习报刊课的成人学生体会到比赛的乐趣。这些都体现出该教师聪明、灵活,具有较好的教学能力可塑性。如果在该教师正式上课之前,进行有针对性的培训、试讲,再指出其试讲中的错误,该教师进步会更大。

二、教师B的报刊课教学反思与小结

1. 教师B的背景

教师B是北京师范大学汉语文化学院语言学及应用语言学专业硕士研究生,经过良好的专业理论训练,2006年秋季学期在汉语文化学院开始教学实习,第一次承担报刊课教学。该学期结束时,其按要求完成了报刊课教学总结。

2. 教师B的报刊课教学总结

本人2006年下学期在汉语文化学院进行对外汉语教学工作实习,在学院的安排下,承担102年级组的报刊课教学,现将一学期来的工作总结如下:

1) 所教班级情况。这学期我担任的是102年级09班的报刊课老师。该班共有学生13人。其中韩国学生6名,希腊学生1名,德国学生2名,英国学生1名,美国学生2名,乌克兰学生1名。大部分学生来自欧美,而欧美学生的读写能力没有韩国学生的读写能力好,这种情况在09班表现得很明显,因此造成了班上学生阅读能力严重的参差不齐。

2) 课型任务。报刊课的主要任务是培养学生的阅读能力,特别是阅读中文报刊杂志的能力。因102的学生汉语水平只是初级,所以阅读报刊杂志对他们来说有比较大的难度。特别是刚开始学习时,学生的反应都是"难"。这种情况在期中考试过后有所改善,但对大部分学生来说,报刊课一直是所有课中最难的。学生的这种认识为教学工作带来了难度,也无形中对任课老师提出了更高的要求。

3) 备课。本学期我一直参加年级组的集体备课,获益良多。

4) 教学。虽然我有过教学经验,而且在实习之前也学习了有关的知识,但这毕竟是我第一次走上对外汉语教学的讲台,对教学方法的选择采用都不成熟,这也影响到了实际的教学工作,好在我只是实习,可以请教很多老师同学,特别是我们的年级组负责人给了我很大的帮助。刚开始教学时,我只是机械地按照教参的程序进行,但在一段时间后,我对课型特点任务有了一定的了解,开始注意课堂教学其他方面的重要性,如课堂气氛、具体教学方法的采用等,争取尽自己最大的努力取得好的教学效果。到了期末,在注重教学内容的基础上,课堂教学形式也有了较大的改变,由开学之初的单一机械讲解转变到了学期末的多种形式并用。

5) 理论知识的学习。"教学相长",因承担了报刊课的教学工作,我开始注意阅读有关书籍,希望能有更多理论知识的指导。这学期我看过的和教学工作有关的书籍有:《Teaching and Researching》(William Grabe and Fredricka L. Stoller 著),《外语教学与心理学》(陈贤纯著),《阅读课上的词汇教学》(刘颂浩,1999)等。

5) 反思。自期中后,对于教学,我没有刚开始时积极,这应当在以后的教学工作中改正。

6) 问题。我们的课是否可以不要上得像精读课那样有语言点的讲解和操练?另外,是否还可以教给学生各种快速阅读的方法并进行一些短时记忆的训练等等?

7) 其他工作。本学期我还担任集体备课的记录工作。

3. 对教师 B 的点评

教师 B 有着语言学与应用语言学专业硕士研究生良好的专业素养与教学反思意识,比较快地克服了教学初期的"青涩"与不适应,善于针对自身的教学问题找到相应的对策。该教师善于从其他老师身上学习借鉴好的方法,并注意相关专业理论知识的学习与应用,教学能力提高得很快。该教师存在的主要问题是:对外汉语教学经验的不足和对报刊课型特点缺乏明确的认识。因此,对刚开始承担报刊课教学任务的新手型教师,进行岗前有针对性的培训与试讲是必须进行的。

三、教师 C 的报刊课教学反思与小结

1. 教师 C 的背景

教师 C 在海外取得了教育硕士学位,曾在海外教过汉语,回

国后在 2006 年 2 月～6 月承担北京师范大学汉语文化学院报刊课教学，是第一次教报刊课。在学期结束时，其按要求提交了报刊课教学工作小结。

2. 教师 C 的报刊课教学总结

《读报纸，学中文——中级汉语报刊阅读》这一教科书的构思及编排都有别于传统的报刊教材。前者对来华留学的外国学生更为适用。

教材中每一课的读报小知识其实可以说是阅读报刊的小窍门或者阅读报刊的金钥匙，我认为这一部分应在课上让学生阅读并消化，因为并不是每一个学生课后都认真地预习或复习，如此重要的一部分很容易被"懒"学生忽视。

每课的练习 2～7 对该课所讲知识起到了全面复习的作用；练习 1 不仅仅让学生自己寻找报刊、阅读报刊、分析文章内容，同时也让学生练习了写作，并且为学生提供了用中文相互交流的机会；在我看来，练习 8 是该教材最为成功之所在，通过一学期的教学，我发现学生的阅读能力有明显的提高，以前惧怕阅报的同学也对报刊产生了兴趣。

与教材配套的"教师参考用书"对初次用此教材的教师来说是最为得力的助手，课堂的安排、语言点的讲解等等都标注得十分清楚，减轻了教师课下备课的负担。

每周的集体备课是一件很有价值的事情，虽然给很多教师带来了不便，但收获是无法估量的。首先，教师一周遇到的问题、在备课过程中碰到的疑难都可通过交流得到解决；其次，自己没有发现的问题在集体备课时却能够通过其他教师去发现并获得答案。

该教材的优点有很多，想必其他老师也提到了，这里就不再详叙。

万事万物无十全十美的，我认为除了大家最后一次集体备课时所提到的那些问题以外，还有一点，那就是每位老师都有自己的教学方法和教学经验，每个班级都有自己具体的情况，不能都用同一种教学方法去教授不同班级、不同国别的学生。

这仅为我个人的观点，若有不妥之处，请指正。

3. 对教师 C 的点评

该教师有着良好的海外留学背景和跨文化交际能力，课堂教学活动组织得生动活泼，但由于是非中文专业、对中文专业知识的欠缺，以及在教学过程中忽略了班级的个性化差异与学生的具体需求，学生对该教师的评估不太高，意见比较多。正如该教师自我总结所意识到的，"1＋X"教学模式提供了一个共同的大模式，但具体班级教学应在"1＋X"公共模式的基础上进行个性化、灵活化教学，这样才能满足具体教学班级多样化的需求。

四、教师 D 的报刊课教学反思与小结

1. 教师 D 的背景

教师 D 是北京师范大学汉语文化学院语言学及应用语言学专业硕士研究生，经过良好的专业理论训练，2006 年秋季学期在汉语文化学院承担报刊课教学，这是其第三次承担报刊课教学。该学期结束时，其按要求完成了报刊课教学总结。

2. 教师 D 的报刊课教学总结

这学期参加这个实验课程，感受良多，现将体会简单介绍如下。

主要的收获：

1）对于报刊课的性质、教学目标、课程设置，我有了更深刻地了解，按照规定的步骤进行课堂教学，逐步掌握了报刊课的节奏，从学期开始到结束对课堂的驾驭愈来愈成熟，我切身体会到上课时的轻松和驾轻就熟的感觉，这对我来说是非常可贵的体验。

2）每周一次的集体备课，是一次宝贵的交流机会，各位老师讲自己的教学情况并作出总结，大家一起讨论，取人之长，补己之短。我在这学期十几次的备课过程中，认识到了自己的不足，从其他教师身上学到了很多经验，这对我加强与学生的互动、活跃课堂气氛、改善教学质量等方面都很有帮助。比起上学期，我明显觉得自己逐渐成熟了。

3）这一学期有经验的教师听了我的课，并提出了宝贵意见，让我注意到了自己所没有注意的问题，比如上课时的板书、说话方式、课堂教学的具体安排等等，我也有意识地进行了改进，在细节方面进行了修正，我很感谢老师的指导和帮助。

主要的建议：

1）每次讨论教案的时候最好设计成几个单元，在每个单元里讨论固定的内容。虽然这学期基本上也是这样，但是有时候显得很乱，我做记录的时候有这个感觉，总是不知该记到什么地方。教师即兴想到的问题可以统一到最后解决。教案讨论的时候最好更系统、更充分，做好细

节部分。

2）考试的内容最好更丰富一些，前面书上的内容是不是可以更少一些？比如可以找些没见过的材料让他们进行内容概括，五个题中可以有1～2题是没见过的。

3）平时可以举行一些小测试，比如一个月一次，既让学生复习，也可以督促他们学习，并且把考试成绩算入总成绩。期中期末不要占那么大的比例，关键看平时的积累和表现。

4）在学期末时，学生的水平已经有所提高，所以可以给他们补充一些他们感兴趣的、难度适中的材料，组织一次讨论课。讨论课的内容可以丰富一些，形式也可以多变。我觉得学生在后期的时候，对于报刊课的形式有些厌倦，所以期中考试以后最好有所改变，给他们一些刺激和压力，使他们一直处在一种紧张的状态。

5）我觉得报刊课应该让学生用汉语表达自己的意见，他们在其他课上很难能够说自己想说的话，所以这是我们报刊课的一个优势，如果能利用这个优势来吸引学生的话是最好的了。除了报刊发言，最好有别的形式可以让他们继续说话。

3. 对教师D的点评

该教师有着语言学及应用语言学的专业背景和两轮报刊课的教学实践经验，在新手型教师中教学效果比较突出。该教师有着良好的专业功底和一定的报刊课教学经验，课堂反应机敏，善于应对学生语言方面、中国国情方面的提问。但有时存在语速偏快、教学比较随意等问题，需要适当调整。

五、教师E的报刊课教学反思与小结

1. 教师E的背景

教师E是北京师范大学文学院现代汉语专业硕士研究生，在2006年春季学期承担北京师范大学汉语文化学院两个班的报刊课程，也是其第一次教报刊课。

2. 教师E的报刊课教学总结

2006年的上半年，我有幸在汉语文化学院102年级担任9班和17班的报刊课教师，并担任17班的班主任。同时报刊课作为实验课型，受到学院的重视，因此在课程负责人的带领下，我们所有授课教师组成备课讨论组，每周针对课文语法点进行梳理和集体讨论，在讨论中我的收获很大。

我所接触的两个班情况不同。9班的学生多来自欧美国家，17班的学生多来自日韩。不同国家的学生有不同的语言问题，日韩学生的阅读程度较好，但口语仍需改进，欧美学生的特点是注重口语听说，但在阅读上面需要改进。在授课过程中，我们应充分注意这些特点，有针对地进行教学。

关于报刊教材，大多数同学较为满意，他们的意见是生词表和课文选题很好，但有些同学觉得插图有些问题等等。

教学过程的设计总体上很好，语法点教学和课文教学的穿插使两者都得到了充分的练习。有的书面语体较强的词语是他们学习的难点，我们的备课也会以此为重点，老师们互相启发，往往能得到很大的收获。

我觉得发言和练习部分，比较能体现报刊课的特点，报刊发言对学生们的锻炼很大，报刊作业对学生阅读中文书面语也起到了督促作用。在阅读八的快速练习中，很多人阅读的速度明显得到了提升，开始常常听到学生抱怨说时间不够，可是到后来同学们都可以提前做完练习。

从上学期教学情况看，我整体感觉效果不错。如果提些建议的话，我觉得到了后期教学，提问应该从课文中走出来，话题的深度应该有一定的提升，最好是可以以课文为依托，提出有争议的话题，引起学生之间的争鸣，加大报刊课讨论的部分。

3. 对教师E的点评

该教师有着良好的中文功底，在报刊实践教学中，能很好地回答、解释学生所提出的语言方面的问题；该教师教学态度认真，尽管是第一次承担报刊课教学，但能够很好地针对两个不同的班级学生的特点各有侧重地组织报刊课教学，体现其善于发现教学问题并因地制宜地组织教学的特点。主要存在的问题：有时讲解的时间与内容偏多，影响学生操练的时间，应注意适当控制讲解的时间与内容。

六、教师F的报刊课教学反思与小结

1. 教师F的背景

教师F是北京师范大学文学院汉语言文字学专业的硕士研究

生，2006年秋季学期在北京师范大学汉语文化学院承担报刊课教学，是第一次承担报刊课教学。

2. 教师F的报刊课教学总结

一个学期的课即将结束了。首先感谢汉语文化学院给我这样一个站在讲台上的机会，让我第一次体会到当教师的酸甜苦辣。对我个人来说，这半年时间的经验和教训都是很宝贵的。

在这半年中，首先面对的一个问题就是找到自己的位置。作为一名教师，自信地站在讲台上，平和地面对学生，用学生能够听得懂的语言来说话，这些看似简单的事情也需要不断的努力。到现在为止，我仍然觉得自己做得不够好。但是我明白了，要向简单、准确的方向努力。

对一个老师来说，尽可能快、尽可能多地了解自己的学生是很重要的。不但要知道他们整体的水平以便确定讲课的速度和深度，还应该时刻注意他们的个体差异。每个学生的汉语水平如何，性格特点怎样，都应该心中有数。我给每个学生做了档案，对这些问题作过一些分析。但是在具体的教学过程当中，还是不能够灵活掌握。具体表现就是提问的时候分层不够清楚。不能按照问题的难易程度来提问不同水平的学生。要做到这一点，对问题和对学生的把握都应该相当清楚，这一点我显然做得还很不够。

在教学过程中，另外两个方面也同样需要吸取教训。

第一，教学方式不够灵活，不够有吸引力。在与学生的交流中，一些学生觉得课堂气氛不是很活跃。我自己也觉得受课文内容制约比较严重，大家普遍感兴趣的内容，讲起来就有意思一些；而像科技文章一类大家不怎么关注的，课上得也比较无趣。这个责任当然应该由老师来负。教师是教学的主导。怎样能够引导学生找出学习的兴趣点，从而保证良好的教学效果，这个工作我做得还不够。教学方法方面同样应该思考：在讲课文和语法点的时候，怎样来保持学生的注意力并且调动他们的积极性。如果平均用力，必然会让学生产生倦怠的心理，觉得气氛沉闷。这一学期我主要是穿插了一些提问和讨论。其中，提问开始是单独叫人回答，后来发现效率太低，改由全班共同回答。现在看来，这两个应该结合才好。集体回答有助于活跃课堂气氛，单独提问避免了有的学生偷懒走神。讨论应该是一个行之有效的方法，学生也很愿意有机会发表自己的见解。不过，提问和讨论如何能够与讲解课文有机地融合在一起，这一点我做得不够，有时显得不够流畅。除了常规的方法之外，我还和备课组的同事们一起尝试过其他的一些方法，比如把有助于理解课文的问题发给每一位同学，让他们分组来互相提问。这个方法学生认为更有意思，对课文的理解可能也会更好一些。不过也有可能是组织的原因，时间上耗费比较多。

第二，有时讲解不够清楚。这分成两个方面：一个是语言点的讲解，一个是课堂上学生随机提问。语言点的讲解问题相对较少，出现这个问题的主要原因是我自己对这个词的认识不够深刻。比如"非要"这个词，开始的时候只是讲解了"一定要"的意思，在作业中发现学生用的情况很不好，各种错误都有。后来在分析错句和跟同事的讨论中才慢慢把这个词讲清楚了。这些问题一个是受限于当前汉语研究薄弱的现状，遇到问题时无书可查，一个也是我自己思考不够。相比之下，回答学生随机提问问题更大。第一次做对外汉语教学，才发现平时不在意的语言里有这么多细微的问题。学生经常在课堂上提出一些同义词比较的问题。其中很多还是虚词的比较。我在听到问题时不够冷静，经常是一下子脑子就懵了，不能快速有效地反应，有的时候下来之后想一想，觉得那个问题其实自己还是能够说清的。可能学习外语的时候，会很在意同义词的比较，对于同义词之间的异同其实比作为母语使用的人有更加自觉的认识。作为母语来用，我们不会出现搭配的错误，但是正是因为习惯，我们不会关注它们究竟有什么不同。同时，我还应该结合自己学习外语的体会，看看学生需要什么样的比较。另外，解释的时候要简单，最好不要随便生发相关义项相关词语的解释，以免陷入越解释越乱的情况。在解释词语的时候，有一个比较有效的方法，能够解释词语本义的时候先解释本义，这样有助于学生的理解。比如讲解"操纵"这个词语，先举操纵飞机模型的例子，学生在体会当中会很容易理解他的抽象义项，从而造出"操纵选举"这样的句子。总之，在如何讲解词语上，还必须不断地思考不断地尝试。

在这一期的教学当中，也有一些我认为以后值得继续保持的方面。比如作业的批改。一些小的错误我并不每次都指出，避免学生的作业满篇红；我主要纠正学过的语言点的错误以及一些学生常犯的明显违反汉语表达的错误，比如从句语序的问题。对于比较大的错误，并不仅仅标出，我还在下面讲解错误的原因，必要的举例证明。我认为这是有针对性的帮助学生的一个好机会。另外，穿插关于文化方面的知识学生通常很感兴趣。最感兴趣的当然是传说和故事，还有就是中国人的心理。因为教室有多媒体，所以在上课之前和课间我总是给他们播放一些歌曲。开始只是随便放一些流行歌曲，后来以 ppt 的形式做过一些歌手的专辑。再后来给他们播放一些中国传统的名曲。单放的话他们并不很感兴趣，所以配合着讲讲相关的故事，效果很好。我很想让他们多了解一些中国的文化、中国的精神。以后可能会有更多样的这方面的尝试。

在教与学中，还有一些其他方面的思考和收获。教学相长，在教的过程中，让我对自己的专业有了更多的认识。我的专业是汉语言文字学，可是现在我才明白，学界对汉语的研究有多么的不充分，我们的辞典编纂有多么的不完善。国内没有一本像朗文辞典那样行之有效的学习词典。在与学生的对话中，也让我不断思考什么样的师生关系才是更好的。我想我这学期对学生的要求不够严格。这点在以后的教学中一定要注意。

这个学期，我们这门课是实验课，每周大家都会一起备课。我很感谢在我迈上讲台的第一个学期就有这样和大家一起讨论、获得大家帮助的机会。在集体备课中，的确受益很多。大家一起交流经验，一起解决各种各样的困难，一起想新点子新办法让课上得更好。课程负责人给了我很多指导和帮助。以上总结的经验教训中，很多都是老师给我提出来的。真心地谢谢老师，谢谢同事们！

以上是一些大的方面的总结，在实际教学中，还有不少想法体会没能概括，需要我不断地总结，不断地改进。总之，这半年的工作给我留下了深刻的印象，经验和教训都值得我珍惜。

3. 对教师 F 的点评

教师 F 有着良好的中文功底，但缺乏对外汉语教学的经验，在报刊课教学中，如何用学生听得懂的语言组织教学、进行解释等，还缺乏足够的经验。但 F 教师有着良好的反思意识和责任意识，进步较快。

七、教师 G 的报刊课教学反思与小结

1. 教师 G 的背景

教师 G 是北京师范大学教育专业的硕士研究生，2006 年秋季学期在北京师范大学汉语文化学院承担报刊课教学，是第一次承担报刊课教学。

2. 教师 G 的报刊课教学总结

自开始教授102年级17班的报刊课以来，转眼间大半年时间过去了。在这段时间里，有老教师对我的帮助和教导，也有自己对教学的体验和感悟，工作的压力和成就感让我逐渐地成长，最重要的是半年来积攒的经验和遗憾，相信会对我以后的工作有所提醒和帮助。

经验：

1）备课要认真、仔细；

2）基本知识的讲解语法不宜讲，举例尽量贴近生活、清晰，画图就更好了；

3）每课相关的文化背景要介绍也很必要且可以引起他们的兴趣；

4）对近义词和形近词、多音字、多义字要讲清，区分好；

5）教学方法需要不断更新，团队的合作尤其可贵。在我们报刊课老师集体备课的讨论会上，大家不断提出和贡献新的点子和经验，无私和敬业的精神使报刊课的教学更丰富生动，尤其是对我们没经验的新老师帮助最大。

6）作业的检查和讲解也很重要；

7）用竞争与合作的方式来提高学生的积极性；

8）教授中文歌曲，将音乐融入教学；

9）教学中的错误要勇于承认和改正；

10）关心学生，介绍一些生活经验，给他们最大的帮助。

遗憾：

1）预习的习惯没有养成，自始至终的预习检查要坚持；

2）文化方面的知识不够，要努力充实自己；

3）课堂气氛活跃但后期又太松散，要注意控制；

4）板书草，要练习粉笔字；

5）注意与学生的交流，要了解他们的习惯；

6）作业方面没有督促好，下次会利用好辅导课的机会帮助他们完成作业。

3. 对教师 G 的点评

教师 G 对学生很热情，试着用不同的教学方法来激起学生对报刊课的兴趣。存在的问题主要是报刊课教学经验不足，有时课堂教学比较随意、散漫，需要加强中文与文化的功底，这样才能更好地应对学生提出的有关语言与文化的各种疑问。

八、教师 H 的报刊课教学反思与小结

1. 教师 H 的背景

教师 H 长期做翻译工作,有着良好的英语功底,2006 年秋季学期在北京师范大学汉语文化学院承担两个班的报刊课教学,是第二轮承担报刊课教学,有一定的教学经验。

2. 教师 H 的报刊课教学总结

本学期我担任 102 级 10 班和 16 班的报刊课授课任务。这是第三次和第四次教授本教材。

1)备课认真。有的课为初级汉语基础的同学专门准备的,以便他们快一点跟上大伙的进度。

2)讲课认真,突出语言点。每课都有词语搭配,都是报刊常用的,允许同学选择掌握。每课都有填空句子练习,这样可以适应不同水平的学生。

3)改作业认真。利用这个机会与学生交流,及时肯定他们的优点和进步。鼓励学生克服困难,学好这门课。

4)课程负责人和他领导的备课小组为我们的备课提供了一个学习和教研的场所。在这里很多老师拿出很好的想法、办法及多媒体的使用方法让大家分享。这使课堂气氛更加活跃,教学方法活泼。我很感谢课程负责人和我们组的每一位老师。他们很专业很敬业,很值得我学习。我听了一些老师的课,很受启发,我非常感谢他们。

5)每次上课提前 20 分钟到课堂,可以做些板书,了解学生的想法。上课能分配好、利用好时间,按时下课不拖堂。

6)教学方法和经验还不够。与学生的沟通还不够。这是我今后要努力的。

7)让学生每次都预习功课很难。下次要努力。

8)加紧汉语学习,改进教学方法,是我努力的目标。

3. 对教师 H 的点评

教师 H 教学态度非常认真负责,每次课前 20 分钟进教室,注意与学生交流,及时批改作业。但由于缺乏丰富的教学经验,教学方法不够灵活,与学生沟通的语言有时偏难、让学生不易理解。其专业背景是英语专业,有时对一些语言点的讲解与答疑不

够简明易懂。

九、教师 I 的报刊课教学反思与小结

1. 教师 I 的背景

教师 I 是北京师范大学文学院的硕士研究生，2006 年秋季学期在北京师范大学汉语文化学院承担报刊课教学，是第一次承担报刊课教学。

2. 教师 I 的报刊课教学总结

前几天听周质平老师说，汉语已经成为普林斯顿大学的第二大外语，我突然感到很振奋，又感到作为一名汉语老师的责任重大。汉语老师不仅教授留学生语言，还担负着教授中国文化、树立中国形象的重任。在这半年的教学过程中，我遇到了很多困难和挫折，当然最主要的还是收获，教学相长一点没错，多元文化还是能和谐地在课堂上展现的。从初登讲台的胆战心惊到最后能熟练处理随堂问题，我品尝到了作为一个老师的酸甜苦辣。

首先谈谈作为一个汉语教师必须具备的条件和素质。综合素养是排在第一位的，就是能够灵活处理课堂问题。我认为第二位是专业知识。任何一个专业都有与其他专业不同的知识结构，所谓专业人士与非专业人士不同之处就在于是否有专业知识，就是语法、语音、词汇知识要很稳固。心理素质排在第三位。所谓心理素质也是一个综合的评价指数，具体表现在克服困难的能力、承受压力的能力、独立自主解决问题的能力、面对挫折的勇气等等。排在第四位的是文化修养。受过高等教育并不意味着就一定会有良好的文化修养，尤其在专业教育分得很细的教育体制中，文化修养有时成了个人的事情。对于对外汉语教师来说，文化修养是胜任对外汉语教学工作的基本条件。排在第五位的是创造能力。一个教师在课堂上能不能出色地完成教学任务，关键在于教师的创造力。语言教学的课堂如何设计，如何营造一个轻松活泼的课堂气氛，取决于教师的创造激情和创造能力。排在第六位的是操作能力，包括熟悉教学法和教学环节、对语言点的处理、对教材的处理、对现代教育技术和教学手段的掌握等等实际操作的能力。排在第七位的是合作精神。无论做什么工作，能够做到轻松愉快地与人合作都是很重要的。对于对外汉语教师来讲，横向的合作可能不是很多，但是教师与学生实际上也是一种合作关系，平行班同事之间的合作、科研工作的合作都需要教师有

开放的性格和良好的合作愿望。

其实我认为报刊课相对于精读等课还是很容易的一门课。尤其是报刊发言和课堂讨论很能激发学生的兴趣，使每个学生都有说话的机会，课堂气氛很容易活跃起来。下面谈一谈作为报刊课的具体情况。

第一，在具体教法方面，都跟大家差不多。课前的准备一定要很充分，要能随时应对学生各方面的提问，包括语音、近义词的比较及针对课文内容的提问。课前也要反复朗读课文，熟悉课文内容，查找与课文相关的资料，给学生提供适当的背景知识。注意多媒体的运用，听觉、视觉上的冲击力可以让学生记忆更牢固。

第二，要因材施教。学生的国籍不同，性格不同，文化背景不同，水平也很悬殊。亚洲学生太注重书本知识，忽视了学习的乐趣；而欧美学生学习太不扎实，也不如亚洲学生勤奋，并且东西方文化差异很大。

第三，要关爱学生。留学生在异国他乡学习，遇到的学习和生活困难是可想而知的。据我了解，他们基本都收到过假钞票，都惊讶于现在的交通混乱，都不习惯北京气候的干燥等等。对于这些问题，要告诉他们具体的解决办法，真心去帮助每一个需要帮助的学生。

第四，教学过程中不忘传授中国文化。学生一般对中国文化还是很感兴趣的，也很关心中国的社会问题。教学过程中可以适时讲解中国文化，还可以利用下课时间教学生中国歌曲，还可以讲授童话故事和中国的古典寓言故事。

第五，学生的表现。总的来说，学生还是很不错的。报刊发言从开始一直坚持到了最后，并且学生准备都很认真。学生的出勤还不错，基本上稳定在十多个左右。1、2节课迟到的人比较多，3、4节课基本上没有人迟到。作业是一个大问题，前半个学期做得都还很认真，但期中考试后，拖欠作业的同学越来越多，质量也得不到保障，尤其是第七题，这对于伦敦大学的学生来说，一直都比较难。

当然，我还是有很多遗憾的，我没有能把学生教得更好。伦敦大学的学生水平还不是很高，进步也不是很明显；我也没有充分调动学生的积极性，有的学生把工作放在第一位，没有把学习当作一种乐趣；我也没有能培养他们更加热爱中国的感情，虽然他们生活在中国，但还是对中国现状有诸多的不满和挑剔。我想如果以后还有机会教留学生的话，应该注意这些方面。

3. 对教师 I 的点评

教师 I 比较活泼、爱思考。在教学初期，缺乏教学经验，教学比较随意，课堂组织松散，教学内容衔接不够紧密。在课程负责人及时听课指出问题后，改进不少，注意教学方法的多样、教学内容的丰富。但在和思想比较挑剔的英国伦敦大学生交流中，没能很好地解释学生所提出的一些社会问题，这方面的知识储备不足影响到教学内容讲解的深度。

十、教师 J 的报刊课教学反思与小结

1. 教师 J 的背景

教师 J 是北京师范大学文学院现代汉语专业的硕士研究生，2006 年秋季学期在北京师范大学汉语文化学院承担报刊课教学，是第一次承担报刊课教学。

2. 教师 J 的报刊课教学总结

我从 2006 年 9 月 11 日起至 2007 年 1 月 19 日担任汉语文化学院 102 等级报刊课教师。通过近五个月的教学工作，从中受益颇深，在此总结如下：

1）备课

我所在的教学组在课程负责人等一批教学经验丰富的教师带领下，每一周都对本周所要教授的课文进行深入的研究，组内气氛热烈而融洽。每周近两个半小时的集体备课，我不仅从中吸收到关于报刊课教学过程中的专业知识，还在学科教学法上开拓了眼界。特别是课程负责人的"给学生一杯水，教师要有一桶水"的教学理念给了我深刻的影响，每次集体备课内容要大大超过教学时的内容，深度也大于教学时的深度，在集体备课以及集体备课以外把要教的内容具体落实在纸上，这些都为我每一次自信地面对学生进行教学做好了充分的准备。

2）教学

由于我是首次担任报刊课老师，教学经验不足，在上课过程中不可避免地会出现各种各样的问题。在进行教学的初期，课程负责人对我的教学提出六点改进意见，在以后的教学过程中我时刻注意对这些问题进行改进。在教学中本着忠实于教案的原则，我不断调整教学方法以适应学生现阶段水平。102-06 班的课都安排在早上一、二节，并

且本班学生人数较少，这不论对学生还是对于教师来说都是一个挑战，由于学生出勤问题，一些新的集体教学方法不能得以实施，教学过程中要注意随时调整教学进度，在尽量保证"一个都不能少"的同时也注意保护优出勤率学生的学习积极性。在本学期末课程负责人再次对我进行评课，提出两个改进意见，特别是在课文本身的专业问题上，我还应该加倍努力改进教学，加强专业知识学习，使自己的报刊课教学上一个新台阶。

此外，我还虚心请教其他老师，在教学上有疑必问。在每篇课文的学习上都积极征求其他老师的意见，学习他们的方法，同时，多听老师的课，做到每周都听一位老师的课，并把听课这项工作一直坚持下来，边听边讲，学习别的老师的优点，克服自己的不足，在听课的同时也征求他们的意见，以改进工作。

3）教学总结

在每次教学任务完成后，我比较注意对自己的教学环节进行总结，特别注意记录在教学过程中遇到的问题及一些教学想法和问题，在课下对这些问题寻求解答、进行反思。教学方法上的问题，我记录成备忘录形式，在以后的教学中时刻注意这些问题的解决；关于课文的问题，在查阅资料后如不能获得满意结果，在下一次的集体备课中我就交给备课组讨论，以达到最佳教学效果。

4）期中考试与期末考试

在期中考试与期末考试卷出题中，我负责一道大题的出题任务。在完成试题的出题任务后，我会再给出一定量的机动题供选择或替换。在考试结束后我会对自己所负责的题的对错率、难度系数等进行分析，以期在下次考试同类题型的出题中有所改进。虽然说考试不能代表一个学生的全部水平，但用考试成绩来解释、分析一个学生的现有知识水平是必要的，所以我也非常注意考试结果的分析。在收回考试卷、及时认真批改试卷后，我也会注意对考试成绩作一定个体与班级的统计分析，此分析定性与定量分析相结合，以结果分析来修正以后自己的教学路线。

总之，通过五个月非常有意义的报刊课教学工作，我收获颇丰，而这五个月以来自己在教学过程中的感触与成长，我相信并非这个工作总结所能概括完毕，希望我能通过这次工作总结不断反思自己的不足并给予纠正，在以后的工作中完善自己的教学。

3. 对教师 J 的点评

教师 J 缺乏报刊课教学经验，在初期教学阶段，暴露的问题比较多，如课堂组织生硬、机械，教师语言过难等。但该教师最大的优点是善于学习，向同年级有经验的报刊课教师学习，向教学有特色的报刊课教师学习，不断反思，改进自己的教学。在学期末时，判若两人，进步明显。"功夫不负有心人"，正因为其认真积累、用心付出，最后收获颇丰。

十一、教师 K 的报刊课教学反思与小结

1. 教师 K 的背景

教师 K 是北京师范大学文学院现代汉语专业的硕士研究生，2006 年秋季学期在北京师范大学汉语文化学院承担报刊课教学，是第一次承担报刊课教学。

2. 教师 K 的报刊课教学总结

随着 2007 年的到来，一个学期就要结束了。教了一个学期的报刊课，还是有很多感想的。

这门报刊课和对外汉语教学实践一样，对我来说都是崭新的，我怀着忐忑而又新奇的心情开始了我的教学工作。102 的学生也是初次接触报刊课，他们也是既新鲜又有点紧张地开始这门新课程的。

第一节课我详细地介绍了报刊课的特点、目标和要求等等，学生们对于最后能像中国人一样读懂中国报刊这样的目标还是非常向往和期待的，但对于每周一篇剪报作业和一篇话题作业的要求还是颇有微词的。我就努力地一再安抚，告诉他们这些作业开始时可能需要很多时间才能完成，但是做熟练了，所需的时间会逐渐减短的，而且也会慢慢地由被动读报，转变为主动地想通过读报了解新近的新闻的。不过还是有一个日本学生被报刊课吓跑了，听了第一次课后，就再也未露过面。

每次课前两位同学的报刊发言，最初是由我根据对班里学生的汉语水平的判断，来指定人选。他们虽然接受时颇有难色，但还是都认真地准备了。事后他们反映第一次准备这样的报刊发言，从选择新闻到查生词、写摘要以及发表自己的看法，需要大半天的时间，觉得很难。但过了大概一个月这样的适应期后，有的学生就很欣喜地说读报纸已经很容易了。不过还是有一些学生一味地觉得读报纸很可怕，我不断地鼓励他

们去尝试、坚持，有的学生勇敢地迈出了第一步、第二步，可是也有的学生被我一次次地"催作业"，就阶段性地在课堂上消失了。后来这样的学生再来上课时，我就很矛盾，一方面是觉得他能来上课，愿意学知识，这就可以了，总比不来上课好；可是另一方面，如果他只是听课，不读报，不写作业，这样我们报刊课的主要作用和目标就实现不了，而且作业在最后的成绩中也占了很大的比重。不过我还是婉转地提醒了一下，他在期中考试前出乎我意料地补来了一查作业，虽然每份都篇幅短小，看法也是言简意赅，但毕竟已经开始读报了，这也算是可喜的进步。

从开学初，我就发现我们班的一个日本男生无论在读生词，还是在读课文、布置作业等时候，他的反应都比别人慢半拍。我问了班里的学生，大家说他在别的课上也是这样，老师们也都是提出问题慢慢等着他说。不过他是一个很认真的学生，每次课都准时来上课，坐在第一排，安排他读课文时，他会有些紧张地到处找，但给他指到地方后，他就会很认真地读。虽然他读的速度很慢，大部分都需要我提示或者纠正读音，不过我每次都尽量给他多一些这样读课文、读句子的简单训练的机会，他都做得认真和开心。我提出过帮他找一个辅导老师，他说他每天学习很忙，所以只好作罢。我常常跟他说上课听课困难，一定要先预习，不知道他是听不懂，还是没有时间，我说了一遍又一遍，还是没有见到行动。现在想想，我觉得自己对他的关心和了解还是不够，因为一个学期下来，他的进步并不大。

期中考试之前我渐渐熟悉了报刊课的教学方式，能够按部就班地顺利进行，同学们也都适应了这一方法。于是，我每次上课时心情就放松了许多。可是模拟测评的结果出来后，我发现教学过程中还是存在着很多问题。也是因为大家对每次上课的程序都熟悉了，所以他们觉得这样太程式化。学了半个学期了，他们想要有些新鲜的东西刺激一下。于是我就认真总结，反省自己方法中的不足。后来在教课文上，我渐渐改变了原来按照教案上每段几个紧扣原文的小问题的提问方式，更加注重段落和课文的内部结构。在讲解字词的单个字词的基础上，多穿插一些学过的词语的比较和搭配联想，带动他们举一反三，对过去学过的东西不定期地复习，从而可以对新学的东西有更深刻的理解。

后来老师们集体备课时建议使用分组讨论的方式来学习课文。我在班里尝试了一次，我发现大家的积极性并不太高，而且时间上把握不好,讲解和练习语言点的时间不够多。更重要的是班里的学生大都不能按时来上课,分组很困难。所以我没有继续采用分组的教学方式。不过,我认为无论使用哪种方式讲课,本应视各班的实际情况而定;无论采用何种形式,最终的目的都是让学生掌握课文的内容和结构,理解并学会使用重要的语言点。

从12月份开始,天气越来越冷,班里能准时来上课的学生也是越来越少,尤其是周五讲练习的课。于是我就根据人来的数量的多少,随时改变教学计划。有时带领大家朗读生词,有时让先来的人上黑板写第二题的词语搭配,有时就让大家先做一下第八题的快速阅读。等人来得差不多了,再开始报刊发言,进行别的题目。话题讨论也是根据人来的状况安排不同的讨论形式。话题讨论一直是他们最喜欢的形式,因为班里的学生来自不同的国家,他们都想知道各自的国家的状况。不过讨论时并不能按照要求使用那么多的语言点,除非允许他们读事先写好的作业。第八题的快速阅读是报刊课的一大特色,所以每次我都会尽量安排出时间让他们在课堂上至少做两篇,并认真讲解,余下的让学生课下去做。

期末临近了,很多学生见一面都很难了,但愿他们能够自觉地复习,考个好成绩!

这个学期的教学过程中,我也从别的老师那儿学到了很多关于教学方式、方法等方面的技巧,我知道自己还有很多不足,我会继续谦虚努力地向有经验的老师们学习的!

3. 对教师 K 的点评

教师 K 的优点是很细心,其用心观察班上学生的特点,能灵活主动地试用不同的教学方法来调动学生的学习积极性,并在教学初期充分考虑到学习者的困难,对学生在心理上进行及时地引导,帮助学生顺利度过困难期。该教师比较擅长讲解报刊语言点,但对报刊课专题内容的讲解与分析还有待充实自身的知识结构。

十二、教师 L 的报刊课教学反思与小结

1. 教师 L 的背景

教师 L 是北京师范大学教育专业的硕士研究生,有着教授中学语文的多年经验。2006年秋季学期在北京师范大学汉语文化学院承担报刊课教学，是第一次承担报刊课教学。

2. 教师L的报刊课教学总结

我觉得，自己很有幸教102班的报刊课，更有幸与各位老师在一起探讨有关报刊课的教学工作。

在短短的一个学期里，我在教学、共同备课、听有经验老师课的过程中，学到了不少宝贵的知识与经验；随着教学工作的不断深入，更加觉得自己的对外汉语教学经验太少。我认为：要从事这项工作，还有很长的路要走。

报刊课是一门知识综合课，它涉及到课文（报刊）、生词、语法和关键词语，因此，教好报刊课的难度是很大的。

首先，老师应有广博的知识。

应对所教学生的知识结构有一个全面的了解。例如，学生所处的知识结构，已掌握哪些知识，应掌握哪些知识；同时，还要注意学生的国别、兴趣、爱好等，这样在教课的过程中才能有的放矢，使他们都感觉到老师的重视与关怀，对学习产生兴趣。

在知识点的讲解上，我备课很认真，但是，有时考虑不周，如知识点的相互衔接、巩固等，有些知识点讲得不够；因此，对知识点的把握还需要认真地斟酌。

其次，老师应是表演家。

在教课的过程中，只有生动活泼的教课方法，才能吸引学生，使学生喜欢听课，而不觉吃力。北京师范大学汉语文化学院的专业教师教课方法很生动，但又各有特色，因此，特色教学方法的形成是一个经验积累的过程，更是一个深入探索、不断追求创新的过程，这反映了他们严谨的教学作风。我的教学方法有些呆板，课堂气氛不太活跃，自己说得多，学生说得少，因此，应让学生多活动，才能达到较好的教学效果。在教学方法上，要逐步摸索，根据学科，寻找适合自己的方法。

我认为一起备课这种方法很好，大家在一起可以相互学习，有利于教师教学水平的提高。建议这种方法可以继续使用。

总之，在短短的一个学期里，我觉得自己像刚学游泳的人一样，越来越发现自己的水平很差，亟待提高。不过，我越来越喜欢教学，我觉得，在不断的实践中我的教学水平会不断提高的。

3. 对教师 L 的点评

教师 L 曾是中学语文教师，在教学初期感受到由中学语文教师转换为对外汉语教师充满着挑战与压力，主要表现为教师语言、讲解时间控制等方面存在问题。但该教师勤奋好学，正视自己存在的教学不足，多听专业教师的课，虚心请教各种问题，逐渐建立了对外汉语教师的意识，形成了自己的一些教学特点。正如该教师自我意识到的那样，该教师的课堂气氛还不够活泼，还应该在报刊课教学中灵活应用多种教学技巧、教学方法。

十三、教师 M 的报刊课教学反思与小结

1. 教师 M 的背景

教师 M 是北京师范大学历史学院历史专业的硕士研究生，2006 年秋季学期在北京师范大学汉语文化学院承担报刊课教学，是第一次承担报刊课教学，此前承担了其他课型的教学，有一定的对外汉语教学的经验。

2. 教师 M 的报刊课教学总结

首先感谢汉语文化学院给我提供了宝贵的兼职机会！

两年半的兼职工作，我收获甚丰，尤其从 2006 年 3 月份开始的集体备课制度，更为我提供了一个深入锻炼自己和提高自己教学能力的良好平台。

下面是我本学期的一些经验：

一、本学期，我继续承担 102 年级的报刊阅读课程，负责两个班的教学任务，讲授 15 篇课文，每班每个星期四节课。

二、因为毕业在即，我本学期忙于求职和写作毕业论文，从而错过了很多宝贵的备课机会，但我还是抓住一切可能的时间去参加备课。在集体备课时，我得到了课程负责人的指点，从各位老师那里学到了很多宝贵的经验，各位老师为我遇到的困难提供了很多有意义的建议；我把这些良好的建议和经验运用到实践中，收到了较好的效果。所以，我认为这种集体备课的制度，可以一直实行下去。

三、从学生对我的评估中，我可以发现这样两个问题。首先，正所谓"天道酬勤"，付出必有回报。学生们的成绩有了很大提高，有一些学生对我们的教学方式还是很认同的，我本人与学生们的关系也因此而

处得很好,我想这是多少金钱都无法换来的。其次,林子大了,什么鸟都有。虽然很努力,但我的测评成绩并不理想,这一方面是因为我与学生的交流还不够多,另一方面也与学生的构成和态度有关,我的一个班级英国伦敦大学学生太多,另一个班脾气古怪者居多,从而使教学过程非常麻烦。当然,我的教学能力还是不够高,否则这些都不成其为问题。所以,我的教学水平还有待进一步提高。

我想在这里提几个建议:

一、学院在对严格要求自身老师教学水平的同时,还应该考虑如何能够更科学地使学生对老师进行评估。因为我发现这种评估存在一个很大的弱点,那就是学生很难理解评估的意义,从而很难认真对待。所以,应该想办法让学生认真对待这种评估。

二、对所有的课程都运用同一个标准,本身就不科学,因为不同的课程要求老师运用不同的教学方式和风格,而学生却不得而知,他们在给老师打分时,考虑更多的是把讲授读写、报刊、会话、听力四门课程的四位老师进行比较,这样对比之后打出来的分数,结果是否公正可想而知,所以为什么不对每一门课的老师采用一种符合课型特点的评估方法呢?

三、为了提高汉语文化学院的教学质量和知名度,应该在提高教学质量的同时,加强管理,包括对老师的监督和对学生的管理。学院应该有专人对各班的学生出勤和迟到情况进行管理,并对他们的日常行为有所约束。

希望将来还能有机会得到课程负责人和各位领导的指教!

3. 对教师 M 的点评

该教师有着良好的文化素养,对学生充满热情,也有一定的对外汉语教学经验,能较好地组织报刊课教学。主要问题是对报刊课语言点的讲解有时不够精简易懂。

第七章 报刊课教学评估与测试

第一节 对报刊课教师的评估

一、北京师范大学汉语文化学院对教师的评估

现在国内对外汉语教学机构每学期快结束时组织学生对各门课程的教师进行教学评估,报刊课也不例外。北京师范大学汉语文化学院每学期快结束时组织学生对各门课程的教师进行评估,评估标准由10项组成,每项按5分制,由教务人员统一发放评估表到各班学生,学生填好后直接由班长统一回收交回院务办公室,由院务办公室工作人员统一计分。工作人员先选出各班的有效答卷,然后对每份评估表逐项统计原始分数、再合计出每份评估表的总分,再乘以2,按百分制算出每份评估表的分数。同一班级去掉一个最高分和一个最低分,剩下的评估表再算出平均分,就是本学期学生对该教师的评估分数。期末考试后,学院的教务员把各门课程平均分、班级平均分、年级平均分、全院平均分都统一发送到任课教师的电子信箱,教师还可以到教务员那儿查看原始的评估表,特别是一些学生在评估表中所写的各种意见与建议。学院对高于全院平均分的课程给予一次性的奖励。

表1 北京师范大学汉语文化学院制订的教师评估表

序号	评估内容	评估分数等级				
1	该教师是否准时上课、下课	1	2	3	4	5
2	该教师备课认真、准备充分	1	2	3	4	5

续表

序号	评估内容	评估分数等级				
3	该教师讲解清楚	1	2	3	4	5
4	该教师发音吐字清晰、准确	1	2	3	4	5
5	教学内容安排合理	1	2	3	4	5
6	教学环节衔接紧凑	1	2	3	4	5
7	作业布置合理、批改认真	1	2	3	4	5
8	耐心回答学生的问题	1	2	3	4	5
9	注意学生的反馈意见、改进教学	1	2	3	4	5
10	积极鼓励学生	1	2	3	4	5
总分合计						
你对该教师和该课程的评价与建议是：						

该评估表的优点是：简洁明了，容易统计；既有封闭性定量统计，也有开放性意见表达；列出各门课程几乎都可以评估的基本项，具有广泛的适用性等。

该评估表的缺点是：正如一些兼职教师在教学总结中所指出的那样，这份评估表没有体现各门课程的具体要求、具体特点，显得宽泛有余，细致不足。如听力课与报刊课差别很大，评估表既要有所有课程都会涉及的共同的评估项，也应有各门课程独有的评估项，这样学生评得更具体、深入，教师所获得的评估就更有针对性。

北京师范大学汉语文化学院的评估表一学期只发放一次，特别是临近学期结束时才发放给学生，而教师一般是课程结束后才知道学生的评估结果与意见，那时教师即使想根据学生的意见来改进教学也为时已晚了。因此，如有可能，应在学期中间增加一次教学评估，以便将学生反馈的意见及时传递给教师，让教师及时改进教学，这样让学生受益更早、更大。普林斯顿大学在北京师范大学的暑期强化班（简称"普北班"或PIB）就是设立两次教学评估，对第一次评估出现的教师教学问题，及时反馈给任课教师，如果任课教师限期能整改，将继续任教；如若不能达到要求,就中途解聘。

二、对报刊课教师的评估表

下面是根据报刊课型的特点拟定的一份对报刊课教师的评估表,供对外汉语教学单位或报刊课教师本人进行评估时参考。

表 2　报刊课教师评估表

序号	评估内容	评估分数等级				
1	该教师积极组织学生的报刊发言	1	2	3	4	5
2	该教师积极鼓励学生课外阅读报刊文章并完成摘要写作	1	2	3	4	5
3	该教师及时批改学生的作业	1	2	3	4	5
4	该教师清楚、准确地讲解课文与语言点	1	2	3	4	5
5	该教师重视并积极引导话题讨论	1	2	3	4	5
6	该教师很重视快速阅读训练	1	2	3	4	5
7	该教师能很好地回答学生的问题	1	2	3	4	5
8	该教师向学生推荐一些良好的学习技巧与策略	1	2	3	4	5
9	该教师很注意听取学生的意见	1	2	3	4	5
10	该教师重视训练学生的阅读能力,同时兼顾训练学生的听、说、写等语言技能	1	2	3	4	5
总分合计						
你对该教师和该课程的评价与建议是:						

表2的评估内容主要突出报刊课对报刊教师的特殊要求,考查报刊课教师是否很好地体现了报刊课的课型特点。假如一个报刊课教师根据表1的评价得很高的分数、但根据表2得分不太高,那说明这位教师并没有出色地完成报刊课的教学任务,并没有很好地体现报刊课的课型特点。

三、报刊课教学评估中的一些影响因素

在教学评估中,有些报刊课教师的评估分数很高,有些报刊课教师的评估分数不太理想,该如何看待?影响报刊课教师评估

的因素非常多，下面就一些影响因素进行探讨。

一是教师的亲和力。有亲和力的教师一般比缺乏亲和力的教师更容易受学生欢迎、得到学生更好的评估分数。所谓教师的亲和力，是指让学生易于接近、乐于接近的魅力。当一位教师充满爱心、热心，适当关心学生，帮助学生较顺利地适应新生活、新课程的要求，及时地提供有针对性的建议，有时不乏轻松风趣，这样的教师往往很受学生欢迎和尊重。相反，一位教师对学生过于严厉，让学生敬而远之，亲和力就比较缺乏。笔者就曾认识一位教学非常认真的报刊课教师，历年学生给其评估的分数普遍不太高，其感到很困惑。当笔者走进其课堂实地进行观察，发现该教师对学生过于严厉，不苟言笑，几乎对学生总是板着脸，常常毫不留情地指出学生的错误，有时学生简短的一句话要被其打断好几次，因为他要纠正学生的发音。这样的教师让学生感到害怕，甚至有些厌倦，自然评估的分数不太理想。

二是教师课堂随机应变的能力。有些教师在课堂上总是善于倾听学生的问题，并根据学生的各种问题，灵活地加以解答。如笔者在实际报刊课听课过程中，发现一些教师善于根据班上学生的情况适当调整教学计划，灵活应对学生的各种问题。而有些教师墨守成规，过于按计划行事，基本照着教案来讲，缺乏对实际课堂教学情况的灵活变通。

三是教师的语言应是师生、生生之间沟通的桥梁，而不是沟通的障碍。报刊课教师的语言应通俗易懂、深入浅出。报刊课的教学内容丰富多样，学生难免会有各种疑问，教师的语言或用来解释问题的语言应有控制意识，要用学生听得懂的语言，或符合学生现阶段汉语水平的语言来组织教学、回答问题等。如一位缺乏教学经验的报刊课教师第一次对中级初期阶段的学生介绍报刊课的特点与要求时，来了句开场白"工欲善其事，必先利其器"，结果全班学生都不明白，完全是制造沟通的障碍。还有一个班的学生对一位报刊课教师的评估给出的分数非常低，原因之一是该班不少学生都在评估表上写道："这位老师简直把我们当成中国学生来教，总是说得很快，总是说一些很难的词语和句子，我们没办法听懂。"可见，教师的教学语言很重要，应熟悉学生的汉语水平，注意自己的措辞表达是否能让学生听懂。

四是报刊课教师应善于提供丰富的信息。由于报刊课的特点之一就是让学生获取中文资讯，如果教师所掌握的新闻资讯比学生少、慢，学生知道的比教师还要多、还要及时，那如何让学生对教师产生钦佩感与好感？因此，报刊课教师要及时更新自己的新闻资讯库，当学生在谈论某一新闻现象一知半解、充满疑惑时，教师若能及时指点并答疑解惑，学生对相关专题内容的理解就更准确、更深入。当然，教师对相关新闻资讯的介绍应适可而止，即解决学生当下的问题即可，不宜发挥过多。

上述报刊课教师当中容易存在的四个方面的问题处理不当，自然会影响学生对教师的评估。为了及时了解学生对自己教学的判断，教师应定期不定期地在课前、课后听取学生的反馈意见，正视自己教学中可能存在的不足，努力加以改进，让学生感受到教师的诚意与努力，自然会赢得学生的好感与好评。

第二节　对学生成绩的评估

一、学生的成绩构成

以北京师范大学汉语文化学院为例，学生报刊课成绩主要由三部分构成：

学期报刊课总成绩若以100分计，则平时成绩占30%，期中考试成绩占30%，期末考试成绩占40%。

1. 平时成绩

平时成绩占总成绩的30%，平时成绩按100分计算，最后按30%换成总分。平时成绩分成两部分：

（1）考勤分数占平时成绩的50%：每周四课时的报刊课，缺1课时（缺课指向任课教师课前请假而没有来上课）扣2.5分，旷1课时扣4.2分（旷课指没有向任课教师课前请假而没有来上课）；迟到或早退15分钟以上算缺课，迟到或缺课不到15分钟，累计三次算缺1课时。当学生的50分考勤分在期中考试前全部扣完时，任课教师要提醒该生并要求后面的课程必须全勤，否则该课程将没有成绩。期中考试后、期末考试前，当学生的50分考勤分被全部扣完时，该课程将没有成绩。为了加强纪律要求，本着对学生负责的精神，北京师范大学汉语文化学院在新学期正式上课前，由负责教学的院领导在全院专职教师、兼职教师全体会议上强调严格考勤的重要性，并督促各位教师严格执行、保存好原始记录的考勤表。到学期结束时，学院的教务员将回收各门课程的原始记录考勤表并存入课程档案，以便学生对考勤成绩有争议、质疑时，有可靠的凭证与依据。经过严格考勤记录，一些学习态度很不认真、旷课过多的学生就被淘汰掉。

当然，早上8点的课往往迟到的人数最多，特别是欧美国家的一些学生很不习惯早上8点就到教室上课。面对这种情况，如果上课时间允许调整，不妨8:30开始上课，学生会更满意，如上海的一些高校就实行这样的作息制度。如果作息时间无法调整，教师就要尽力做好安抚学生的工作，让学生面对现实，像中国学生那样适应早8点上课的制度。如北京师范大学汉语文化学院英国伦敦大学班的学员，有些学生早上8点常常迟到、缺课，而有的学生长期准时来上课，学生的学习态度、对课程的重视程度与兴趣度，直接影响着出勤的情况。

（2）作业与课堂表现占50%。报刊课的作业完成质量直接影响着学习的效果，因此作业成绩在平时成绩中应占重要的比例。主要由三部分构成：

一是每课练习一的报刊摘要作业，一学期共完成15篇，每篇占2分，共30分。

二是每课练习七的话题写作作业，一学期共13篇，每篇占1分，共13分。

三是剩下的7分：用来评估报刊发言、上课表现等。

2. 期中成绩

期中成绩占总成绩的30%。北京师范大学汉语文化学院报刊课期中采用闭卷考试形式。

3. 期末成绩

期末成绩占总成绩的40%。北京师范大学汉语文化学院报刊课期末采用闭卷考试形式。

北京师范大学汉语文化学院对学生成绩的评估是过程评价与总结性评价相结合,既考虑到学生平时的学习过程、学习状态,又兼顾到阶段性的测评成绩,既有定量评价(如考勤成绩、作业篇数统计、期中与期末考试分数等),也有定性评价(如课堂参与的态度、报刊发言的质量等),综合考虑各方面的因素,比较客观可信地反映出学生的报刊课学习成绩。

二、报刊课对学生报刊发言、摘要写作、课堂参与等的评价标准

表3 报刊课对学生的评价标准

评价角度	等级	评价标准
报刊发言（学生轮流完成，每次课1～2名学生）	优	• 清楚介绍所选报刊文章的主要内容； • 清楚表达自己的看法； • 所介绍的内容引起大家的兴趣，所提出的问题容易引起大家讨论； • 组织同学参与讨论、激发同学参与的欲望； • 口头语言表达准确、流利，顺利完成报告。 • 失分率≤10%
	良	• 比较清楚地介绍所选报刊文章的主要内容； • 比较清楚地表达自己的看法； • 所介绍的内容较能引起大家的兴趣，所提出的问题较易引起大家讨论； • 组织同学参与讨论、较能激发同学参与的欲望； • 口头语言表达基本准确、流利，较顺利完成报告。 • 10%＜失分率≤20%
	中	• 基本清楚地介绍所选报刊文章的主要内容； • 基本清楚地表达自己的看法； • 所介绍的内容不太能引起大家的兴趣，所提出的问题不太容易引起大家讨论； • 组织同学参与讨论、不太能激发同学参与的欲望； • 口头语言表达不太准确、流利，完成报告有些困难。 • 20%＜失分率≤30%
	及格	• 不太清楚地介绍所选报刊文章的主要内容； • 不太清楚地表达自己的看法； • 所介绍的内容难引起大家的兴趣，所提出的问题难引起大家讨论； • 组织同学参与讨论不太成功、没能激发同学参与的欲望。 • 口头语言表达错误较多，勉强完成报告。 • 30%＜失分率≤40%

续表

评价角度	等级	评价标准
	差	• 很不清楚地介绍所选报刊文章的主要内容； • 很不清楚地表达自己的看法； • 所介绍的内容很枯燥乏味，所提出的问题无法引起大家讨论； • 没有组织同学参与讨论； • 口头语言表达错误很多，不能顺利完成报告。 • 失分率＞40％
报刊文章摘要写作（每学完1课完成1篇）	优	• 中级班前期所选文章字数超过 500 字，中级班后期所选文章字数超过 1000 字，高级班所选文章字数超过 1500 字； • 准确写出所选报刊文章的主要内容； • 准确写出自己的看法； • 书面语言表达准确、流畅，较少出现书面表达错误。 • 失分率≤10％
	良	• 中级班前期所选文章字数 450～500 字，中级班后期所选文章字数 900～1000 字，高级班所选文章每篇字数 1300～1500 字； • 比较准确地写出所选报刊文章的主要内容； • 比较准确地写出自己的看法； • 书面语言表达比较准确、流畅，出现少量书面表达错误。 • 10％＜失分率≤20％
	中	• 中级班前期所选文章字数 400～450 字，中级班后期所选文章字数 800～900 字，高级班所选文章字数 1000～1300 字； • 基本写出所选报刊文章的主要内容； • 基本写出自己的看法； • 书面语言表达出现一些错误，但不影响意思的理解。 • 20％＜失分率≤30％
	及格	• 中级班前期所选文章字数 350～400 字，中级班后期所选文章字数 700～800 字，高级班所选文章字数 800～1000 字； • 写出所选报刊文章的摘要与原文主要内容相差较大； • 写出的看法与原文关系不大，难以让人理解； • 书面语言表达出现错误较多，影响意思的理解。 • 30％＜失分率≤40％
	差	• 中级班前期所选文章字数少于 350 字，中级班后期所选文章字数少于 700 字，高级班所选文章字数少于 800 字； • 写出所选报刊文章的摘要与原文主要内容完全不同； • 写出的看法与原文无关、无法让人理解； • 书面语言表达出现错误很多，无法让人理解。 • 失分率＞40％

续表

评价角度	等级	评价标准
课堂参与	优	• 认真完成课前预习（课文、话题讨论）； • 积极主动参与师生、生生之间的互动（如朗读、提问、回答问题、话题讨论等），质量很高。
	良	• 比较认真地完成课前预习（课文、话题讨论）； • 积极主动参与师生、生生之间的互动（如朗读、提问、回答问题、话题讨论等），质量较高。
	中	• 基本完成课前预习（课文、话题讨论）； • 基本参与师生、生生之间的互动（如朗读、提问、回答问题、话题讨论等），偶尔有些错误。
	及格	• 只完成部分课前预习（课文、话题讨论）； • 不主动参与师生、生生之间的互动（如朗读、提问、回答问题、话题讨论等），错误较多。
	差	• 只完成少量课前预习（课文、话题讨论）； • 不太参与师生、生生之间的互动（如朗读、提问、回答问题、话题讨论等），错误很多。

上述评价标准仅供报刊课教师对学生完成报刊课教学任务的质量进行评价时参考，教师可以根据学习任务、学生的水平进行适当调整，主要目的是为对学生课堂行为、完成任务的情况进行有依据、有标准的评价，避免随意性。这些评价标准也可以在学期初发给学生，让学生参与进来，知道报刊课的要求，在学生理解的基础上，形成课堂契约式的评价标准，学生根据这些标准加强自我监督，知道课程学习应该努力的方向，为顺利完成报刊课各项学习任务、稳定提高汉语水平起到很好的引导作用。因此，有评价标准比没有要好，报刊课教师应结合教学实际情况，制订并不断完善体现报刊课教学特色、激励学生提高汉语水平的评价标准。

第三节 初级报刊课测试题样例及分析

为了及时检测学生报刊课的学习情况，报刊课教师经常要编制考试题。本书将分别举一份初级、两份中级、一份高级报刊课的测试题作为样例来参照,并进行实例分析。

一、初级报刊课测试题样例[①]

初级报刊课测试题

答题参考时间:100 分钟　　　　　　　　　　　　分数:＿＿＿＿＿＿＿

一　给下列动词搭配适当的词语(10 分)

回归＿＿＿＿＿＿　　　　　　占用＿＿＿＿＿＿

抵御＿＿＿＿＿＿　　　　　　确定＿＿＿＿＿＿

体谅＿＿＿＿＿＿　　　　　　抚养＿＿＿＿＿＿

承担＿＿＿＿＿＿　　　　　　孝顺＿＿＿＿＿＿

启动＿＿＿＿＿＿　　　　　　失去＿＿＿＿＿＿

二　选词填空(15 分)

| 难以 | 实际上 | 不买账 | 缺乏 | 显而易见 | 以……为主 |
| 看待 | 有利于 | 几乎 | 放弃 | 与否 | 据……报道 |

1. 多吃蔬菜和水果＿＿＿＿＿＿身体健康。
2. 你这么瘦,是不是身体里＿＿＿＿＿＿营养?
3. 这么多的工作,我一个人在规定的时间内＿＿＿＿＿＿完成。
4. 他可能真的太饿了,桌子上的菜＿＿＿＿＿＿全被他吃光了。
5. 他突然对你那么热情,＿＿＿＿＿＿是希望你借些钱给他。
6. 我们在做一个调查,想知道大家是怎么＿＿＿＿＿＿出国留学的问题的。
7. 我已经跟他道歉许多次了,可他就是＿＿＿＿＿＿,我该怎么办啊?
8. 不管你成功＿＿＿＿＿＿,我都会支持你。
9. 他总是说他太忙,没时间,＿＿＿＿＿＿,他只是不想和你联系。
10. 这门课的内容＿＿＿＿＿＿汉字知识＿＿＿＿＿＿。

三　请按正确的语序将下列各个句子组成完整的一段话(9 分)

1. A. 比如德、日、法、韩等语言
   B. 我们协会有很多懂小语种的学生
   C. 这样跟留学生交流起来会让他们觉得很亲切
   正确的语序是:(　　)(　　)(　　)

[①] 选自吴成年主编《新编读报纸,学中文——汉语报刊阅读》(初级),北京大学出版社,2015 年,第 161—167 页。

2. A. 到中国留学的外国学生已经渐渐多了起来
   B. 再也不是什么新鲜事了
   C. 在中国高校的校园中看到高鼻子、蓝眼睛的洋学生
   正确的语序是：（　）（　）（　）

四 完型填空（12分）

（一）

却	来自	已	都

乐观开朗的美国男孩乐奇今年秋天_____回国，但他组织的飞盘运动_____没有停止，现在每周三、周五、周日晚上，柏乐奇的好朋友——_____海南大学人文传播学院的卢书怡_____会组织校内校外的留学生来参加飞盘运动。

（二）

越来越	经过	也	一直	所以	已经	但

金东灿选择来华留学，是_____"研究"的。"我_____觉得很奇怪，韩国_____意识到中国对其经济上的影响_____大，_____并没有积极去了解中国文化，韩国人_____没有积极学习中文。"金东灿说，在韩国，研究美国和日本的专家很多，想在这些领域有所建树难度较大，_____他决定去了解一些比较"冷门"的国家。

五 用自己的话或原文中的关键句子概括下列各段的主要内容，字数不要超过30个（9分）

1. 专家认为，虽然单位较远，经常堵车，会让人心情变差，夫妻交流时间变少，但对于多数上班族夫妻来说，可以利用上下班路上的时间多交流，从而改善家庭关系。他建议，可以在路上时通过电话、短信问候对方，知道对方的需要和心情状态，通过多种方法增加相互理解。

2. 在费德丽卡眼里，中国学生太专注学业。"我的中国同学几乎将所有的时间都用在学习上，大部分学生周末从不会到上海周边去玩，也从来不会在夜里出去跟朋友聚会。"尽管中国学生的用功给费德丽卡留下很深的印象，但这个意大利女孩确信，要论对所学东西的激情，意大利学生其实并不输给中国学生。"只要我做的是真正想做的事，通常都会全力以赴，做得很好。"

3. 和大部分 90 后一样，在莹子看来，和爸妈出去玩虽然什么事都不用她担心，但是到处看风景的旅行有些没意思，而和朋友们一边玩，一边吃，对她来说更有吸引力。"对我们三个来说，旅行中最有意思的就是寻找当地的小吃，吃饭花的钱总是最多。"莹子告诉记者，每次在选择旅行地点的时候，风景不重要，哪里好吃的东西多她们就往哪里去。

阅读（45分）

阅读一（22分）

网友绘制世界各地饺子地图 其实外国人也爱吃

李 冲

饺子是中华民族的传统美食，作为带馅面食，它营养丰富，更是中国北方人过节时一定会吃的东西。昨天，网上一位网友整理了一份世界各地饺子图，让人突然发现，原来不少国家其实也爱吃饺子，只是吃法和做法不同。

最近，网上一位网友自己做了一份世界饺子地图，用地图简单展示了来自全世界的饺子。饺子地图还在继续整理，网友已经列出的地图中，有二十多种饺子。其中有中国的各种饺子，还有其他国家的各种特色"饺子"，比如法国的小方饺、日本的彩色饺子以及德国施瓦本方饺等。世界饺子地图中，将馄饨和烤包子也算作饺子，进行了介绍。

记者了解到，世界各地的饺子有着不同的特色。比如，日本人常用鱼肉做馅，喜欢把饺子煎着吃，和鱼汤一起吃。俄罗斯的饺子更大，他们常用牛肉、胡萝卜、鸡蛋、洋葱做馅，还喜欢加些辣椒，煮饺子用牛骨头汤，喝汤是第一道菜，吃饺子是第二道菜。世界各地的饺子样子也不同。比如德国施瓦本方饺是方的，意大利的饺子是长的。意大利人包饺子时先把面压成一长条，放好馅后，在面的边上弄些水，再用同样的一条面片放在上面压好，最后用刀切开。

网友看到饺子地图后都觉得很吃惊，"一直以为只有中国有饺子呢，没想到外国人也这么喜欢吃饺子。"

饺子出现于中国古代，随着饮食文化的影响与经济交流等，饺子也被带到了世界各地，其他地方的人根据自己的饮食习惯把饺子改成他们喜欢的味道。因此，很多国外的饺子样子、做法等都不大一样了。

（选自《扬子晚报》，2013年10月30日，有改动）

（一）判断正误，正确的打√，错的打×（16分）
1. 饺子是中国北方人过节时一定会吃的东西。（ ）
2. 不少国家也爱吃饺子，吃法和做法都和中国差不多。（ ）
3. 世界饺子地图是用地图简单展示了来自全世界的饺子。（ ）
4. 世界饺子地图已经制作完成了。（ ）
5. 世界饺子地图中一共列出了二十种饺子。（ ）
6. 中国只有一种饺子。（ ）
7. 许多人没想到外国人也这么喜欢吃饺子。（ ）
8. 饺子是在中国产生的。（ ）

（二）回答问题（6分）
1. 为什么世界各地的饺子样子、做法不一样？（3分）

2. 请简单介绍两种世界饺子地图中列出的饺子。（3分）

阅读二（23分）

北京80后小伙430天游遍全国

刘 琳

2月8日，贺亮终于完成旅行回到北京。他说，这次旅行并不是证明自己走了多少路，他旅行的目的只是想看看外面的世界，感受南北文化的不同，但一路走来，令他印象最深的不是各地美丽的景色，而是人们的热情和友好。

父母同意后开始背包旅行

贺亮是一个从小在北京长大的"80后"，2011年毕业后工作不到半年就辞职了，他想通过自己的能力当一回"背包族"。

"有些事情，现在不做，也许永远都不会做了。"贺亮带着相机和游遍全国的梦想,准备出发。刚开始,他的梦想没有得到父母的支持。"每次和他们聊这件事,他们都不等我把话说完,就不让我说了,他们并不希望我这么做。一次,我上了一个广播旅游节目,节目开始前,我让父母一定要听。节目里,我完整地说了自己的想法,他们认真地听完,最后终于同意了。"

困难的旅行

贺亮的旅行开始时也并不像他想的那么顺利。他常被人怀疑是骗子,饿着肚子坐车,坐别人的车从香格里拉去大理时和十几头牛挤在一起……旅行中有很多困难,可他不怕,坚持了下来。喜欢旅行的人都知道,西藏的墨脱县是中国最难走的地方,但贺亮也一个人到那里走了一次。

热情友好的人们让他感动

比起旅行中的困难,更让贺亮难忘的是别人的鼓励和帮助。"在旅行中,能坐上车、吃饱饭,晚上有地方睡觉就感觉很幸福了。"整个旅行中最让他感动的,是武夷山下的一对夫妻。去年4月,贺亮从福州坐车去武夷山。在那里,住宾馆要花不少钱。路边的一对男女,吸引了他。男主人很实在,听了贺亮的经历,让贺亮住在他家。两张床,一张桌,四把椅子,一台电视……家里只有几件简陋的家具。第二天一早,大家吃早饭时,贺亮面前摆着一碗牛奶,跟那对夫妻的11岁女儿一样,夫妻俩却喝的是粥。

"那碗牛奶,我推了半天都没推出去,真的,心里太感动了。"在聊天中贺亮才知道,夫妻俩是重庆人,来武夷山10年了。因为门票贵,一家三口一直没进去过。最后,贺亮带着这对夫妻的女儿进了武夷山。离开前,贺亮把照片留给了女孩做纪念。

14个月的旅行结束了,贺亮说,他准备去找工作,也计划将这段经历好好总结一下。"我特别希望让大学生们了解我的这段经历。我想告诉他们,有梦想,就会有希望。不管什么事,都让自己试一试,尽力了就好。"

(选自《北京晚报》,2013年3月7日,有改动)

(一) 判断正误,正确的打√,错的打×(16分)

1. 贺亮这次旅行的目的是想感受文化的不同。   (   )
2. 令贺亮印象最深的是各地美丽的景色。   (   )
3. 贺亮的父母一开始就很支持他。   (   )
4. 贺亮在旅行中遇到了很多困难。   (   )
5. 在旅行中,贺亮得到了许多人的帮助。   (   )
6. 在武夷山旅游时,贺亮住在那里的宾馆。   (   )
7. 贺亮带着在武夷山下遇到的那对夫妻和他们的女儿进了武夷山。(   )
8. 贺亮希望让大学生们了解他的经历。   (   )

(二) 回答问题（7分）

1. 在武夷山，贺亮遇到了什么让他感动的事？（3分）

2. 说说你在旅行时遇到的困难，或旅行中让你感动的人或事？（4分）

二、对初级报刊课测试题样例的分析

一是考虑到初级报刊课学生的实际汉语水平，以课本内容考查为主，占总分的55%，以课外内容考查为辅，占总分的45%。

二是试题覆盖报刊课教学内容的不同层级。对课本内容的考查以报刊词语、语句、语段层级为主，注重学生掌握扎实的报刊语言基础。第一、二题以考查报刊词语为主，第三、四题以考查语句为主，第五题以考查语段为主。对课本以外内容的考查以语篇训练为主。这样报刊课教学的主要层级在试题中都有所体现。

三是注意难易度的控制，阅读题虽然是课外内容，但在阅读材料的长度、语言难度等方面都进行严格控制，以适合初级水平的学生。

第四节 中级报刊课测试题与测试结果分析

一、中级报刊课试卷一与结果分析

1. 中级报刊课试卷一（考试真题）

北京师范大学汉语文化学院2010年春季学期201报刊期中考试试题①

(考试时长：100分钟)

201班　　姓名_____　　分数_____

一 画线连词（8分）

创办	结果	培养	新闻
接待	企业	报道	资金
威胁	游客	突破	人才
公布	安全	筹集	限制

二 选词填空（10分）

| 以便 | 对……来说 | 自……起 | 随着 | 然而 |
| 由此可见 | 处于 | 尤其是 | 取决于 | 固然 |

1. 中国的土地面积_____世界的第三位。
2. 工作_____重要，可是也要注意身体健康。
3. 会议中心安排了50名清洁工人，_____迅速清理垃圾。
4. 她很喜欢看电影，_____中国功夫电影。
5. _____我_____，和家人在一起就觉得很幸福。
6. 他来北京后汉语水平提高很快，_____，语言环境对学习外语很重要。
7. _____上个月_____，他每天早上坚持跑步。
8. 在古代社会，农业生产的成败，主要_____季节和天气的变化，以及地理条件的影响。
9. _____人们生活水平的提高，越来越多的中国人喜欢在长假选择出国游。
10. 不会游泳的人最怕掉进水里，_____在红海里，人可以躺在水面上不会沉下去。

三 请按正确的顺序将下列各个句子组成完整的一段话（6分）

1. A. 从而引起了人们生活方式的变化
   B. 而且还改变着人们的心理状态和行为方式
   C. 高科技不仅改变着社会结构和经济运行方式
   正确的顺序是：(　　)(　　)(　　)

---

① 北京师范大学汉语文化学院为了防止考试前漏题，由课程负责人负责命题与保密，在考试前2周将出好的试题提交给学院教务员，由教务员负责统一印制试题。在考试前，教务员将印好的试题交给各课程负责人。考试时由课程负责人带进考场与其他教师一起分发试题给学生。

2. A. 而到 90 年代中期以后,到欧美的旅游者中中国内地游客越来越多了
   B. 80 年代中期到 90 年代中期,欧美旅游市场接待的大多是中国香港和台湾游客
   C. 80 年代中期以前,到欧美旅游的常常是日本人
   正确的顺序是:(　　)(　　)(　　)

四 判断 AB 两句的意思是否相同,相同的打√,不同的打×(8 分)
1. A. 在很多韩国人看来,应该了解当今中国的发展变化。
   B. 很多韩国人认为,应该了解当今中国的发展变化。(　　)
2. A. 即使是通常被看成生活必需品的食品和服装,也追求高品质。
   B. 在被看成生活必需品的食品和服装上,人们并不追求高品质。(　　)
3. A. 网络为人们展现了一种全新的文化空间。
   B. 网络为人们展现了一种与以往大不一样的文化空间。(　　)
4. A. 网络文化并不是完全有益无害。
   B. 网络文化只有好处,没有坏处。(　　)

五 用自己的话或原文中的关键句子,写出下面各段材料的主要内容,字数不得超过 30 个(9 分)
1. 　　目前,我国城市水体污染相当严重。由于城市污水处理率较低,许多城市尚未实现雨水与污水分离,城市污水直接排到河里,河流污染异常严重。一些城区湖泊水体由于污染较为严重,湖中鱼类大量死亡。

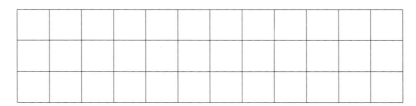

2. 　　"多子多福"的传统生育观念正逐渐为当今的人们所放弃。"多子多福"曾经是使中国人、尤其是中国农民深受影响的观念,它是重视家庭这一最具中国传统特色文化的具体表现形式之一。而多生多育现象则是我国自 20 世纪 70 年代实施计划生育国策以后,农村工作中长期难以解决的重大问题。2001 年对农村的一项调查显示,在今天,合理生育或少生孩子的观念正在农民当中逐渐形成。对于"如果孩子越多,家庭就会越发达越兴旺"这样的观念,仅有 11.8% 的人赞同,而有 84.6% 的人表示了反对态度,另有 3.6% 的人持中性的"一般"态度。

3. 在我国，近年来尾气污染已迅速上升为城市的主要污染源。私车对经济的拉动是事实，而治理污染付出的代价也不应视而不见。以北京为例：北京现在每年在大气治理上要花费 100 亿元，到 2008 年要总共花费近 1000 亿元，其中用于尾气治理的少说也得几百亿。如果再把全国的情况算起来，少说也得千亿元。治理汽车尾气，已成为我国城市必须面对的重要环境课题。

六 话题写作与要求（10 分）

1. 下面的两个话题任选其中的一个：

   话题 1：你们国家什么地方最值得去旅游？为什么？

   话题 2：为了保护环境，你认为应该怎么做？

2. 选用至少 3 个指定的词语：

   | 据……介绍 | 向外 | 游客 | 时尚 | 几乎 |
   | 治理 | 期待 | 污染 | 亟需 | 减轻 |

3. 字数不少于 100 个。

			100字						

七 阅读与写作（49分）

阅读一（24分）

波兰总统专机失事对波政坛影响深远

2010年4月11日 12：16　新华网

新华社记者　马世骏

　　波兰总统卡钦斯基乘坐的图-154专机4月10日上午在俄罗斯西部斯摩棱斯克市附近坠毁，机上96人无一生还。波兰民众认为，这一事件对波兰政坛的影响深远。

　　卡钦斯基是波兰历史上第一位在位遇难的总统。据波兰外交部消息，失事飞机上除波兰总统夫妇外，还有波兰总统办公厅主任、武装力量总参谋长、国家银行行长等多名政府高官和波兰大主教等社会各界知名人士。波兰代表团此行是为了参加在俄罗斯举行的卡廷事件遇难者纪念活动。

　　此次空难使波兰全国陷于悲痛之中。《波兰日报》认为，他们的遇难是"波兰社会一场空前的灾难"。前总统瓦文萨说："这些波兰精英的去世是整个波兰的不幸……其影响将是长期的。"前总统克瓦希涅夫斯基认为，这次空难对波兰社会、政治的影响将是深远的。人们认为，其中的原因至少有三点：

　　首先，遇难的多数人是波兰的精英，在波兰社会具有较大的影响力，他们的遇难会在一定时期内造成整个社会的空虚。在一次空难中，有如此多人尤其是政府要员同时遇难，这在波兰历史上还没有出现过，是波兰非战争死亡人数最多的一次。此次空难不仅是一个悲剧，同时也可能成为波兰国家不稳定的因素。

其次，这些遇难人员均是各党派的精英，他们的遇难对政党的损失是巨大的。目前，在波兰最具影响力的两个党是卡钦斯基创建的法律与公正党以及现任总理领导的公民纲领党。如今，总统的突然离世对法律与公正党来说无疑是一个巨大的损失，会极大地打击该党的影响力和长期发展。出于公众的同情心，空难在短期内会对法律与公正党产生一定的帮助作用，但由于该党在民意测验中一直落后于议会第一大党公民纲领党，从长远看，空难对法律与公正党的影响将是消极的。

第三，今年是波兰总统选举年，按照计划，总统换届选举将在10月举行。此前各党派已经纷纷推出自己的总统候选人竞争总统位置。在这次空难中至少有两位总统候选人遇难。一位是谋求连任的卡钦斯基。媒体不断报道，他将在5月份正式宣布参选。另一位是已经宣布要参选的民主左派联盟候选人、副议长耶日·什马伊津斯基。这两人的突然离世必然会打击所属政党的选举形势，打乱党内布局，改变党对选举形势的判断。

依照波兰宪法，在位总统去世后，代行总统职权的众议长应在14天内作出举行总统选举的决定。继任总统选举将在代总统宣布选举日期60天内举行。目前，整个波兰社会还处在一片悲哀之中，空难势必会影响此次选举结果。

但也有分析人士认为，波兰成为民主国家已经经历了20多年，政治体制和政治制度已经基本形成，各党派间的较量也在斗争中、调整中不断发展成熟，并趋于稳定，空难改变的可能只是总统选举的结果，对波兰政治体制和政治制度不会产生根本性的影响。

(一) 判断正误，正确的打 √，错的打 × (16 分)
 1. 波兰总统的飞机是在俄罗斯境内坠毁的。 (　　)
 2. 波兰总统夫人也在这次事件中失去了生命。 (　　)
 3. 波兰总统这次是去莫斯科访问的。 (　　)
 4. 这次空难将对波兰的政治产生深远的影响。 (　　)
 5. 这次空难造成了波兰国内社会很不稳定的局面。 (　　)
 6. 波兰总统和现任总理是同一个党派。 (　　)
 7. 这次空难事件发生后，波兰原定今年10月的总统选举时间不会改变。 (　　)
 8. 依照波兰宪法，总理将代行在位去世总统的职权。 (　　)

(二) 回答问题 (8 分)
 1. 波兰最有影响力的是哪两个党？从长远看，空难对哪个党不利？(4 分)

 2. 这次空难会根本改变波兰的政治体制和政治制度吗？为什么？(4 分)

阅读二：读完新闻后请写出摘要与看法（25分）

看世博（EXP）成五一最大热门　机票和酒店价格明显上升

2010年4月12日 15：10　新华网

据新闻晨报报道，小长假＋世博会，今年"五一"将迎来一个空前的旅游高峰。记者昨天从本市多家旅行社了解到，今年5月无论是上海还是外地游客参观世博会的热情都非常高，世博游成为"五一"出行最大热门。

选择世博快线一日游最多

携程旅行网旅游业务总监唐一波表示，"五一"小长假正式引来人们参观上海世博会的热潮，期间世博游出发人数明显超过其他旅游线路。其中，选择世博快线一日游方式参观人数最多；包括机票、酒店和世博团队参观的世博自由行也成为参观上海世博会的一大主流方式。很多游客还将顺道游览长三角，"上海＋周边"行程人气也迅速上升，热门的有"上海世博＋水乡古镇""南京＋上海""杭州＋上海"等线路。

随着世博会客流大幅增加，机票和酒店价格都有明显上涨，"五一"世博旅游产品报价也水涨船高。记者了解到，今年"五一"前后上海进出港航线的机票价格全面上涨，5月1日至5月3日，上海往返一些一线城市的几条重要航线的机票都已经恢复至全价，酒店房间也特别走俏，平均价格涨了两成左右。

来自多家旅行社的信息显示，不仅是许多上海游客将在5月份进入世博园参观，包括长三角等在内的其他地区的游客，也将有一大部分选择在5月份进园看世博。记者了解到，目前扬州、无锡、苏州等地旅行社的世博游线路，均已有数万人报名。

世博游订单在"排队"

由于世博会将持续至10月末结束，世博行情不仅集中在5、6月，9至10月也有大量"世博订单"。来自上海旅游集散中心的信息显示，游客选择的世博线路出发日期遍布4月30日到10月31日的整个世博会期间。除了出发日为5月、6月外的订单格外多以外，出发日为8月份以后的世博订单也占了一定比例，甚至还有9月、10月的订单。

旅游行业人士分析认为，从目前的情况来看，5月份肯定是世博游大热的一个月份，而7到8月份由于将有大量家庭游客带着孩子及老人进世博园参观，预计也将是园内人流较高的月份。相比之下，6月和9月参观人群可能相对较少，而10月预计又将会迎来一个参观高潮。（记者　李宝花）

（一）摘要（15分）

要求写出主要内容，100个字左右。

100字

(二) 看法 (10分) 100字以上

		100字							

2.考前一周发给学生的中级报刊课试题题型介绍

以北京师范大学汉语文化学院2010年春季学期201报刊期中考试试题为例，题型如下：

一、画线连词（8分）：8道关于语言点动词的题。

二、选词填空（10分）10道关于语言点的题。

三、请按正确的顺序将下列各个句子组成完整的一段话（6分）：2题，每题3个句子排序，句子为课文中的句子。

四、判断AB两句的意思是否相同，相同的打√，不同的打×（8分）：4题，课文中句子、课后练习。

五、用自己的话或原文中的关键句子，写出下面各段材料的主要内容，字数不得超过30个（9分）：3题，其中2题选自课文，1题选自书中练习八的阅读材料。

六、话题写作与要求（10分）

下面的两个话题任选其中的一个；两个话题选自课本练习七。

选用至少3个指定的词语；10个都是学过的词语，在课本练习七列出过。

字数不少于100个。

七、阅读与写作：（49分）

阅读一（24分）

（一）判断正误，正确的打√，错的打×（16分）：8个题。

（二）回答问题（8分）：2道题。

阅读二　读完新闻后请写出摘要与看法（25 分）
（一）摘要（15 分）要求写出主要内容，100 个字左右。
（二）看法（10 分）100 字以上。
3. 学生考试结果统计
全年级随机抽取 5 个班级共 84 名学生的考试结果进行分析。

表 4　对 84 名学生考试结果的统计

题　号		得分率
一、画线连词（8 分）：8 题	创办	0.96
	接待	0.99
	威胁	0.96
	公布	0.94
	培养	0.96
	报道	1.00
	突破	0.96
	筹集	0.96
	合计	0.97
二、选词填空（10 分）：10 题	1	0.93
	2	0.86
	3	0.86
	4	0.90
	5	0.96
	6	0.86
	7	1.00
	8	0.77
	9	0.93
	10	0.81
	合计	0.89
三、句子排序（6 分）：2 题	1	0.91
	2	0.97
	合计	0.94
四、判断 AB 两句的意思是否相同（8 分）：4 题	1	0.99
	2	0.98
	3	0.68
	4	0.91
	合计	0.91

续表

题　号				得分率
五、概括段意（9分）：3题		1		0.89
		2		0.70
		3		0.84
		合计		0.81
六、话题写作（10分）		1		0.83
七、阅读与写作（49分）	阅读一（24分）	判断正误（16分）：8题	1	0.82
			2	0.90
			3	0.89
			4	0.85
			5	0.46
			6	0.77
			7	0.62
			8	0.49
			合计	0.73
		回答问题（8分）：2题	1	0.85
			2	0.72
			合计	0.79
		阅读一得分合计		0.75
	阅读二	摘要（15分）		0.95
		看法（10分）		0.83
		合计		0.90
	阅读一、二合计			0.83
整套试卷合计				0.86

4. 学生考试结果分析

一是从整体上看，七大题得分率由高到低依次排列次序为：一、画线连词0.97＞三、句子排序0.94＞四、判断AB两句的意思是否相同0.91＞二、选词填空0.89＞六、话题写作0.83；七、阅读与写作0.83＞五、概括段意0.81。

二是从主观题与客观题得分率来看，两者在整体上比较接近。在主观题与客观题内部，各题型得分率相差较大。在客观题中，画线连词、句子排序、判断AB两句的意思是否相同、选词填空的得分率明显高于阅读一的判断正误题型。在主观题中，阅读二摘要与看法写作的得分率明显高于话题写作、概况段意、阅读一回答问题等题型。

表 5　客观题与主观题的得分率

客观题	一、画线连词	三、句子排序	四、判断AB两句的意思是否相同	二、选词填空	七、阅读一：判断正误	客观题总得分率
得分率	0.97	0.94	0.91	0.89	0.73	0.86
主观题	六、话题写作	七、阅读一：回答问题	七、阅读二	五、概括段意		主观题总得分率
得分率	0.83	0.79	0.90	0.81		0.85

三是从考查课本内容为主的题型与考查课本以外内容的题型得分率来看，前者要高于后者。

表 6　考查课本内容的题型与考查课本以外内容的题型得分率

考查课本内容的题型	一、画线连词；二、选词填空；三、句子排序；四、判断AB两句的意思是否相同；五、概括段意；六、话题写作
得分率	0.89
考查课本内容的题型	七、阅读与写作
得分率	0.83

四是从试题所涉及的语言层级来看，属于考查词语、句子层级的题型得分率要高于考查语段、语篇层级的题型得分率，说明报刊课学习者对报刊词语、句子的掌握与理解要好于对报刊语段、语篇的理解。

表 7　考查不同语言层级的题型的得分率

考查词语层级的题型	一、画线连词	二、选词填空
得分率	0.97	0.89
考查句子层级的题型	三、句子排序	四、判断AB两句的意思是否相同
得分率	0.94	0.91
考查语段层级的题型	五、概括段意	
得分率	0.81	
考查语篇层级的题型	六、话题写作	七、阅读与写作
得分率	0.83	0.83

五是从第七题阅读与写作内部不同题型的得分率来看，摘要写作0.95＞看法写作＞0.83＞回答问题0.79＞判断正误0.73。说明报刊课学习者对报刊摘要写作的技巧掌握得比较好，知道抓取全文的关键段落、关键句。看法写作得分率明显低于摘要写作，说明难度增加。回答问题与判断正误的得分率偏低，可能与阅读材料较难有一定关系，特别是判断正误的第5、8两题的得分率分别为0.46、0.49，做对的同学不到半数，影响了判断正误题的整体得分率。

整体来说，这套试题难度适中，略偏容易，学生对考查课内内容的题型得分率高于课外内容的题型得分率；学生对报刊词语、句子的理解要好于对语段、语篇的理解；两篇阅读理解中，学生对阅读二的理解要好于对阅读一的理解。报刊课的教学要加强对语段、语篇方面的训练与强化。

二、中级报刊课试卷二与测试结果分析

1. 中级报刊课试卷二（考试真题）

北京师范大学汉语文化学院期中考试试题

考试科目：201报刊　　　　　　2011年11月

班级：_____　　　　　　姓名：_____

一 给下列每个动词搭配一个适当的词语（8分）

展开_____　　　　　　采取_____

效仿_____　　　　　　欣赏_____

分散_____　　　　　　开设_____

引导_____　　　　　　充满_____

二 选词填空（10分）

| 位于 | 除……外 | 据悉 | 自……以来 | 干脆 |
| 何必 | 无论 | 仍旧 | 从……看 | 简而言之 |

1. 中泰两国的经贸关系_____20世纪90年代_____，一直稳步增长。
2. 她只是和你开个玩笑，你_____生气呢？
3. 八达岭长城_____北京西北延庆县境内。
4. 他已超过80岁了，却_____精力充沛。

5. 公司经理的主要职能之一就是决策。决策，_____，就是作出决定。
6. _____中国古代文字结构_____，凡是同货币、价值有关的汉字，大都带"贝"字，如赏赐、宝货等等。
7. 汽车模特的要求是比较高的，_____身材要好_____，还要在气质、文化修养方面必须合格。
8. 面对金融危机，_____是大公司还是小公司，都面临着巨大的挑战。
9. 中国网球明星李娜个性鲜明，说话_____，和她球场上的打球风格一样。
10. 上海的高楼"太多了"，应该严格控制。_____，上海市政府已经去掉了一批不合理的高楼建设项目。

三 请按正确的顺序将下列各个句子组成完整的一段话（6分）

1. A. 当然要选择古代皇帝登山的路线
   B. 这条历史悠久的登顶路位于泰山前山中间位置
   C. 徒步登泰山
   正确的顺序是：（   ）（   ）（   ）

2. A. 在一些朋友的建议下，他参加了朋友组织的登山活动
   B. 陈先生平时工作繁琐，经常头晕眼花，打不起精神
   C. 半年下来，他感觉身体各方面都发生了很大的改变
   正确的语序是：（   ）（   ）（   ）

四 完形填空（8分）

（一）

| 一旦 | 随着 | 对于 | 更重要的是 |

_____"漂流"的名气越来越大，北京、上海、沈阳和深圳都有人跑去找张雷谋求加盟，张雷认为，_____接收加盟商，诚信和服务质量就主要取决于加盟者个人的责任心和耐心，比较难控制和监管。_____，理想主义色彩极浓的他并不把慢递视为以利益为中心的商业模式，_____这个行当，他更看重情感寄托。

（二）

| 其实 | 有利于 | 指出 | 不管 |

糖对人体是十分重要的。营养和食品专家_____，人们对糖的误解太深。_____，糖与许多"现代文明病"没有必然的关联，适量吃糖对人体健康有好处。糖是健脑食品，_____是年轻人或者老年人，吃糖都_____提高记忆力。

五 用自己的话或原文中的关键句子，写出下面各段材料的主要内容，字数不得超过30个（9分）

1. 　　仅在几年前，提起中医保健和养生，很多人还会联想到足疗店、美容馆

和一些气功大师的身影。而近两年，中医养生保健迅速从街角走向荧屏，不少养生保健类节目长期处于电视收视率的前三位，各大书店的中医养生保健类书籍更是畅销，中医保健名人受到前所未有的追捧与尊敬。可见，近些年养生保健业越来越受重视。

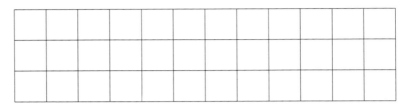

2. 网络生活方式正在改变着城市建设。如果人们完全可以通过网络买东西、工作和玩，那么城市中的很多地方是不是就没有用了？报纸刊物都可以在网络上看到之后，还用去工厂印刷吗？如果在网络上买东西更快、更便宜、更方便，有多少人还会去逛街呢？在网络差不多可以实现一切愿望的时候，城市空间也许会完全不一样。如果人们完全可以坐在家里通过网络工作，那又何必一定要挤在同一座"容易挣钱的大城市"里呢？如果真是这样，大城市和小城市的房屋价格差别还会不会像现在这样大？

3. 一般来讲，人们比较适应自己出生地区的气候。就中国而言，南方人比较适应潮湿多雨，北方人比较适应干旱多风。一旦迁居他乡就可能出现水土不服，还会产生疾病。当地或是区域气候发生变化，人们还未适应时，就会对健康产生影响、出现疾病甚至死亡。

六 阅读与写作（49分）

阅读一（24分）

中国文化海外热的冷思考

人民日报海外版　2011年3月23日

　　越来越多的外国人开始说起汉语、练起书法，穿上唐装；数不尽的洋建筑摆进了中式红木家具，吃中国菜，学中国功夫，挂中国结，唱京剧……无不体现了外国朋友对中国传统文化的喜爱。这是否显示中国文化已经被海外朋友广泛理解并接受？

事件：全球汉语、汉字热

　　近期，据法国欧洲时报网报道，在第29届巴黎语言博览会上，中国驻法国大使馆举办"汉语架彩虹"主题招待会上，身着唐装，挂着金锁一类的中国传统饰物的法国客人不断出现，熟人相见，都要用中文道上一句"新年好"……而法国的汉语热早在几年前从巴黎街头的一则广告中便可以体会："学汉语吧，那意味着你未来几十年的机会和财富。"

　　与中国的强势发展相呼应，在全球汉语正在成为一种强势语言。许多欧美国家已将汉语列入高考外语考试任选科目之中，世界上把汉语当作外语来学习的人已经过亿，据不完全数字统计，截至2011年中国已在96个国家和地区开设322所孔子学院和369个孔子课堂。

专家观点：许琳（中国国务院参事、汉办主任）

　　全世界人民学汉语的热潮已成了再也挡不住的势头，但并不只有乐观。孔子学院要继续加大汉语教师培养和培训力度，提高中方派出教师的水平，扩大本土教师规模，集中人力、物力和财力，力争在短时间内在教材开发方面取得新突破。此外，还要创新汉语教学本土化方法，增强针对性和时效性。

多方声音：

　　作为一个国家语言文化传播机构，要请出两千多年前的孔子来冠名和担当品牌形象，恰恰说明当代中国文化内涵中的生命力不够和感召力上的欠缺。孔子学院传播的是文化，体现的更是文化的生命力和感召力。京剧和饺子不能称为中华文化的代表。传播中华文化需要努力的绝不仅仅是汉办。

事件：中国红木家具受欢迎

　　近几年传承中国古典文化的中式红木家具在世界越来越受欢迎。红木家具风，如今已经吹到了世界各地。如今中式红木家具又被很多商家加上了文化品牌的标签，价格更高，且消费市场更大。

　　许多英国人把红木家具摆在家里作为上等的名品来展示。在法国，大部分购买正宗红木家具的顾客都属于中年以上的高收入人群，选购时往往喜欢古典款式，有较大的收藏目的，因考虑到文化差异和在设计工艺方面仍不足以满足国外消费者的口味，一些法国家具生产商正在尝试加入西方元素设计一些现代风格的红木家具，以适应欧洲人的爱好与品味。

专家观点：于丹（北京师范大学艺术与传媒学院教授）

品牌不是靠资金和规模堆起来的，而是靠品质生长出来的。有些文化品牌的"牌"打得很好，但是缺乏文化内涵的传播。如果只是传授一些文化符号，而不注重通过文化的沟通去传递中国的价值观，恐怕还不够。任何文化都是有载体的，但是要超越载体和符号，实现精神上的默契。

多方声音：

中国文化传播不能仅局限在形式上，更不能单纯被经济利益所驱使。中国文化品牌不仅仅是剪纸、方块字、家具，更应该包括中华文明能够持续数千年的强大生命力，让外国人真正体会到中国文化的影响力。

（一）判断正误，正确的打√，错的打×（16分）

1. 现在越来越多的外国人学习汉语，但练书法的人很少。（　）
2. 中国功夫、中国结、京剧，都是中国的传统文化。（　）
3. 在第29届巴黎语言博览会上，很少有法国客人穿唐装。（　）
4. 本文作者用法国街头的广告来说明广告的重要性。（　）
5. 汉办主任许琳认为目前的汉语热中教材方面不存在问题。（　）
6. "多方声音"对当代中国文化感到不满。（　）
7. 目前中式红木家具还不能很好地满足海外消费者的口味。（　）
8. 本文作者认为中国文化已经被海外朋友广泛理解并接受。（　）

（二）回答问题（8分）

1. 为什么说"在全球汉语正在成为一种强势语言"？（4分）

2. "多方声音"是怎样看待中国文化品牌的？（4分）

阅读二：读完新闻后请写出摘要与看法（25分）

美国人对中国好感度上升

人民日报　2011年1月31日

本报上海1月30日电　上海交通大学今天发布"美国人眼中的中国"大型调查结果。调查显示，美国人对中国的总体印象好感度上升，了解增加，更重视中美关系，但对中国的流行文化和传统文化认知度都相当低。

这一调查是上海交通大学国家形象与城市文化创新战略研究基地"中国形象全球调查"系列的一部分，也是中国学术机构首次开展有关中国形象的跨国调查项目。

调查由上海交大与美国杜克大学、印第安那大学联合组织,在 2010 年 6 月至 11 月开展,最终收集 810 份有效问卷,调研采用电话访问的形式,并应用随机数字拨号系统,以保证调查样本具有代表性。

近八成受访者认为"中国在世界上的影响力将增加"

调查者采用了"情感温度计"来评估美国民众对中国的总体看法。在 0 至 100 度之间,中国得分 47.97 度,处于好感度中间的区段。专家发现,随着中美经贸关系的深入,美国民众越来越多地感受到中国商品价钱便宜的好处,对中国的好感度不断上升。

调查显示,61% 的美国民众认为"中国已经在世界政治中具有影响力";77% 的受访者认为"十年之后,中国在世界上的影响力将增加";64% 的美国民众基本认同"中国的经济具有国际竞争力"。

多数美国民众都非常重视中美关系,并认为双方有较多的共同利益,并不把中国看作像前苏联似的敌对竞争对手。在被问及"如果美国彻底断绝与中国的贸易往来,您认为对美国经济的伤害更大,还是对中国经济的伤害更大?"时,近六成美国民众认为对美国经济的伤害更大,七成民众将中国视为盟友或保持中立态度。

超过五成受访者认为"中国有满足其公众需求的政治制度"

虽然有 55% 的美国民众认为"中国有满足其公众需求的政治制度",显示了美国人对中国的了解增多,但对中国的政治制度,美国人缺少认同。

调查发现,不同党派的受访者对于"中国是美国的敌人、中立还是盟友?"的认知上有很大差异。共和党人士中,有 54% 的人认为"中国是美国的盟友",不足 20% 的人认为"中国是美国的敌人";38.7% 的民主党人士和 37.4% 的无党派人士认同"中国是美国的盟友",约 1/3 的人持中立态度。在美国人对中国的总体印象中,美国媒体起着重要作用。受访美国民众获取新闻的主要方式依次是电视、报纸、网络和广播。看电视较多的美国民众更倾向于认同"中国有非常吸引人的流行文化"。上网越频繁的美国人,越认为"中国影响力会增加"。

超七成受访者不认为"中国有非常吸引人的流行文化"

具体的文化差异体现在中美双方的文化观上。美国民众更强调"个人",但他们也认同中国的传统文化观念,认同"如果产生了冲突或矛盾,我们应该让长者来主持正义""为了家庭的利益,个人应该把自己的利益放在第二位""即使父母的要求不合理,子女仍应按照父母的要求去做""个人利益应当为了国家利益而牺牲"等。

在经济领域之外,美国人对中国的文化了解甚少。72.5% 的美国人不认为"中国有非常吸引人的流行文化",仅 40.6% 的人认为"中国有非常丰富的文化遗产"。可见,无论是现代流行文化,还是让国人自豪的"五千年文明古国"的传统文化,都没有在美国民众心目中留下深刻印象。

(一) 摘要 (15分)

要求写出主要内容，100字左右。

(二) 看法 (10分) 100字以上

七、话题写作与要求（10分）

1. 下面的两个话题任选其中的一个

   话题1：你觉得应该怎么做才能保持身体健康？

   话题2：你最喜欢的休闲活动是什么？为什么？

2. 选用至少3个指定的词语，并将所选的词语在作文中标出来

健壮	长寿	改造	投入	维持
渴望	珍惜	宁静	擅长	寄托

3. 字数不少于100个

2. 中级报刊课学生试卷二的考试结果统计

全年级9个班级共161名学生的考试结果进行分析。

表8　对161名学生考试结果的统计

题　号		得分率
一、词语搭配（8分）：8题	展开	0.98
	效仿	0.99
	分散	0.97
	引导	0.98
	采取	0.99
	欣赏	0.99
	开设	0.97
	充满	0.97
	合计	0.98
二、选词填空（10分）：10题	1	0.84
	2	0.84
	3	0.81
	4	0.83
	5	1.00
	6	0.93
	7	1.00
	8	0.79
	9	0.93
	10	0.84
	合计	0.88
三、句子排序（6分）：2题	1	0.84
	2	0.98
	合计	0.91
四、完形填空（8分）：4题	1	0.97
	2	0.93
	3	0.73
	4	0.95
	合计	0.90
五、概括段意（9分）：3题	1	0.83
	2	0.77
	3	0.77
	合计	0.79

续表

题 号			得分率
六、阅读与写作（49分）	阅读一（24分）	判断正误（16分）：8题	
		1	0.93
		2	0.96
		3	0.92
		4	0.49
		5	0.71
		6	0.83
		7	0.50
		8	0.57
		合计	0.74
		回答问题（8分）：2题	
		1	0.45
		2	0.50
		合计	0.48
		阅读一得分合计	0.65
	阅读二	摘要（15分）	0.88
		看法（10分）	0.75
		合计	0.82
	阅读一、二合计		0.74
七、话题写作与要求（10分）	1		0.68
整套试卷合计			0.79

3. 中级报刊课学生考试结果分析

一是从整体上看，试卷二七大题得分率由高到低依次排列次序为：一、词语搭配 0.98＞三、句子排序 0.91＞四、完形填空 0.90＞二、选词填空 0.88＞五、概括段意 0.79＞六、阅读与写作 0.74＞七、话题写作 0.68。与试卷一的得分率相比，整体排序很一致，唯一的区别是概括段意题与话题写作题的次序互换。

二是从主观题与客观题得分率来看，客观题的得分率明显高于主观题的得分率，这与试卷一的结果分布不同。在主观题与客观题内部，各题型得分率相差较大。在客观题中，词语搭配、句子排序、完形填空、选词填空的得分率明显高于阅读一的判断正误题型。在主观题中，阅读二摘要与看法写作的得分率明显高于话题写作、概况段意、阅读一回答问题等题型。

表 9 客观题与主观题的得分率

客观题	一、词语搭配	三、句子排序	四、完形填空	二、选词填空	六、阅读一：判断正误	客观题总得分率
得分率	0.98	0.91	0.90	0.88	0.74	0.86
主观题	七、话题写作	六、阅读一：回答问题	六、阅读二	五、概括段意		主观题总得分率
得分率	0.68	0.48	0.82	0.79		0.74

三是从考查课本内容为主的题型与考查课本以外内容的题型得分率来看，前者要明显高于后者。这与试卷一的统计结果一致。

表 10 考查课本内容的题型与考查课本以外内容的题型得分率

考查课本内容的题型	一、词语搭配；二、选词填空；三、句子排序；四、完形填空；五、概括段意；七、话题写作
得分率	0.84
考查课外内容的题型	六、阅读与写作
得分率	0.74

四是从试题所涉及的语言层级来看，属于考查词语、句子层级的题型得分率要高于考查语段、语篇层级的题型得分率，说明报刊课学习者对报刊词语、句子的掌握与理解要好于对报刊语段、语篇的理解。这方面的结果与试题一的统计结果一致。

表 11 考查不同语言层级的题型的得分率

考查词语层级的题型	一、词语搭配	二、选词填空
得分率	0.98	0.88
考查句子层级的题型	三、句子排序	四、完形填空
得分率	0.91	0.90
考查语段层级的题型	五、概括段意	
得分率	0.79	
考查语篇层级的题型	六、阅读与写作	七、话题写作
得分率	0.74	0.68

五是从第六题阅读与写作内部不同题型的得分率来看，摘要写作 0.88＞看法写作 0.75＞判断正误 0.74＞回答问题 0.48。说明报刊课学习者对报刊摘要写作的技巧掌握得比较好，知道抓取全文的关键段落、关键句。看法写作得分率明显低于摘要写作，说明难度增加。回答问题与判断正误的得分率偏低，特别是回答问题的得分率为 0.48，为试卷二中得分率最低的题型。

　　整的来说，这两套试题难度适中，试卷二比试卷一略难，学生对考查课内内容的题型得分率高于考查课外内容的题型得分率；学生对报刊词语、句子的理解要好于对语段、语篇的理解；两篇阅读理解中，学生对阅读二的理解要好于对阅读一的理解，即学生对报刊摘要写作与看法写作的得分率要高于判断正误、回答问题的得分率。报刊课的教学要加强对语段、语篇方面的训练与强化。

第五节　高级报刊课测试题及分析

一、高级报刊课试卷一（考试真题）

（402 年级）高级报刊期末考试试卷

姓名：_____　　　　　得分：_____

阅读一（35 分）

微博"闪婚"进行时

　　不愿出门，每天单位和家两点一线，打开电脑应有尽有……这样的生活方式被称为"宅文化"，越来越多都市年轻人主动或被动陷入宅文化，形成一种超越血缘、地缘等传统社会组织结构的新型社会关系，以前一些闻所未闻的事情也随之发生。

　　2 月 14 日情人节，记者在搜狐网举办的微博相亲会上了解到，两名年轻人在微博相亲见面仅六天后，就领取了结婚证，被网友称之为"史上第一例微博婚姻"。这大大突破了传统相亲模式，引起了广泛关注。

28 岁女白领闪婚

　　去年 7 月，在北京工作的一名武汉女孩注册了搜狐微博，取名为"猪嫩嫩"。猪嫩嫩当时做市场推广工作,是一名地道的北京白领。她的性格活泼,爱好广泛。

足球、工作和时尚,是猪嫩嫩早期在微博上发表的主要内容。常去泡吧的猪嫩嫩自身条件不错,有不少人追求,却总是遇不到合适的对象。眼看自己28岁了,她也希望早点成家。

今年1月初,搜狐微博组织相亲活动,从所有报名的女孩中挑出7个人,每天通过网站、微博等平台,把其中一人推荐给其他网友。

猪嫩嫩将自己的年龄、身高、体重、择偶标准等信息,以及个人照片推送至搜狐官方微博。经过现场评选,条件出众的猪嫩嫩得到了被网站推荐的机会。

此后的几天,猪嫩嫩的粉丝达到数万人,很多男士通过微博发送求爱信息。1月27日,猪嫩嫩挑选了3位粉丝见面,与粉丝"淇迹"一见钟情。见面会结束后,她主动邀请"淇迹"共进晚餐。2月1日,猪嫩嫩与"淇迹"登记结婚。

见面6天后闪婚,不少网友被猪嫩嫩的做法震惊了,称她的闪婚为"史上第一微博婚姻"。

不敢告知父母实情

一位大龄女白领,多年未遇到合适人选,而与"淇迹"相识6天便结婚,是否仓促了一些?猪嫩嫩说,经过简单的沟通,她发现与"淇迹"有很多共同的朋友。两人曾经都喜欢泡吧,如今都真心想好好过日子。"通过微博,可以了解一个人的真实情况。以后的生活肯定会有挫折,但我们有信心共同面对。"猪嫩嫩说,与"淇迹"相识三天后,她就在微博上公布了婚讯,如果不是春运期间快递延误,耽误了寄送户口簿,他们可能相识三天就领证了。

自己有信心"闪婚",父母却不一定能理解。当初,猪嫩嫩骗父母说,她与"淇迹"已相识一年多了,还说服姐姐做"内应"。今年春节,猪嫩嫩带着丈夫回武汉过年,她的父母也非常喜欢这位女婿。

搜狐微博的工作人员介绍,1月27日,他们举办了第一轮"女选男"见面会,7位相亲之星中有5位牵手成功,猪嫩嫩就是其中一位。2月11日举行的第二轮见面会,7位相亲之星同样有5对相亲成功。通过此次活动,微博相亲将会受到更多年轻人的追捧。

"很少有网络之外的婚姻机会"

在这次微博相亲会上,参与者可从现场大屏幕上找到心仪对象的微博,通过微博向对方表露心意。现场虽然有100人,但他们很少互相交谈,不是盯着大屏幕上的嘉宾资料,就是低头用手机登陆微博进行私信交流。

一位在场的女孩说:"我没有邂逅一份靠谱的校园爱情,也没有从两小无猜到牵手到老的幸运,工作和家两点一线的生活方式让我感觉,网络相亲几乎是我唯一能找寻另一半的方式,我很少有网络之外的婚姻机会。"

而此前通过微博结缘的10对情侣受邀到现场,与博友们分享恋爱经历并为参与者打气。创造"史上第一微博婚姻"的女主角"猪嫩嫩"表示:"尽管我们真正见面只有三天，但我们在网上已经了解对方许多。我会经常关注他的微博，那是他展现自我最真实的地方。"

对于微博闪婚，有人认为这是科技进步对传统的一种冲击，但这种冲击只是形式上的，追求稳定幸福的本质则没有变。因为微博有助于撕开外部伪装，了解人的内心世界。80后、90后更易接受微博相亲这种形式来真实地表现自我。

"借助微博打开社交圈"

互联网专家认为，微博的简单，降低了写作门槛。每个人可以随时随地用一句话来表现当时心境，减少了矫揉造作成分。微博的真实性、自由性成为了人们最快的深度了解的渠道，微博的社交属性为众多男女造就了姻缘的可能性。

相比面对面相亲、电视相亲栏目，微博相亲少了造作成分。互联网发展使得网络能满足人们现实中很多需求，年轻人越来越依赖网络。互联网背景下的"宅"习惯和工作压力，致使很多年轻人在现实生活中社交面变窄。"上班后，我发现我自己的生活圈其实变得很窄，平时都在家上网，身边的朋友多是闺密。我很希望借助微博平台打开自己的社交圈。"一名相亲者说。

搜狐公司董事局主席张朝阳表示："微博本身也是一种社交网络，国外的社交网络刚开始也都是相亲开始的。我们用微博相亲，体现了微博本质是人与人之间的交流。"

用微博真实了解另一半

虽然微博相亲尚未得到广泛认同，但已继电视相亲后成为一种新型相亲方式。在很多年轻人眼中，微博相亲节省社交成本，符合自己的生活方式，而且可以通过持续关注对方的微博来加深了解。

对于"史上第一例微博婚姻"，一些网友虽羡慕但又保持着怀疑，"我觉得他们真厉害，但草率的举动可能不会持续太久。"

这例婚姻的女主角"猪嫩嫩"则对记者表示："我当然不傻，现在社会上骗子这么多，我反而觉得微博能够真正了解他内心。"

也有专家提醒，微博只是人与人之间交际的方式之一，大家还是应立足自身，在真实可靠的基础上寻找个人幸福，避免"闪婚"后又"闪离"。

（一）判断题，正确的打√，错误的打×（30分）
1. "史上第一例微博婚姻"的双方见面三天后就领取了结婚证。（　）
2. "猪嫩嫩"自身条件很好，但她太忙了，没时间找对象。（　）
3. "猪嫩嫩"开始的时候怀疑"淇迹"是个骗子。（　）
4. "猪嫩嫩"的父母支持他们闪婚。（　）
5. "猪嫩嫩"告诉了父母实情。（　）
6. 搜狐微博举办的两轮相亲会，成功率比较高。（　）
7. 80后、90后更易接受微博相亲这种形式来真实地表现自我。（　）

8. 微博本质是增进人与人之间的交流。（　）
9. 在很多年轻人眼中，微博相亲节省社交成本，符合自己的生活方式，而且可以通过持续关注对方的微博来加深了解。（　）
10. 年轻人希望靠微博打开自己的社交圈。（　）
11. 相比面对面相亲、电视相亲栏目，微博相亲更真实自然，更受年轻人欢迎。（　）
12. 微博相亲已得到广泛的认可。（　）
13. 微博相亲很有发展前景。（　）
14. "猪嫩嫩"对自己的婚姻充满自信。（　）
15. 微博相亲，容易造成"闪婚"后又"闪离"的不足。（　）

（二）回答问题（5分）

为什么互联网专家认为微博为众多男女带来了姻缘的机会？

阅读二（30分）

人们的健康状况和幸福感与财富多少无关

- 90％的人认为健康责任在于自身，但大多数人不愿采取行动
- 生活成本和收入问题是人们的两大担忧
- 与朋友家人共度美好时光，是获得健康和幸福感的全球通用妙方
- 中国的数据显示，人们对与周围人群的人际关系普遍感到满意
- 约有一半受访者希望自己可以活到80岁以上

中国北京—荷兰皇家飞利浦电子公司近日发布了"飞利浦健康和幸福感指数：全球观点"报告。该报告指出生活在印度、阿联酋、沙特阿拉伯和新加坡的人们，在被问及他们的健康状况和幸福感时，观点远比更发达国家的人们要积极，如日本人、欧洲多数国家的人们和美国人。报告评选出了对人们健康和幸福感影响最大的根本动因——健康、工作和人际关系，调查结果显示了人们对于这些动因的重要性和满意度的不同看法。

财富等同于健康吗？

该报告显示，全球60％受访者对目前的健康和幸福状况表示满意。但深入分析了美国、巴西和欧洲多数国家以后，调查发现他们的实际状况没有他们自己认为的那么好，而亚洲和亚太地区情况却恰恰相反。具体来说，阿联酋（88％）、沙特阿拉伯（78％）、新加坡（68％）和中国（60％）的受访者对实际健康状况与幸福感表示满意，得分最高；得分最低的是日本，仅为27％。

身体健康和心理健康是我们评估整体健康和幸福感的两个最重要驱动因素，在身体健康指数方面，日本（24％）和英国（40％），在身体健康指数方面得分最低，

阿联酋（93%）和印度（84%）得分最高。对体重不满是所有国家的普遍现象，人们对身体健康的整体满意度与体重紧密相连，尤其是女性。在中国，一半左右的受访者认为他们处于"亚健康"状态，尤其是睡眠质量不够好，睡眠时间不够充足。

心理健康指数得分从某种程度上也反映了身体健康指数的得分，阿联酋（94%）遥遥领先于其他国家，得分最高，而日本（26%）得分最低，表明人们的身体健康和心理健康具有潜在联系。压力也是影响健康和幸福感的一个重要动因，这一点并不令人惊讶，有70%的受访者表示受到了压力的影响，印度（95%）、台湾（94%）和韩国（94%）压力最大。在很多国家，压力的重要来源之一是医疗费用问题，特别是在阿联酋（70%）、新加坡（68%）和美国（67%）。

我们是否对自己的健康足够关注，是否采取了行动？

90%的受访者认为个人健康责任掌握在自己手中，但对个人健康责任的意识并不总是能够转化为行动。虽然近三分之二的受访者表示，如果遇到具体的健康问题将去看医生，但是半数以上受访者表示不会遵循医生的建议，只有39%的受访者去做应该做的医疗检查。而在中国，半数以上的受访者每年都会做一次常规体检。

仅有42%的受访者认为他们达到了与年龄相称的足够健康程度，并且只有22%的受访者认为身体状态比以前好，这一现象虽然令人遗憾，但也在意料之中。尽管各国都在开展各种各样的全民健康运动，但是几乎一半受访者表示运动量不够，只有35%的受访者认为他们的饮食比他人更健康。

医生在大多数国家仍然是医疗信息的第一来源，但日本是个例外，互联网是日本人获取医疗信息的首要来源，在荷兰、巴西和意大利互联网也是获取医疗建议的最可能渠道，但亚洲人更倾向于咨询家人和朋友。

为了生活而工作，还是为了工作而生活？

工作是健康和幸福感的重大驱动因素，与工作相关的问题，如支付账单、为将来储蓄、可能失去工作的风险是人们众多压力的来源。尤其是收入和生活成本，对我们的健康和幸福感有巨大影响。

或许令人吃惊的是，那些最担心收入满足不了生活成本支出的受调查者来自于日本、英国和美国这些发达国家，这一情况降低了这三个国家整体健康和幸福感的总体得分。就收入本身而言，土耳其人是最满意的，日本人和巴西人最不满意。就工作以外时间而言，土耳其人和法国人最满意，在很多亚洲国家，假期缺乏是一大担忧。根据工作指数得分，似乎中东人（包括阿联酋和沙特阿拉伯）是在工作中最愉快的，日本人和英国人的工作满意度最低。

对朋友关系满意度高于对配偶关系满意度

尽管来自工作和经济上的压力降低了全球整体健康幸福感，但在家中放松和与朋友家人共度美好时光是提升幸福感的主要方式，这在中东和亚洲最为明显，这也许是这些国家获得健康和幸福感指数高分的重要原因。这方面日本是个例外，指数得分也最低。德国人、美国人和西班牙人最愿意与家人朋友共度时光、在家里放松或进行户外活动;荷兰人更加注重在家的休憩,而不是与朋友家人一起;韩国人比较喜欢花时间在个人爱好上。

报告进一步称,尽管我们对和家人朋友的关系基本满意,但大多数人对不能跟他们有足够时间共处而感到遗憾。或许出于对配偶的担忧,所有国家的受访者无一例外地表示,他们对与家人朋友的关系的满意度高于对配偶关系的满意度,但令人欣慰的是,人们对配偶关系的满意度仍然高于对老板和同事关系的满意度。在中国,人们对家人朋友关系的满意度为89%,对配偶关系满意度为85%,对老板和同事关系的满意度为83%。中国的数据显示,人们对与周围人群的人际关系普遍感到满意。

人们是否能够健康幸福地步入晚年?

受访者对长寿表示乐观,45%的受访者认为他们能活到80岁以上,约2/3的受访者希望能和父母同样长寿或更加长寿。澳大利亚人对长寿最乐观,50%的澳大利亚受访者希望活到90岁或以上,然而澳大利亚65岁以上受访者对健康和幸福感满意度是全球最低的国家之一。

此外,报告还显示人们更加注重可能直接影响独立生活能力的身体退化的状况,如视力下降和关节炎,而并不是"两大杀手"——癌症和心脏病。

一个有趣的现象是,65岁以上的受访者,相比他们各自国家的全部受访者而言,对健康水平都表现出了更加积极的态度,一半以上的受访者认为他们达到了与年龄相称的足够健康程度。

(一)判断题,正确的打√,错误的打× (30分)

1. 报告显示90%的人认为幸福无法把握。 (   )
2. 阿联酋人的幸福感要高于日本人。 (   )
3. 中国的亚健康人群中,主要存在体重问题。 (   )
4. 有趣的是,65岁以上的受访者对于健康水平表现出更积极的态度。 (   )
5. 可能失去工作的风险是人们众多压力的来源之一。 (   )
6. 医生在大多数国家仍然是医疗信息的第一来源,但日本是个例外。 (   )
7. 对配偶关系满意度高于对朋友关系满意度。 (   )
8. 身体健康和心理健康是我们评估整体健康和幸福感的两个最重要驱动因素。 (   )
9. 人们对身体健康的整体满意度与体重紧密相连,尤其是女性。 (   )
10. 该报告显示,全球60%受访者对目前的健康和幸福状况表示不满意。 (   )
11. 约有一半受访者希望自己可以活到100岁以上。 (   )
12. 报告还显示人们更加注重可能直接影响独立生活能力的身体退化的状况,如癌症和心脏病。 (   )
13. 土耳其人和日本人对收入最不满意。 (   )

14. 人们对朋友的满意度要高于对老板的满意度。　　　　　（　　）
15. 德国人更喜欢把时间花在个人爱好上。　　　　　　　　（　　）

阅读三：读完新闻后请写出摘要与看法（35分）

86.7%受访者支持中国高铁开拓海外市场

2013年底，厦门至深圳高铁正式贯通，这意味着中国高速铁路网"四纵四横"中的东南沿海客运专线彻底贯通，串起了长三角、珠三角和海峡西岸经济区3个经济圈。近年来，高速铁路网的快速发展正在影响和改变着人们的生活。

上周，中国青年报社会调查中心通过手机腾讯网发起的一项调查发现（75599人参与），高铁的发展对国人的日常生活产生了越来越广泛的影响，具体包括：让"回家更便捷"（34.0%）、"旅途时间缩短"（22.5%）、"带动了城市经济圈的发展"（9.6%）等。75.1%的受访者期待自己所在城市开通高铁。调查中，42.2%的人坐过高铁，57.8%的人没坐过。

高铁印象：建设速度快、安全快捷

调查显示，今年过年回家的交通方式，高铁（29.5%）和火车（29.0%）成为受访者首选。受访者对高铁最主要的印象是：建设速度快（28.3%）、对城市和区域经济有带动（16.2%）、安全快捷（13.6%）。接下来还有：节约资源，污染较小（7.9%）；已成为国家核心竞争力（7.8%）；准点舒适（7.4%）；使有限道路的运力增加（5.1%）。

中国人民大学学生张翰（化名），向记者展示了通过12306买到的北京至桂林的G530次列车车票，"2013年底桂林开通了高铁，这次回家终于可以体验一下了！"过去回家他坐的都是普快列车，基本上逢车必让，有站必停。"普通列车虽然价格实惠，但是对于我这样假期短、希望早点回家陪父母的人来说，多花点钱过好年是值得的。"

郭昕（化名）就职于北京一家大型外企，她的工作是沟通和跑腿，两地奔波的时间成本最令她困扰。"京津之间很早就有城际快轨了，很方便。但在经济联系日益紧密的京津冀区域，河北很多城市与北京之间都还没有实现快轨交通，跑起来非常不便。"在她印象中，"环北京经济带"提了好几年了，却一直未见大起色。她认为要拉动环京区域经济的整体水平，最主要的是尽快实现重点城市间的快规交通或高铁的无缝对接。

北京工业大学交通工程实验室教授陈艳艳认为，高铁使得工作距离缩短在1小时的通径圈内，扩大了人们的工作、生活范围。"都市圈内部形成了更紧密的联系，对于公司的建立、工作的选择来说，距离都不再是一种障碍。"

清华大学规划院副总工程师、交通所所长段进宇认为，相对于长三角、珠三角而言，高铁对京津冀的发展价值相对要小一些。因为本区域除了个别城市较为发达以外，其他城市发达程度有限。高铁作为一个比较超前的系统，希望能进一步带动该区域的经济社会发展。

高铁影响：带动经济发展、分散人口、加速生产要素流动

高铁发展会对沿线城市有何影响？在受访者看来，"带动整个区域经济发展"（47.3%）是首要的，其次可以"分散人口，减轻城市压力"（13.4%），"降低进出大城市的交通压力"（13.4%）排名第三。除此之外，"人口流动加快"（8.6%）、"协调城市之间关系"（7.0%）和"加速生产要素流动"（7.0%）也被认为是重要影响。

厦门到深圳的高铁开通后，在深圳某通信公司上班的吴承（化名）就不用再坐一个晚上大巴回家了，"意义不仅在于行程缩至 3.5 个小时，而且能够充分调动厦门和深圳两地的资源发展沿线的经济，在这条线路上，包括潮汕、陆丰在内，把整个东南边都串联了起来。"吴承最近想做 IT 领域的创业项目，从效率上来说，在互联网方面有着丰富资源的厦门成了他的首选城市。

对于短距离出行的民众来说，高铁的价格是一大问题。陈海涛住在陕西省杨凌市，90 公里之外的省城西安是他常去的地方。高铁、动车开通之前，普通列车在这一区间的行驶时间在 1 小时左右，费用约 12 元。动车开通后，行驶时间约半小时，二等座票价为 25 元。目前高铁在该区间试运行，行驶时间约 20 分钟，具体票价可能在 30～40 元。"现在很多普通列车的班次减少了，短途出行其实客运专线作用更大。"陈海涛说。

陈艳艳认为，高铁不仅对短期行程安排会产生影响，对拉近北京、上海这样远距离城市间的生活、工作关系也会起到很大作用。她介绍，高铁投资很大，即便有政府投资以及各方融资，也要考虑运营成本的收回，不能完全作为公益性事业来进行，所以价格上不能和普通列车相比。为保证客流，铁路部门可能选择压缩普通列车运行的方式。但从整体考虑，还是应该让民众有多层次的选择。

高铁期待：高铁和城市内部交通衔接更紧密

调查显示，13.4% 受访者所在城市已有高铁，75.1% 的受访者希望自己所在的城市能开通高铁。86.7% 的受访者支持中国高铁走出国门，进一步开拓海外市场。

提到高铁的未来发展，张翰希望其能深入各省市的内部，"比如，广大西部地区高铁的建设仍然落后于东部地区。"另外，对于李克强总理的"高铁外交"张翰非常感兴趣。"这是一种新的外交形式，一方面会提升中国的国际形象，另一方面标志着中国的贸易出口种类不再局限于初级产品，出口高端技术和服务更有利于提升国力。"

段进宇表示，高铁是个很庞大的项目，其建设是一种复杂的经济社会行动。"目前来看，城市交通和高铁的衔接非常差，这一点在很大程度上制约了高铁效应的发挥。"因此，高铁需要改进的是如何提高乘客从城市的一点到另一城市的某一点的效率，这一关结目前少有人关心，却是核心问题。

陈艳艳也认为，未来高铁发展应集中在市区交通与高铁有效接泊方面。"高铁和城市内部交通衔接应该更紧密，目前看似城市之间的交通时间缩短，但是出了高铁

之后时间成本仍然很高，因此主要还是接泊的问题。"

对于高铁未来的发展，受访者希望"降低票价"（46.5%），还应"把边远地区都规划进来"（13.8%），并"提高安全系数"（8.9%）、"加快铺设速度"（8.0%），"进一步提速"（7.8%）。也有人希望高铁"有力支撑国防"（3.2%），"尽量保证普通铁路的客运专线"（3.1%）和通过"技术创新，降低成本"（2.9%）。

（一）摘要（15分）

要求写出主要内容，200字以内。

		100字							
						200字			

（二）看法（20 分）200 字以上。

								300字

二、高级报刊课试卷分析

高级报刊课试卷与初级、中级报刊课试卷相比，存在明显的坡度：

一是初级报刊课的试卷以课本内容考查为主（占总分的55％），以课本以外内容考查为辅（占45％）；中级报刊课的试卷以课本内容考查与课本以外内容考查并重（各占50％左右）；高级报刊课的试卷以课本以外内容考查为主（所选的试题三篇阅读材料全部是课本以外的材料）。

二是从语言层级训练来看，初级报刊试卷以训练报刊词语、句式、语段为主，语篇训练为辅；中级报刊试卷以报刊词语、句式、语段训练与语篇训练并重；高级报刊试卷以语篇训练为主。

三是同样是语篇训练，初级报刊试题的语篇训练主要是判断正误与回答问题这两种题型；中级报刊试题的语篇训练有判断正误、回答问题、话题写作、摘要写作、看法写作，大大增加阅读与写作的分量与要求；而高级报刊试题的语篇训练是在中级报刊试题语篇训练的基础上，分量大大加强，难度大大加深，阅读的材料已接近真实报刊原文的水准，改动较少或不作改动。

第八章 报刊课教案编写[①]

为了更好地满足报刊课教学的实际需要,报刊课教案编写应体现出多种"差异性":

1. 报刊课教案编写应体现出横向课型差异性

报刊课教案编写应与汉语技能课的其他课型,如综合课、听力课、会话课等存在差异,体现出自身的课型特点。应重视报刊阅读能力与阅读技巧的训练,报刊词语的操练与掌握,还应重视中国国情与相关文化知识的教学。这些是报刊课独有的教学内容,应成为报刊课教学的独特内容与重点内容,并成为报刊课教案编写的重点。

2. 报刊课教案编写应体现出纵向水平差异性

报刊课教案编写应注意到初级、中级、高级水平报刊课教学的差异:

一是课内外教学内容的比例侧重点有差异。初级报刊课教学受制于学习者的实际汉语水平,让学习者直接阅读中文报刊文章难度很大,故应主要立足于课本阅读材料本身,以阅读经过人工干预、降低学习难度的报刊阅读资料为主。中级报刊课教学应将课本阅读材料与课外阅读材料相结合,鼓励学生开始有计划地阅读篇幅简短、内容简单、难度不太大的真实报刊语料。高级报刊课教学应在课本阅读材料的基础上,不断增加课外报刊阅读材料的篇幅与难度,让学生能够直接读懂篇幅较长、难度较大的真实报刊文章。

二是教学内容层级的差异性。初级报刊课教学应以句为主,侧重于长单句、复句的理解;中级报刊课教学应以语段理解为主、语篇理解为辅,加强段落内容的理解与概况、单句之间的连接与组合等;高级报刊课教学应以语篇理解为主,对不同的报刊语篇特点进

[①] 本章教案与PPT的编写,笔者的研究生马岚提供了帮助,在此致以谢意。

行训练，提高对报刊文章原文的整体理解能力与阅读效率。

3. 报刊课教案编写应体现出同一学期不同阶段的差异性

学期初期的报刊课教学主要是帮助学习者尽快适应报刊课教学要求，形成一定的报刊课学习习惯，教案编写应适当降低学习难度，以帮助学习者建立学习报刊课的信心与策略，度过最初的不适期与困难期；学期后半段的报刊课教学应适当增加学习难度，适当变换教学方法与技巧，避免学生产生"审美疲劳"，进一步激发学生的学习兴趣与学习潜能。如在教案编写中，学期后期的教案适当增加课堂提问的难度，增加讨论性的话题设置，鼓励学生增加课外阅读的篇幅与报刊发言的难度等。

4. 报刊课教案编写应努力体现出不同班级、不同国别学生的差异性

同一学期教平行班报刊课的教师往往深有体会，同样的教学内容与教学方法在 A 班很适合，而在 B 班不太适合，甚至要作较大调整。如日韩学生为主的班级学生更希望教师多讲解语法、近义词辨析等；而欧美学生并不喜欢过多的语法讲解、词语辨析，更喜欢话题讨论、会话交流等。当报刊课教案编写自觉追求上述多种差异性时，就能使报刊课教案体现出报刊课的课型特点、阶段性特点，就能最大限度地满足学习者的多样化需求，确保报刊课的教学质量。

第一节　初级报刊课教案编写

一、初级报刊课教材一课原文

第一课　说中国话、做中国菜的美国女孩①

背景知识
中国学生走出去，外国学生走进来，在中国，教育正朝这种方向发展。走在大学校园里，经常可以见到白皮肤、黑皮肤甚至黄

---

① 见吴成年主编《新编读报纸，学中文——汉语报刊阅读》（初级），北京大学出版社，2015 年，第 1—8 页。

皮肤的留学生，偶尔遇到外国来的学生不再是什么新鲜事。现在，中国正在进行"留学中国计划"。到 2020 年，来中国留学的外国学生数量可能会达到 50 万人，中国将成为亚洲吸引留学生最多的国家。

词语表

1. 典型　　　　　　diǎnxíng　　　　（形）　typical
   典型的好学生/他上课从来不迟到，听课也很　　　な
   认真，是个典型的好学生。　　　　　　　　　　전형적인

2. 产生　　產生　chǎnshēng　　　（动）　to arise；to
   产生感情/他们经常在一起学习，慢慢地产生　　produce
   了感情。　　　　　　　　　　　　　　　　　　発生する/生じる
   　　　　　　　　　　　　　　　　　　　　　　생기다/ 발생하다

3. 浓厚　　濃厚　nónghòu　　　　（形）　strong
   浓厚的兴趣/我对画画有着浓厚的兴趣。　　　　深い/強い
   　　　　　　　　　　　　　　　　　　　　　　짙다/ 깊다/ 강하다

4. 着迷　　著迷　zháo mí
   对……着迷/去中国旅行以后，我就对中国文　　fascinate
   化非常着迷。　　　　　　　　　　　　　　　　夢中になる
   　　　　　　　　　　　　　　　　　　　　　　～에 사로잡히다

5. 游览　　遊覽　yóulǎn　　　　　（动）　to visit；to go
   游览名胜古迹/来北京以后，我花了很多时间　　sight-seeing
   去游览名胜古迹。　　　　　　　　　　　　　　遊覽する
   　　　　　　　　　　　　　　　　　　　　　　유람하다

6. 西式　　　　　　xīshì　　　　　（形）　western
   西式教育/他在美国长大，接受的是典型的西　　洋式
   式教育。　　　　　　　　　　　　　　　　　　서양식

7. 婚礼　　婚禮　hūnlǐ　　　　　（名）　wedding
   举行婚礼/他们将于下个月举行婚礼。　　　　　結婚式
   　　　　　　　　　　　　　　　　　　　　　　결혼식/ 혼례

8. 地道　　　　　　dìdao　　　　　（形）　authentic
   地道的中国菜/来中国以后，我才吃到了地道　　本場の
   的中国菜。　　　　　　　　　　　　　　　　　본고장의/ 진짜의

9. 中式　　　　　　zhōngshì　　　　（形）　Chinese style

中式家具/最近几年，中式家具的价格比　　中国式
　　原来高多了。　　　　　　　　　　　　　중국식의
10. 传统　　　傳統　　chuántǒng　　（形）　traditional
　　传统节日/春节是中国的传统节日。　　　传统的な
　　　　　　　　　　　　　　　　　　　　전통적인
11. 退休　　　　　　　tuì xiū　　　　　　　retire（from a job）
　　提前退休/她身体不太好，所以提前退休了。退職する
　　　　　　　　　　　　　　　　　　　　퇴직하다
12. 夫妇　　　夫婦　　fūfù　　　　（名）　couple；spouse
　　老夫妇/那对老夫妇的儿子在别的城市工作，夫婦
　　他们非常想他。　　　　　　　　　　　부부
13. 夫人　　　　　　　fūrén　　　　（名）　wife
　　您（的）夫人/听说您的夫人是一位大学老师。夫人
　　　　　　　　　　　　　　　　　　　　부인
14. 政治　　　　　　　zhèngzhì　　（名）　politics
　　政治专业/他上大学时学的是政治专业。　政治
　　　　　　　　　　　　　　　　　　　　정치
15. 欣赏　　　欣賞　　xīnshǎng　　（动）　apprieciate
　　欣赏京剧/中国朋友邀请我下周六和她一起　鑑賞する
　　去欣赏京剧。　　　　　　　　　　　　감상하다
16. 感受　　　　　　　gǎnshòu　　（动）　feel
　　感受到压力/我现在感受到了很大的压力，因　感じる
　　为马上就要毕业了，可是我还没找到工作。　받다/느끼다
17. 魅力　　　　　　　mèilì　　　　（名）　charm
　　有魅力/我觉得那个女孩非常有魅力。　　魅力
　　　　　　　　　　　　　　　　　　　　매력

课文导入

> 1. 说说你对中国的了解。
> 2. 你有没有在中国留学的经历？如果有，请介绍一下。如果没有，请说说你以后打算去中国留学吗，为什么。

请根据意群阅读课文

说中国话、做中国菜的美国女孩

丁小希

马丽毕业于/一所美国大学。因为/在中国的留学经历,这个典型美国女孩/现在的生活,每天都与/中文、中国文化和中国人/有关。

马丽原来学的/是艺术专业,这让她/对中国汉字/产生了浓厚的兴趣。"中国字/真是/太美了,"马丽说,她从大学一年级/就开始学习中文,自己对说汉语和写汉字/都非常着迷。

2005年夏天,马丽来到中国,在北京师范大学/学习中文。"我对中国文化/更感兴趣了。学习结束后,我游览了/西安和成都。"2009年,她再次/来到中国/学习中文,这次/她又去了/承德、苏州等地。

毕业后,马丽在一所美国大学/当中文老师,并/认识了/她现在的中国丈夫。2010年夏天,他们先在美国/举行了西式婚礼,又回到中国/举行了一场地道的中式传统婚礼。

马丽认为,自己在中国最棒的经历/是有机会/和中国人一起生活。"2009年/来中国学习时,我住在/一户退休的中国夫妇家。他们对我/很热情,我跟夫人常常一起喝茶、散步,跟先生聊政治。周末的时候,我们一起去公园。"

和一位中国人结婚后,马丽有更多的机会/说中文、读中国小说、欣赏中国艺术/以及做中国菜。她说:"中国已经成为/我生命的一部分。"

马丽经常告诉/她的美国朋友,中国的许多方面/和他们听到的/并不一样,来中国以后/才能真正感受到/中国文化的魅力。

说中国话、做中国菜的美国女孩

马丽毕业于一所美国大学。因为在中国的留学经历,这个典型[1]美国女孩现在的生活,每天都与中文、中国文化和中国人有关。

马丽<u>原来学</u>的是艺术专业,这让她对中国汉字产生[2]了浓厚[3]的兴趣。"中国字真是太美了,"马丽说,她从大学一年级就开始学习中文,自己对说汉语和写汉字都非常着迷[4]。

2005年夏天,马丽来到中国,在北京师范大学学习中文。"我对中国文化更感兴趣了。学习结束后,我游览[5]了西安和成都。"2009年,她再次来到中国学习中文,这次她又去了承德、苏州等地。

毕业后，马丽在一所美国大学当中文老师，并认识了她现在的中国丈夫。2010年夏天，他们先在美国举行了西式(6)婚礼(7)，又回到中国举行了一场地道(8)的中式(9)传统(10)婚礼。

马丽认为，自己在中国最棒的经历是有机会和中国人一起生活。"2009年来中国学习时，我住在一户退休(11)的中国夫妇(12)家。他们对我很热情，我跟夫人(13)常常一起喝茶、散步，跟先生聊政治(14)。周末的时候，我们一起去公园。"

和一位中国人结婚后，马丽有更多的机会说中文、读中国小说、欣赏(15)中国艺术以及做中国菜。她说："中国已经成为我生命的一部分。"

马丽经常告诉她的美国朋友，中国的许多方面和他们听到的并不一样，来中国以后才能真正感受(16)到中国文化的魅力(17)。

（全文字数：约490字）

（节选自《人民日报》，2013年8月8日，略有改动）

词语例释

1. 马丽原来学的是艺术专业，这让她对中国汉字产生了浓厚的兴趣。

原来：名词。意思是"以前，开始的时候"。

① 他家现在的经济状况比原来好多了。

② 我原来住在上海，现在住在北京。

2. 2010年夏天，他们先在美国举行了西式婚礼，又回到中国举行了一场地道的中式传统婚礼。

举行：动词，意思是"进行某种正式的活动，如会议、比赛等"。

① 发布会将在下周三下午举行。

② 那个饭店非常漂亮，经常有人在那里举行婚礼。

③ 学校要举行足球比赛，你参加吗？

3. 他们对我很热情，我跟夫人常常一起喝茶、散步，跟先生聊政治。

聊：动词，意思是"闲谈"，就是在没事的时候谈话，是不太正式的谈话。可以说"聊聊""聊一聊"或"聊（聊）+话题"。

① 我还有事，不跟你聊了，先走了。

② 他们一见面就聊了起来。

③ 咱们聊聊中国电影吧，你喜欢中国电影吗？

报刊长句

1. 因为在中国的留学经历，这个典型美国女孩现在的生活，每天
     因为   留学经历，   女孩 的生活，
   都与中文、中国文化和中国人有关。
     与中文、中国文化和中国人有关。
2. 2010年夏天，他们先在美国举行了西式婚礼，又回到中国举行
         他们先 举行西式婚礼， 又   举行
   了一场地道的中式传统婚礼。
        中式 婚礼。

练 习

一 给下列动词搭配适当的词语

产生_____   游览_____
欣赏_____   感受_____

二 选词填空

| 魅力   传统   浓厚   典型   退休   地道 |

1. 再过两年我妈妈就要_____了，那时她会有更多的时间做自己想做的事。
2. 他对中国文化有着_____的兴趣，所以他经常来中国旅游。
3. 要想吃到_____的烤鸭，还得去北京的全聚德。
4. 每个国家的文化都有着不同的_____，让人们想要去了解。
5. 他是个_____的南方人，说话、做事都具有南方人的特点。
6. 现在许多中国年轻人在结婚时喜欢穿_____的中国服装。

三 用自己的话或原文中的关键句子概括下面一段话的主要内容

马丽认为，自己在中国最棒的经历是有机会和中国人一起生活。"2009年来中国学习时，我住在一户退休的中国夫妇家。他们对我很热情，我跟夫人常常一起喝茶、散步，跟先生聊政治。周末的时候，我们一起去公园。"

四 根据课文内容选出正确的答案

1. 根据课文内容下面哪一项是错误的？（　　）

   A. 马丽学的是中文专业
   B. 马丽从大学一年级开始学习中文
   C. 马丽喜欢说汉语和写汉字
   D. 马丽对中国汉字有着浓厚的兴趣

2. 以下地方中，马丽没去过哪个？（　　）
   A. 苏州　　　　　　　　B. 西安
   C. 广州　　　　　　　　D. 成都
3. 课文中提到马丽来过几次中国？（　　）
   A. 1次　　　　　　　　B. 2次
   C. 3次　　　　　　　　D. 4次
4. 马丽现在住在哪里？（　　）
   A. 美国　　　　　　　　B. 北京
   C. 中国夫妇家　　　　　D. 不知道
5. 本文的主要内容是什么？（　　）
   A. 马丽为什么学中文
   B. 马丽的生活为什么与中文、中国有关
   C. 马丽为什么嫁给中国人
   D. 马丽为什么住在一户中国夫妇家

五　尽量用以下词语进行话题讨论

典型	产生	浓厚	着迷	地道
中式	传统	欣赏	感受	魅力

1. 你认识像马丽这样的人吗？请介绍一下。
2. 谈谈你为什么学汉语。

六　快速阅读

阅读一（字数：约510字；阅读与答题的参考时间：9分钟）

在华留学毕业生：继续我的"中国梦"

王　姣

7月，中国大多数大学毕业生都将离开学校，进入社会。而对于在中国的外国留学生来说，他们多数人毕业就代表着要离开中国，回到自己的国家，许多外国留学生在中国留下了未完成的"中国梦"。

"中国和我的家乡很不一样"，来自捷克的女孩 Michaela 在江西已学习了四个月，对于7月初就要回国的她来说，"中国还有很多好地方没去"，所以，Michaela 决定毕业后要去成都旅行。"我听说成都很漂亮，有熊猫。我还想去看看我的中文老师的家乡。"

芬兰女孩 Katri 也是一名快毕业的留学生。今天，她像平常一样，到学校附近买菜。Katri 说："学语言的最好方式就是多和别人交流，在买菜的时候，我就有机会跟卖菜的阿姨多对话。" Katri 小时候在上海住过3年，回国后又一直学中文，她最感兴趣的就是中国功夫与中国的茶文化。她希望毕业后能在中国找一份工作。

大眼睛、黑皮肤、短头发……美国女孩Lizzy走在学校里，总会吸引不少人回头。"我想在中国做一名英文教师，继续我的中国梦，"Lizzy说，她发现很多中国朋友都对英文很感兴趣。于是她开了一个英文辅导班，对儿童和少年进行英文辅导。"我的学生也教我中文，所以我的中文进步很快。"

现在，有越来越多的外国留学生来到中国学习。2012年，在中国学习的外国留学生高达32.8万人次，他们来自180多个国家和地区。

(节选自中国新闻网，2013年7月7日，略有改动)

回答问题
1. Michaela未完成的"中国梦"是什么？
2. Katri是怎样提高她的中文水平的？
3. Lizzy为什么要开英文辅导班？
4. 你有"中国梦"吗？是什么？

阅读二（字数：约530字；阅读与答题的参考时间：9分钟）

在华留学生毕业季来了：喜爱中国节日，回国要教汉语

吕子豪

"今天我们毕业了，有很多人很快就要离开中国，回到自己的祖国，但我们对中国的感情永远不毕业，我们爱中国！"河北大学2013届的俄罗斯留学生安娜这样说。

河北大学国际交流与教育学院的31名外国留学生就要毕业了，他们分别来自韩国、日本、俄罗斯、尼日利亚等6个国家。

安娜说，17岁时她和家人到北京旅行，听到街上的人们都在说中国话，自己便决定要学汉语。2008年，她和妹妹一起来到河北大学学习汉语。"我在这里生活了5年，除了学习，我还学会了做中国菜和包饺子。我更喜欢中国的节日，端午节包粽子，八月十五吃月饼，春节放鞭炮、吃饺子，丰富而有趣。"

安娜在中国还收获了爱情。"来中国以前，男朋友和我虽然在俄罗斯的同一个城市生活，但从来没有见过面。在河北大学留学的时候，我们才相互认识、相互喜欢。"

谈到未来，安娜说，她会首先考虑留在中国，她希望能找到一份工作，妹妹则打算暂时回俄罗斯当汉语老师。

来自日本的深水嘉彦也有相同的感觉。他说，中国发展很快，希望回国后找一份能经常来中国的工作。

蒙古国的萨仁高娃说，在自己祖国的小学到大学阶段，汉语是一门主要课程，"回国后我要当一名汉语教师，介绍我热爱的中国和中国文化。"

现在，每年来河北大学学习的留学生有300多名，他们来自50多个国家，分别学习中文、新闻、经济、管理等专业。

(节选自中国新闻网，2013年6月23日，略有改动)

判断正误

1. 河北大学一共有31名外国留学生。（　　）
2. 2008年，安娜和妹妹第一次来中国。（　　）
3. 安娜觉得中国的节日很多，而且都很有意思。（　　）
4. 来自日本的深水嘉彦想留在中国工作。（　　）
5. 蒙古国的萨仁高娃非常喜欢中国文化。（　　）

二、初级报刊课教案示例

第一课　说中国话、做中国菜的美国女孩

教学目标：掌握课文内容、纲内词和重要语言点，培养阅读中文报刊的技能。
教学重点：1. 设置问题，让学生在熟悉课文内容中形成阅读能力。
　　　　　2. 操练并掌握课文中的3个重要的语言点（原来、举行、聊）
　　　　　3. 当堂做完练习六，培养快速阅读能力。
教学时间：4课时
教学过程：

第一节课

课文导入

1. 说说你对中国的了解。
2. 你有没有在中国留学的经历？如果有，请介绍一下。如果没有，请说说你以后打算去中国留学吗？为什么？

第一～二段

（在对课文内容提问之前，可以让一位或几位同学把要讲的课文段落读一遍，然后提问题，再让学生回答）

问1：马丽是哪国人？
问2：为什么马丽现在的生活与中文、中国有关？
问3：马丽在大学里学的专业是什么？她为什么喜欢中国汉字？
问4：马丽从什么时候开始学习中文？她喜欢中文吗？
问5：第一～二段的主要内容是什么？

第一～二段的主要内容：美国女孩马丽在大学里对中文产生了浓厚的兴趣，她现在的生活每天都与中文、中国有关。

语言点1"原来"：

本课词语例释1。（教师先按照教材上的词语例释进行讲解，然后让学生做以下练习）

根据图片使用"原来"造句:

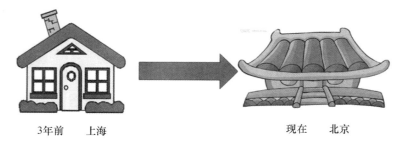

3年前　上海　　　　　　　　现在　北京

我原来住在上海,现在住在北京。

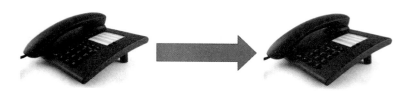

去年 85413025　　　　　　　现在 67894532

我原来的电话号码是85413025,现在的电话号码是67894532。

去年　　　　　　　　　　　现在

我原来不会说汉语,现在我会说一点儿汉语。

讨论1:你是什么时候开始学中文的?
讨论2:你为什么学中文?
讨论3:你觉得中文有意思吗?为什么?
讨论4:说中文和写汉字,你更喜欢哪个?为什么?

第三段

问6:马丽来中国学习了几次?
问7:来中国以后,马丽有什么变化?
问8:在中国留学时,马丽去了哪些地方?

问9：第三段的主要内容是什么？

第三段的主要内容：马丽曾经两次来中国学习汉语，还去了中国的很多地方。

讨论5：如果你来中国留学，除了学习汉语，你还想做什么？

讨论6：你对中国文化感兴趣吗？为什么？请介绍一下你知道的中国文化。

第四段

问10：毕业后，马丽的工作是什么？

问11：马丽和她的丈夫是在哪里认识的？她的丈夫是哪国人？

问12：马丽和她的丈夫是什么时候结婚的？

问13：马丽和她的丈夫举行了几次婚礼？这两次婚礼有什么不一样？（教师可简单介绍一下中式传统婚礼）

问14：第四段的主要内容是什么？

第四段的主要内容：马丽毕业后认识了她现在的中国丈夫，他们在美国和中国举行了两次婚礼。

语言点2"举行"：本课词语例释2。（教师先按照教材上的词语例释进行讲解，然后让学生做以下练习）

根据图片使用"举行"造句：

后天下午3点
运动会

后天下午3点咱们学校要举行运动会。

明年7月
婚礼

我和我男朋友要在明年7月举行婚礼，希望你来参加。

明年
足球比赛

足球比赛明年还会举行。

第二节课

第五段

问 15：马丽觉得，自己在中国最棒的经历是什么？

问 16：请介绍一下马丽住在中国家庭时的生活。

问 17：第五段的主要内容是什么？

第五段的主要内容：马丽认为，自己在中国最棒的经历是有机会和中国人一起生活。

语言点 3 "聊"：本课词语例释 3。（教师先按照教材上的词语例释进行讲解，然后让学生做以下练习）

根据图片使用"聊"造句：

他们在聊音乐。

我们在一起的时候总是聊电影。

我不想聊爱情了,咱们聊点儿别的吧。

讨论7:如果你来中国留学,你希望住在中国人家里吗?为什么?

讨论8:如果你住在中国家庭中,你希望和他们一起做什么?为什么?

讨论9:你有中国朋友吗?如果有,请说说他们给你的感觉。

第六~七段

问18:和中国人结婚后,马丽有更多的机会做什么?

问19:马丽觉得,真正的中国和她在美国时了解的中国一样吗?

问20:马丽觉得,外国人来中国可以感受到什么?

问21:第六~七段的主要内容是什么?

第六~七段的主要内容:和一位中国人结婚后,马丽有更多的机会了解中国文化,她觉得来中国以后可以感受到中国文化的魅力。

讨论10:(对于在中国的留学生)请介绍一下你在中国的经历,并说说你看到的中国和原来听说的中国有什么不一样。

讨论10:(对于海外的汉语学习者)如果你有机会可以在中国生活一段时间,你最想做的事是什么?为什么?

练习:请按照时间顺序介绍一下马丽的经历。

布置学生完成练习一～五,练习六不要提前看、留着当堂做。

第三节课

讲练习:

练习二的参考答案:

产生　<u>感情</u>　　游览　<u>名胜古迹</u>

欣赏　<u>音乐</u>　　感受　<u>压力/快乐</u>

练习一～练习六的要求:

练习一～练习四,略讲,让不同的学生依次说出答案,再核对正误。这些习题都有参考答案,但尽量让学生不看参考答案,鼓励学生独立做完习题,即使做不出来或做错了也没关系,都要比直接看参考答案好。参考答案主要供学生复习时用,平时最好不要看。

练习五的讨论题,可让学生在课外做练习时提前写好讨论的发言提纲,并尽量用上所提供的词语。教师对发言积极、能较好使用所提供的词语的学生应予以适当肯定。教师最好将学生练习五的作业收上来进行批改,以督促和鼓励学生完成练习五。

第四节课

指导学生按要求当堂做完练习六。若时间有余,可进一步讲解阅读三的内容,或安排话题讨论,或补充阅读材料。

最后布置学生课后预习下一课。

三、初级报刊课 PPT 课件

1.

第一课
说中国话、做中国菜的美国女孩

2.

课前讨论

1. 说说你对中国的了解。

3.

课前讨论

2. 你有没有在中国留学的经历？如果有，请介绍一下。如果没有，请说说你以后打算去中国留学吗？为什么？

4.

第一~二段

Q: 马丽是哪国人？
A: 她是美国人。
Q: 为什么马丽现在的生活与中文、中国有关？
A: 因为她曾经去中国留学。
Q: 马丽在大学里学的专业是什么？
A: 她原来学的是艺术专业。
Q: 她为什么喜欢中国汉字？
A: 她觉得中国字很美。

5.

第一~二段

Q: 马丽从什么时候开始学习中文？
A: 她从大学一年级开始学习中文。

Q: 她喜欢中文吗？
A: 她对说汉语和写汉字都非常着迷。

Q: 第一~二段的主要内容是什么？
A: 美国女孩马丽在大学里对中文产生了浓厚的兴趣，她现在的生活每天都与中文、中国有关。

6.

语言点1 原来

根据图片使用"原来"造句

3年前 上海 → 现在 北京

我原来住在上海，现在住在北京。

7.

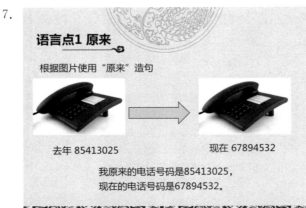

语言点1 原来

根据图片使用"原来"造句

去年 85413025   现在 67894532

我原来的电话号码是85413025，现在的电话号码是67894532。

8.

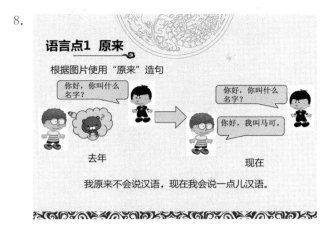

9.

10.

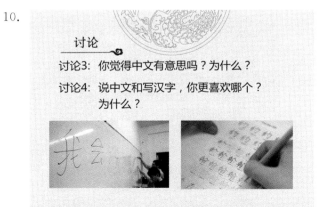

11.
第三段

Q: 马丽来中国学习了几次？
A: 两次。

Q: 来中国以后，马丽有什么变化？
A: 她对中国文化更感兴趣了。

Q: 在中国留学时，马丽去了哪些地方？
A: 西安、成都、承德、苏州等地。

Q: 第三段的主要内容是什么？
A: 马丽曾经两次来中国学习汉语，还去了中国的很多地方。

12.
讨论

讨论5: 如果你来中国留学，除了学习汉语，你还想做什么？

讨论6: 你对中国文化感兴趣吗？为什么？请介绍一下你知道的中国文化。

13.
第四段

Q: 毕业后，马丽的工作是什么？
A: 毕业后，马丽在一所美国大学当中文老师。

Q: 马丽和她的丈夫是在哪里认识的？
A: 他们在美国认识。

Q: 她的丈夫是哪国人？
A: 她的丈夫是中国人。

Q: 马丽和她的丈夫是什么时候结婚的？
A: 他们是在2010年夏天结婚的。

14.

第四段

Q: 马丽和她的丈夫举行了几次婚礼？
A: 他们举行了两次婚礼。

Q: 这两次婚礼有什么不一样？
A: 一次是在美国举行的西式婚礼，
一次是在中国举行的中式传统婚礼。

Q: 第四段的主要内容是什么？
A: 马丽毕业后认识了她现在的中国丈夫，他
们在美国和中国举行了两次婚礼。

15.

西式婚礼　　　　中式婚礼

16.

语言点2　举行

根据图片使用"举行"造句

后天下午3点
运动会

后天下午3点咱们学校要举行运动会。

17.

18.

19.
第五段

Q: 马丽觉得，自己在中国最棒的经历是什么？
A: 马丽认为，自己在中国最棒的经历是有机会和中国人一起生活。
Q: 请介绍一下马丽住在中国家庭时的生活。
A: 她跟夫人一起喝茶、散步，跟先生聊政治。周末的时候，他们一起去公园。
Q: 第五段的主要内容是什么？
A: 马丽认为，自己在中国最棒的经历是有机会和中国人一起生活。

20.

21.

21.

22.

23.

讨论

讨论7：如果你来中国留学，你希望住在中国家庭中吗？为什么？

讨论8：如果你住在中国家庭中，你希望和他们一起做什么？为什么？

24.

讨论

讨论9：你有中国朋友吗？如果有，请说说他们给你的感觉。

25.

第六~七段

Q：和中国人结婚后，马丽有更多的机会做什么？
A：马丽有更多的机会说中文，读中国小说，欣赏中国艺术和做中国菜。

Q：马丽觉得，真正的中国和她在美国时了解的中国一样吗？
A：真正的中国和她在美国时听到的中国不一样。

26.
第六~七段

Q: 马丽觉得，外国人来中国可以感受到什么？
A: 可以感受到中国文化的魅力。

Q: 第六~七段的主要内容是什么？
A: 和一位中国人结婚后，马丽有更多的机会了解中国文化，她觉得来中国以后可以感受到中国文化的魅力。

27.
讨论

讨论10：（对于在中国的留学生）请介绍一下你在中国的经历，并说说你看到的中国和原来听说的中国有什么不一样。

讨论10：（对于海外的汉语学习者）如果你有机会可以在中国生活一段时间，你最想做的事是什么？为什么？

28.
练习

请按照时间顺序介绍一下马丽的经历。

上大学 ⇨ 2005年夏天 ⇨ 2009年
⇩
结婚后 ⇦ 2010年夏天 ⇦ 毕业后

第二节　中级报刊课教案编写

一、中级报刊课教材一课原文

第九课　中国梦的世界意义①

> **背景知识**
>
> 中国梦,是中国共产党召开第十八次全国代表大会以来,习近平总书记所提出的重要指导思想和重要执政理念,于2012年11月29日正式提出。习总书记把"中国梦"定义为"实现中华民族伟大复兴,就是中华民族近代以来最伟大梦想",并且表示这个梦"一定能实现"。"中国梦"的核心目标也可以概括为"两个一百年"的目标,也就是:到2021年中国共产党成立100周年和2049年中华人民共和国成立100周年时,逐步并最终顺利实现中华民族的伟大复兴,具体表现是国家富强、民族振兴、人民幸福,实现途径是走中国特色的社会主义道路、坚持中国特色社会主义理论体系、弘扬民族精神、凝聚中国力量,实施手段是政治、经济、文化、社会、生态文明五位一体建设。

词语表

1. 赢得　　　yíngdé　　　（动）　　取得；获得
赢得信任/要赢得一个人的信任　　to win; to gain
并不是那么容易的。　　　　　　勝ち取る
　　　　　　　　　　　　　　　얻다, 획득하다

---

① 见吴成年主编《新编读报纸,学中文——汉语报刊阅读》(中级下),北京大学出版社,2016年,第113—126页。

2. 认同 认同某人的看法/关于这个问题，我并不认同你的看法。	rèntóng	（动）	表示跟别人的认识一致；承认；认可 to be in agreement with, to identify (with), to approve of, to admit (the truth or validity of something) 共通して認める、賛同する 인정하다, 승인하다, 동의하다
3. 实践 实践经验/我有很多的实践经验，在我找工作时可能会有帮助。	shíjiàn	（动、名）	实行（自己的想法），履行（自己的诺言）；人们改造自然和改造社会的有意识的活动 to practice; practice 実行する 실천, 실행하다
4. 复兴 民族复兴/他总希望能为民族复兴尽一份力。	fùxīng	（动）	衰落后再兴盛起来 to revive, to be reborn 復興 부흥하다
5. 推翻 推翻统治/在历史中，可以找到很多人民推翻政府统治的例子。	tuīfān	（动）	用武力打垮原来的政权或社会制度，使局面彻底改变 to overthrow (a ruler) ひっくり返す、覆す 뒤집어 엎다, 뜯어고치다
6. 觉醒 意识觉醒/人们的环保意识开始觉醒了。	juéxǐng	（动）	醒悟；觉悟 to awaken 覚醒する、目覚める 각성하다, 깨닫다
7. 自立 自立谋生/家长应该从小培养孩子的自立能力。	zìlì	（动）	不依赖别人，靠自己的劳动而生活 to be independent, to be self-reliant 自立する 자립하다

8. 开创　　　kāichuàng　　（动）　　开始建立；创建
开创新时代/科技的发展开创了　　to initiate, to inaugurate
人类生活的新时代。　　切り開く
　　　　創立하다, 일으키다

9. 深厚　　　shēnhòu　　（形）　　（感情）浓厚；（基础）坚实
深厚的友谊/我们认识了快20　　(of emotions) deep; (of a
年了，有着深厚的友谊。　　foundation) sturdy
　　　　深い、厚い
　　　　두텁다, 깊다, （기초가）견실하다

10. 底蕴　　　dǐyùn　　（名）　　详细的内容；内情
文化底蕴/北京是一座有着深　　detailed content, ins and
厚文化底蕴的城市。　　outs (of something); (cultural) heritage
　　　　詳しい内容、いきさつ
　　　　상세한 내용, 속사정

11. 与时俱进　　yǔshíjùjìn　　（词组）　　随着时代的发展而不断发
我们要与时俱进，不要总是停　　展，前进
留在过去。　　to keep up with the times,
　　　　to progress
　　　　時代と共に進歩する、増
　　　　える一方
　　　　시대와 같이 전진하다

12. 倡导　　　chàngdǎo　　（动）　　带头提倡、率先提议
倡导新风尚/那位明星经常倡　　to advocate, to propose
导大家要爱护动物。　　提唱する、唱える
　　　　앞장서서 제창하다, 선도하다

13. 富强　　　fùqiáng　　（形）　　（国家）生产丰富，力量
国家富强/国家富强是每一代　　强大
人的心愿。　　(of a country) prosperous
　　　　and powerful
　　　　富強な、（国が）富んで
　　　　いて強い
　　　　（나라가）부강하다

14. 振兴　　　zhènxīng　　（动）　　大力发展，使兴盛起来
　　振兴经济/那几项新的政策对　　to revitalize
　　振兴经济很有帮助。　　　　　　盛んにする
　　　　　　　　　　　　　　　　　진흥시키다

15. 理念　　　lǐniàn　　　（名）　　信念；思想；观念
　　生活理念/"健身并快乐着"是　　opinion; thoughts (on
　　年轻人的生活理念和方式。　　　something)
　　　　　　　　　　　　　　　　　理念、信念、意識、觀念
　　　　　　　　　　　　　　　　　신념, 이념, 관념

16. 传递　　　chuándì　　（动）　　由一方交给另一方；辗转
　　传递信息/过去，人们常常写　　递送
　　信来传递信息，现在变成发短　　to transfer (from one party
　　信或者发邮件了。　　　　　　　to another)
　　　　　　　　　　　　　　　　　引き渡し
　　　　　　　　　　　　　　　　　(차례차례) 전달하다, 전하다

17. 核心　　　héxīn　　　（名）　　中心；主要部分
　　核心问题/怎么让农民增加收　　core, heart (of a matter,
　　入，这是农村工作的核心　　　　problem, etc), integral part
　　问题。　　　　　　　　　　　　核心、中核、中心
　　　　　　　　　　　　　　　　　핵심

18. 浓厚　　　nónghòu　　（形）　　（烟雾、云层等）很浓；
　　浓厚的兴趣/我对中国古代文　　（色彩、意识、气氛）重；
　　学有着浓厚的兴趣。　　　　　　（兴趣）大
　　　　　　　　　　　　　　　　　(of fog, clouds) dense,
　　　　　　　　　　　　　　　　　(of atmosphere, interests,
　　　　　　　　　　　　　　　　　etc.) great
　　　　　　　　　　　　　　　　　浓厚な
　　　　　　　　　　　　　　　　　(연기, 안개, 색채) 짙다,
　　　　　　　　　　　　　　　　　농후하다

19. 情结　　　qíngjié　　　（名）
思乡情结/大部分中国人都有着春节情结，在过春节时一定要和家人团聚。
心中的感情纠葛；深藏心底的感情
deep emotions associated with something;（in psychology）complex
コンプレックス
마음 속에 감춰진 생각이나 감정

20. 不懈　　　búxiè　　　（形）
不懈努力/只有经过不懈努力，才能取得成功。
不放松；不间断的；不松懈的
relentless
息らない
게으르지 않다, 꾸준하다

21. 充分　　　chōngfèn　　　（形）
准备充分/你今天为什么迟到？你最好有个充分的理由。
足够（多用于抽象事物）；尽量
sufficient; as much as possible
充分な
힘껏, 충분히

22. 模式　　　móshì　　　（名）
发展模式/每个国家的发展模式都不一样。
某种事物的标准形式或使人可以照着做的标准样式
mode
モード、模式
패턴, 모델, 양식

23. 信仰　　　xìnyǎng　　　（动）
宗教信仰/在中国，大部分人没有宗教信仰。
对某人或某种主张、主义、宗教极度相信和尊敬，拿来作为自己行动的榜样或指南。
to believe in, have faith in; faith
信仰する
숭배하다, 믿고 받들다

24. 特色　　　tèsè　　　（名）
民族特色/我很喜欢北京的特色小吃，比如糖葫芦。
事物所表现的独特的色彩、风格等
defining feature, characteristic
特色
특색

25. 情怀	qínghuái	（名）	含有某种感情的心境

爱国情怀/这篇文章表达了他浓厚的爱国情怀。

feelings, sentiments
気分、心持ち、気持ち
심경, 기분, 심정

26. 分割	fēngē	（动）	把整体或有联系的东西分开

分割出去/我听说艺术学院要从咱们学校分割出去，成为一个独立的学校。

to separate, to break off
分割りする
사물의 전체 또는 연관된 부분을 분할하다, 갈라놓다.

27. 特征	tèzhēng	（名）	可以作为事物特点的标志等

气候特征/你能说说北京的气候特征是什么吗？

characteristic
特質、特徵
특징

28. 物质	wùzhì	（名）	独立存在于人的意识之外的客观存在；特指金钱、生活资料等

物质生活/随着经济发展，人民的物质生活和文化生活水平也提高了。

substance
物質
물질, 재물

29. 奇迹	qíjì	（名）	想象不到的不平凡的事情

创造奇迹/他的病居然奇迹般地好起来了。

miracle
奇跡
기적

30. 格局	géjú	（名）	结构和格式

传统格局/故宫比较完整地保留着中国古代建筑的传统格局。

layout, pattern
構造
짜임새, 구조, 격식, 패턴

31. 货物	huòwù	（名）	用来出售的物品

运送货物/现在运送货物的交通工具很多，如火车、汽车、飞机等。

(economic) goods, merchandise
货物
물품, 상품

32. 贡献　gòngxiàn　（名）
做出贡献/我们都应该从小事做起，为保护环境做贡献。
对国家或公众所做的有益的事
to contribute; contribution
貢献
공헌

33. 权利　quánlì　（名）
行使权利/每个孩子都有受教育的权利。
公民或法人依法行使的权力和享受的利益（和"义务"相对）
(legal) rights
権利
권리

34. 鼓舞　gǔwǔ　（动）
鼓舞士气/你的话鼓舞了他，他现在工作更努力了。
使振作起来，增强信心或勇气
to inspire, to incite
奮い立たせる、鼓舞する
격려하다, 용기를 북돋우다

35. 探索　tànsuǒ　（动）
探索大自然/人们还在不断地探索大自然。
多方寻求答案，解决疑问
to explore
探究する、探索する
탐색하다, 찾다

36. 国情　guóqíng　（名）
了解国情/我希望年轻人可以通过这部电影，了解历史，了解国情。
一个国家的社会性质、政治、经济、文化等方面的基本情况和特点。也特指一个国家某一时期的基本情况和特点
the current state of the country
国情、国状
국정, 나라의 정세

专　名

1. 辛亥革命　Xīnhài Gémìng
1911年中国爆发的资产阶级民主革命
Xinhai Revolution, Revolution of 1911

2. 新民主主义革命　Xīnmínzhǔ Zhǔyì Gémìng
从1840年到1949年是为中国资产阶级民主革命，其中1840年到1919年称为旧民主主义革命，由小资产阶级或资产阶级领导。1919年到1949年的革命是无产阶级及其政党领导的，称为新民主主义革命
New Democracy（Mao Zedong's concept）

中国梦的世界意义

武汉大学　项久雨

　　中国梦自提出以来，不仅赢得⁽¹⁾中国人民的认同⁽²⁾，而且日益引起世界的关注，体现了超越国界的世界意义。这具体体现在以下几个方面：

　　历史性与时代性的统一。中国梦不仅要回答人类文明进程中的历史性问题，而且要在实践⁽³⁾中解决时代性问题。实现中华民族伟大复兴⁽⁴⁾是近代以来中华儿女的梦想，是几代中国人的愿望。孙中山先生领导的辛亥革命推翻⁽⁵⁾了封建君主专制制度，中华民族开始觉醒⁽⁶⁾；毛泽东同志领导的新民主主义革命取得了胜利，中华民族开始自立⁽⁷⁾；邓小平同志领导开创⁽⁸⁾了改革开放新时期，中华民族开始自强。在近几代领导人的带领下，中华民族迎来了伟大复兴的光明前景。中国梦具有深厚⁽⁹⁾的历史底蕴⁽¹⁰⁾，带有鲜明的时代特征，世界价值也在与时俱进⁽¹¹⁾。它体现了中国走和平发展道路的价值理念，对促进世界和平发展和人类文明进步具有重要意义。

　　民族性与世界性的统一。实现中华民族伟大复兴的中国梦是中华民族和中国人民的梦想，同时它倡导⁽¹²⁾的国家富强⁽¹³⁾、民族振兴⁽¹⁴⁾、人民幸福相统一的理念⁽¹⁵⁾具有世界意义。中国梦传递⁽¹⁶⁾给世界的核心⁽¹⁷⁾理念是：个人的幸福是建立在国家发展基础之上的，国家发展根本上是为了人民幸福。这种价值理念不仅体现了中华民族浓厚⁽¹⁸⁾的爱国主义情结⁽¹⁹⁾，也深刻反映了中华儿女对美好幸福生活的不懈⁽²⁰⁾追求。与此同时，中国梦将中国的发展和世界的发展联系在一起，充分⁽²¹⁾尊重其他国家的发展模式⁽²²⁾和发展目标。一位外国教授说："中国梦是中国人在新时期的集体期望和精神信仰⁽²³⁾，具有鲜明的民族特色⁽²⁴⁾，但是，中国梦就像我认识的中国人一样，热情开放，具有人类情怀⁽²⁵⁾。"中国与世界是不可分割⁽²⁶⁾的，民族性与世界性的统一构成了中国梦鲜明的特征⁽²⁷⁾。

　　物质⁽²⁸⁾性与精神性的统一。梦想的价值体现在物质和精神两个方

面，是物质性和精神性的统一。一方面，中华民族在实现梦想的历史进程中创造了一个又一个奇迹[29]。新中国成立以来，已经解决了十几亿人口的吃饭问题，人民的生活水平不断提高，逐渐进入了小康社会。<u>不仅如此</u>，中国的经济发展还改变了世界经济格局[30]。中国已成为世界<u>货物</u>[31]贸易第一出口国，"中国制造"遍及世界。同时，近年来中国进口额一直在世界上排名靠前，既为中国人民生活水平的提高提供了更加丰富的物质基础，也为世界经济发展做出了重大贡献[32]。另一方面，中国梦对其他发展中国家具有重要的精神价值。它向世界证明，任何一个国家都有实现国家富强、民族振兴和人民幸福的权利[33]和可能。这种精神价值，将鼓舞[34]发展中国家人民积极<u>探索</u>[35]适合本国国情[36]的发展道路和模式。

（全文字数：约980字）

（选自《人民日报》，有改动）

注　释

1. 中国梦自提出以来，不仅<u>赢得</u>中国人民的认同，而且日益引起世界的关注，体现了超越国界的世界意义。

   赢得：取得；获得。后面可以接抽象事物和具体事物。

   ① 今天是我第一次在这么多人面前表演唱歌，没想到赢得了热烈的掌声。

   ② 经过了几年的追求，我终于赢得了她的心，成为了她的男朋友。

   ③ 你真幸运，在这次比赛中赢得了两张去欧洲的飞机票。

2. <u>不仅如此</u>，中国的经济发展还改变了世界经济格局。

   不仅如此：不仅仅是这样。表示后面表达的意思更进一层，常用来连接两个小句或两个句子。多用于书面语。

   ① 那家航空公司的机票是最便宜的。不仅如此，在他们的候机室里，乘客还可享受到热茶、热咖啡和小甜点等。

   ② 这部中国电影在中国很受欢迎，不仅如此，它在国外也很有名。

   ③ 她很善良，对身边的人都很关心、很宽容。不仅如此，她还经常主动帮助别人，所以大家都很愿意和她交朋友。

3. 这种精神价值，将鼓舞发展中国家人民积极<u>探索</u>适合本国国情的发展道路和模式。

   探索：多方寻求答案，解决疑问。后面可以接抽象事物和具体事物。

① 要想让公司发展得更好，我们就必须探索出更适合公司的发展方式。
② 他的梦想就是希望长大以后可以去探索神奇的海洋世界。
③ 历史上真有这样一个神秘的国家吗？一代又一代的历史爱好者和科学家为此探索了两千多年。

长句压缩

实现中华民族伟大复兴的中国梦是中华民族和中国人民的梦想，同时它倡导的国家富强、民族振兴、人民幸福相统一的理念具有世界意义。

中国梦是 _____ 梦想，_____ 理念具有 _____ 意义。

读报小知识

《北京青年报》

《北京青年报》是共青团北京市委机关报，创刊于 1949 年 3 月，是北京地区最受欢迎的都市类报纸。该报以社会热点话题为焦点，引起了强烈的社会反响，报纸的影响力日益扩大。最近十年，该报敏锐地抓住了历史发展的机遇，以改革创新的作风，敢为人先的胆识，对市场经济条件下报业经营运作的新模式进行了有效探索，使事业发展取得了骄人的业绩，真正达到了社会效益与经济效益的双赢。

练　习

一 请在课外阅读最新中文报刊文章，将其中你喜欢的一篇剪贴在笔记本上、阅读后写出摘要，并谈谈自己的看法

二 给下列动词搭配适当的词语

推翻_____　　　　传递_____
赢得_____　　　　鼓舞_____
开创_____　　　　探索_____
振兴_____　　　　倡导_____

三 选词填空

| 贡献　分割　不懈　充分　深厚　与时俱进　觉醒　实践 |

1. 那个国家被一条河_____成两个部分，即南方和北方。

2. 经过_____的努力，我终于考上了那所大学。
3. 在课堂中学习理论知识的确很重要，但课外_____也是不可忽视的。
4. 他当了一辈子老师，为教育事业做出了一份_____。
5. 现在许多老年人也喜欢上网看新闻、聊天，看来他们的思想也在_____。
6. 在你批评过他之后，他终于_____了，决定坚持自己的目标，绝不放弃。
7. 如果没有_____的理由，你是不能请假的。
8. 我被电影中那对老夫妻_____的感情打动了。

四 根据课文内容判断正误

1. 毛泽东同志领导的新民主主义革命推翻了封建君主专制制度。（   ）
2. 现在，中国人的愿望是实现中华民族伟大复兴。（   ）
3. 中国即将成为世界贸易第一出口国。（   ）
4. 中国梦的世界意义主要体现在四个方面。（   ）

五 请按正确的语序将下列各个句子组成完整的一段话

1. A. 中国梦是中国人在新时期的集体期望和精神信仰
   B. 但是，中国梦就像我认识的中国人一样
   C. 热情开放，具有人类情怀
   D. 具有鲜明的民族特色
   正确的语序是：（   ）（   ）（   ）（   ）

2. A. 逐渐进入了小康社会
   B. 新中国成立以来
   C. 已经解决了十几亿人口的吃饭问题
   D. 人民的生活水平不断提高
   正确的语序是：（   ）（   ）（   ）（   ）

六 根据课文内容选择正确答案

1. 课文中提到了中国的几次革命？（   ）
   A. 3次   B. 1次
   C. 没提到   D. 2次

2. 以下哪项是错误的？（   ）
   A. 中华民族正在朝着伟大复兴前进
   B. 中国梦既有历史底蕴，又有时代特征
   C. 中国梦倡导的理念包括世界和平发展
   D. 中国梦对发展中国家有重要的精神价值

3. 以下哪项不能说明"中国的经济发展还改变了世界经济格局"？（   ）
   A. 中国人民的生活水平已经大幅度提高

B. 中国已成为世界货物贸易第一出口国
C. "中国制造"遍及世界
D. 近年来中国进口额一直在世界上排名靠前
4. 中国梦没有体现在哪个方面？（　　）
A. 物质性与精神性的统一
B. 个体性与整体性的统一
C. 民族性与世界性的统一
D. 历史性与时代性的统一

七 请尽量使用以下词语进行话题讨论

赢得	认同	开创	前景	底蕴	招生
富强	振兴	核心	充分	探索	技能

1. 你了解中国梦吗？说说你对中国梦的看法。
2. 一个国家的"梦想"应该包括哪些内容？为什么？

八 快速阅读

阅读一（字数：约850字；阅读与答题的参考时间：7分钟）

让世界理解中国梦

列奥纳德·贝列罗莫夫

传统理念孕育新梦想。中国拥抱世界，让中国传统文化历久弥新，让中国梦与世界人民的梦想同行。

中国传统文化的繁荣发展，极大地丰富了当代中国的政治理论，并在治国实践中焕发新生。从"小康"到"大同"，中国当代的决策者们将传统文化融入到治国理念中，创造性地提出了新的理论和奋斗目标——中国梦。

中国梦的组成部分包括了国家富强、民族振兴和人民幸福。中国梦继承了中国传统文化，包涵着富强、民主、文明、和谐、自由、平等、公正、法治、爱国、敬业、诚信、友善等价值取向。在冲突和变革不断上演的世界舞台上，和谐作为中国梦概念的重要部分，来源于中国传统文化中"和而不同"的理念，在中国的内外政策中具有重要地位。

春秋时，齐相晏婴是"和而不同"的最早阐释者之一。他指出，"和"比"同"更适合统治者，"和"可以让持不同观点的人们化解冲突，达成共识。"若以水济水，谁能食之？若琴瑟之专一，谁能听之？"晏婴看到，如果臣子只赞同君主而不发表自己的意见，就像用水调和水，索然无味；就像用琴瑟总弹一个音调，谁能听得下去？此后，孔子继承、发展了晏婴的思想，提出"君子和而不同，小人同而不和"。

包含"和而不同"理念的中国梦，是中国人民在历史实践中持续探寻的伟大梦想。中华民族的伟大复兴是指引中国人民奋斗不息的共同理想。不论什么样的身份、地位、文化程度，很多人都对中国梦中包含的道理有着准确的理解，因为这些道理虽然是关于人类命运的探讨，却来自人生中最平凡的经验。

经过几千年的发展，中国的传统文化被赋予了新的历史使命。中国改革开放的总设计师邓小平在改革之初提出了小康社会的目标。儒学中的"小康"概念与现实结合，让传统文化的内涵再度丰富。中国国家主席习近平提出实现中华民族伟大复兴的中国梦，承载着几辈中国人的共同愿望，为国家创造新的伟大成就指明了前进方向。

传统理念孕育新梦想。中国已成为领跑全球的重要经济体，散发着独特魅力的中国文化也逐渐被世界接受。中国拥抱世界，需要让更多的外国人理解和接受中国梦，让中国传统文化历久弥新，让中国梦与世界人民的梦想同行。

（作者为俄罗斯孔子基金会主席，本报驻俄罗斯记者谢亚宏采访整理）

（选自《人民日报》，有改动）

回答问题：
1. 中国梦的组成部分有哪些？
2. 请用自己的话解释什么叫"和而不同"？
3. 文章中提到了中国的几位领导人？他们提出的目标分别是什么？

阅读二（字数：1610字左右；阅读与答题的参考时间：15分钟）

中国梦富有感召力

本报驻哈萨克斯坦记者　黄文帝

今日，哈萨克斯坦著名汉学家克拉拉·哈菲佐娃女士在家中接受了本报记者的采访，讲述了自己的中国故事，表达了对中国人民的祝福。

谈到中国的发展，哈菲佐娃表示："中国这些年变化很大，不仅是现代化高楼大厦多了，而且从普通民众的衣着、神情、与人接触的方式等细节的变化中，我能够明显感受到中国的发展和进步。最近去中国，发现中国青年也和以前不一样，他们熟练使用计算机、电子词典等最新科技产品，英语十分流利，做事也非常独立，大多有自己的见解。中国经济成就令人佩服，让人由衷赞叹，中国在国际舞台上的威望达到了前所未有的高度。中国在许多国际问题上的外交政策公正得当，令人尊重。中国国家主席习近平提出中国梦，我认为这不仅是对中国国内的民众，也是对海外的中国人和对华友好人士的一种伟大号召。"

哈菲佐娃研究汉学40余年，是目前哈萨克斯坦资历最深的汉学家，先后任教或任职于哈萨克斯坦多所高校和哈总统战略研究所，为独立后的哈萨克斯坦培养了大批汉语人才。她的研究领域涵盖中亚与中国相关的方方面面，并在哈萨克斯坦和中国发表过多篇论文，还出版了《14—19世纪中国在中亚的外交》等多部专著。她对中国和中国文化情有独钟，记者一进她的家门，就感受到扑面而来的中国风：写着"纵横天下"的挂历、墙上贴着的中国画、书房里一大堆与中国相关的书、书架上的孔子像……

"我一直都觉得自己是一个幸运的人,我曾有幸在北京大学学习,大约30年后又到兰州大学教了两年俄语。我去过19所中国大学,我由衷感谢中国的改革开放政策。1949年新中国刚成立时,我在上小学三年级,中国瓷器上的汉字给我留下了深刻印象,我又在一些苏联儿童杂志和《少先队真理报》上读到中国的风土人情,从此与中国结下不解之缘。上大学我选择了汉语专业,20世纪60年代到北京大学学习。我已经记不清去过中国多少次了。北京、乌鲁木齐、西安、洛阳、台北……每次去中国访问或进行学术交流,主办方都会组织丰富的文化活动,这让我有机会亲身体验丰富的中国文化。去年12月,我去北京参加了文化部主办的首届'汉学家与中外文化交流'座谈会,并到有'海上丝绸之路起点'美誉的泉州等城市参观,给我留下了深刻、美好的印象。我们这些汉学研究者来自世界不同国家,思维、观点也不尽相同,但我们有个共同点——我们都爱中国。我个人的命运与中国紧密联系在一起,我能够自由进行研究创作,感到很快乐,中国也一直支持我。可以说,中国文化丰富了我的精神生活。"哈菲佐娃如是说。

"这些年,汉语在国际上的地位明显提高,可以说世界范围掀起了汉语学习热,在哈萨克斯坦也不例外。随着中哈关系的深化,两国经贸往来日益密切,哈萨克斯坦目前已有4个城市开设了孔子学院。去年9月,习近平主席访问哈萨克斯坦期间表示,中国将在未来10年向上海合作组织成员国提供3万个政府奖学金名额,并邀请1万名孔子学院师生赴华研修。听到这个消息,我非常高兴,这有利于我们更好地培养汉学家和各行各业的汉语人才。比起我们那时的条件,现在哈萨克斯坦学习汉语的学生们拥有难以比拟的宝贵机会。"

"文化沟通可以增加不同国家、民族之间的相互了解和信任,使我们的世界更宽容。我希望我的同行们在汉学研究领域取得更大成绩。我听到有的外国学者甚至感叹,我们迎来了汉学研究的黄金时代。的确,当前的形势对我们来说是难能可贵的机遇。我也祝愿孔子学院越办越好,更加壮大,为更多人学习汉语提供机会和帮助,不管是青少年还是老人。"

哈菲佐娃说:"不知道历史上的中国,就不知道现在的中国。我经常叮嘱我的学生们,中国文化如此博大精深,一定要利用空闲时间多研究,培养兴趣。哪怕是收集中国扇子,多去博物馆看看徐悲鸿、齐白石的画,多听听京剧,或者学做中国菜。因为这些细节,都浓缩了中国的历史和文化。我也把对中国文化的热情传给了女儿和丈夫,女儿现在定居莫斯科,最近在研究柳宗元的散文。哈萨克斯坦目前在华留学生约有8000人,我希望未来会有更多年轻人研究中国,希望哈萨克斯坦有更多的人能了解中国。"

(选自《人民日报》,有改动)

回答问题:

1. 哈菲佐娃从哪些地方感受到了中国的发展和进步?
2. 介绍一下哈菲佐娃去年12月来中国的情况。

3. 哈菲佐娃举了哪些研究中国文化、培养兴趣的例子？

阅读三（字数：约1520字；阅读与答题的参考时间：11分钟）

山东截肢女孩曾获救助　大学毕业后帮助残疾患者

马年春节，杨晓霞的手机不停地在响，她收到了近百条拜年短信。这些短信是和她一样的残疾病友从全国各地发来的。

19年前的春节，山东农家截肢女孩杨晓霞，曾牵动了千万人的心，并收到了高达87万多元的捐款。如今的杨晓霞早已康复，大学毕业后，她回到了当初为她安装假肢的中国康复研究中心工作。

晓霞最大的梦想就是，像当初大家帮助她那样，帮助身边截肢的病友，指导他们安装假肢，早日走出心理阴影。

回忆往事　爱心捐款高达87万多元

杨晓霞来自山东临邑农村。1994年她右手小拇指上有个"小黑点"，不停溃烂。这种罕见的"多种细菌协同性坏疽"，最终让她失去了右前端小臂和左手的两个手指。

1995年春节，杨晓霞的故事先后被70多家媒体报道。在不到一个月时间内，引发了建国以来最大规模的爱心捐款——87万多元。

在医学专家的努力下，杨晓霞被治愈了，她还来到中国康复研究中心安装了假肢，并接受了康复治疗。晓霞知恩图报，将剩余的45万多元捐款全部捐赠给了中国宋庆龄基金会，设立了"宋庆龄儿科医学奖"。

感恩回报　穿上白大褂帮助残疾患者

转眼近20年过去了，当年的小女孩晓霞如今已成了大姑娘，有着自己的梦想和担当。春节前夕，记者在中国康复研究中心看到晓霞时，她穿上了白大褂，正在指导一名第一次安装假肢的农民工如何练习和适应假肢。

看到晓霞的右前端小臂也安装着假肢，这名农民工兄弟说，他觉得很亲切。早在2007年，晓霞从北京交大毕业，就来这里工作。7年来，晓霞已经帮助500多位截肢的病友安装和练习假肢。

晓霞说，安装假肢不仅能遮掩形体的不完整，达到心理平衡，更主要的是在功能上有所帮助，尤其是帮助下肢截肢的患者重新站起来。因此，这些年，她一直在钻研假肢的学问，使每一位向她咨询的病友，都能选择到真正适合自己的假肢。

在晓霞帮助过的众多病友中，和她联系最密切的是15岁的小芳，和晓霞当年生病截肢时差不多大。去年6月，小芳因为车祸失去了双腿，从此小姑娘总是爱哭，也经常和最关心自己的母亲吵架。

晓霞指导小芳安装和练习假肢，相处了3个多月。刚开始安装假肢的时候，每次需要检查测量，小芳都会躲着不让。于是，晓霞就耐心地和小芳聊家常，和她分享自己当年的故事。渐渐地,小芳变得开朗多了,她总是笑着邀请晓霞去她家乡玩……

追求梦想　攻读心理学继续辅导病友

这些年,晓霞也走过了一条心路历程。她坦言,每当生活上遇到困难,她都会提醒自己,有那么多好心人帮助过她,不能让大家失望。

工作之余,晓霞考取了心理咨询师证。眼下她还在攻读心理学硕士课程。"主要是系统的学习能够指导我的工作,还能帮病友从身体残缺的心理阴影中逐渐走出来。"

如今,晓霞已经过了而立之年,和普通人一样,她也有困扰,那就是早日成立自己的家庭。晓霞坦言,女人再要强,终究渴望身边能有个知心的爱人。

(选自《北京晚报》,有改动)

根据课文内容判断正误:
1. 杨晓霞现在在中国康复研究中心工作。　　　　　　　　(　　)
2. 杨晓霞因为意外事故失去了右前端小臂。　　　　　　　(　　)
3. 杨晓霞治疗自己的病一共花了 45 万元。　　　　　　　(　　)
4. 晓霞已经帮助 500 多位截肢的病友走出了心理阴影。　　(　　)
5. 杨晓霞希望每一位向她咨询的病友,都能选择到真正适合自己的假肢。
　　　　　　　　　　　　　　　　　　　　　　　　　　(　　)
6. 在晓霞帮助过的众多病友中,和她联系最密切的是比她小 15 岁的小芳。
　　　　　　　　　　　　　　　　　　　　　　　　　　(　　)
7. 杨晓霞希望能快点儿找到自己的爱人。　　　　　　　　(　　)

二、中级报刊课教案示例

第九课　中国梦的世界意义

教学目标:掌握课文内容及纲内词,培养阅读中文报刊的能力。
教学重点:1. 设置问题,让学生在熟悉课文内容和回答问题中提高阅读能力。
　　　　　2. 通过操练掌握课文中的 3 个重要的语言点(赢得;不仅如此;探索)
　　　　　3. 当堂做完练习八,培养快速阅读能力。
教学时间:4 课时
教学过程:

第一节课

(前 20~30 分钟左右让 1~2 名事先指定好的同学作报刊文章述评)

讲解课文

(在对课文内容提问之前,可以让一位或几位学生把要讲的课文段落读一遍,然后提问题,再让学生回答)

第一段
问1:中国梦提出以后,中国人民有什么看法?
问2:为什么说中国梦体现了超越国界的世界意义?
语言点1"赢得":见本课词语例释1。
例:他们赢得了今天下午的那场足球比赛。
① 如果你参加抽奖,你希望赢得什么奖品?
② 怎么做才能赢得别人的信任?
③ 在找工作时,怎样才能赢得更好的工作机会?
④ 什么样的表演可以赢得观众的掌声?
⑤ 怎么做才能赢得你喜欢的男孩/女孩的心?

第二段
问3:中国梦要回答哪些问题?
问4:近代以来中华儿女的梦想是什么?
问5:孙中山先生领导了什么革命?推翻了什么制度?为中华民族带来了什么影响?
问6:毛泽东同志领导了什么革命?为中华民族带来了什么影响?
问7:邓小平同志做了什么?为中华民族带来了什么影响?
问8:在近几代领导人的带领下,中华民族迎来了什么?
问9:中国梦有哪些特点?
问10:中国梦体现了什么?有什么意义?
讨论1:你了解中国历史上的几次革命吗?如果了解,请简单介绍一下。
讨论2:你觉得一个国家的历史会对这个国家的发展产生什么影响?

第二节课

第三段
问11:中国梦的目标是什么?
问12:中国梦倡导什么理念?
问13:中国梦传递给世界的核心理念是什么?
问14:中国梦的价值理念体现了什么?

问 15：中国的发展和世界的发展之间有什么关系？体现在什么地方？
问 16：课文中提到的外国教授是怎么看待中国梦的？
问 17：什么构成了中国梦的鲜明特征？
讨论 3：你怎么看待个人幸福与国家发展之间的关系？
讨论 4：一个国家应该怎样和邻国相处？

第四段
问 18：梦想的价值体现在哪两个方面？
问 19：新中国成立以来取得了哪些成就？
问 20：为什么说中国的经济发展改变了世界经济格局？
语言点 2 "不仅如此"：见本课词语例释 2。
例：这部中国电影在中国很受欢迎，不仅如此，它在国外也很有名。
　① 在大城市生活要面临很多问题，如生活成本太高，不仅如此，_____。
　② 他很优秀，在学校时成绩一直很好，不仅如此，他还_____。
　③ 她和同屋的关系不太好。她的同屋经常在她学习时看电视、打电话，不仅如此，她的同屋还_____。
　④ 他非常喜欢旅行。他已经去过了国内大部分地方，不仅如此，_____。
　⑤ 他是个世界知名作家。他的书销量很高，不仅如此，_____。

问 21：中国进口额一直在世界上排名靠前，对中国和世界有什么影响？
问 22：中国梦的精神价值体现在什么地方？
问 23：中国梦的精神会给别的国家带来什么影响？
语言点 3 "探索"：见本课词语例释 3。
① 还有哪些地方需要人类探索？
② 有什么问题是你想探索的？
③ 你怎么探索适合自己的学习方法？
④ 怎么探索适合自己的穿衣风格？
⑤ 怎么探索适合自己的职业？
讨论 5：你对"中国梦"有哪些看法？

总结全文的提问：

问1：本文从哪几个方面讲述了中国梦的世界意义？（三个方面：历史性与时代性的统一；民族性与世界性的统一；物质性与精神性的统一）

问2：作者是怎样评价中国梦的？（有世界意义、体现了中国走和平发展道路的价值理念、对促进世界和平发展和人类文明进步具有重要意义、鼓舞发展中国家人民积极探索适合本国国情的发展道路和模式等）

布置学生复习今天所学的知识，完成练习一至七；并公布下一次课发言的1~2位同学的名单。

第三节课

（前20~30分钟左右让1~2名事先指定好的同学作报刊文章述评）

讲解练习

练习二的参考答案：

推翻　统治　　　　传递　信息
赢得　认同　　　　鼓舞　人心
开创　新时代　　　探索　大自然
振兴　国家　　　　倡导　环保

练习一~练习七的要求：

练习一的作业在第三节课与第四节课的课间休息时收上来检查，教师可利用课间休息时间和第四节课做练习八阅读题的时间批改作业，应优先改好下一周（两次）需作发言的四位学生的作业本，以便及时发给这些学生，其他未改完的作业教师带回去改，下次课再发给大家。教师在批改学生的摘要和看法时，注意纠正作业中出现的字词语法错误，并在学生作业的后面适当写上评语，如果学生提出要老师谈谈对某一问题现象的看法，教师应简要地写上自己的看法。教师的批注要注意：（1）字迹要工整、清楚；（2）用语要简要、易懂。

练习二~六，略讲，可让不同的学生依次说出答案，再核对正误。这些习题大都有参考答案，但不要暗示学生看参考答案，鼓励学生独立做完习题，即使做不出来或做错了，都没关系，都要比直接看参考答案好。参考答案主要供学生复习时用，平时最好不要看。

练习七的讨论题，可让学生在课外做练习时提前写好讨论的发言提纲，并尽量用上所提供的词语。教师对发言积极、能较好使用所提供的词语的学生应予以适当的肯定。教师最好将学生练习七的作业和报刊摘要的作业都一起收上来进行批改，以督促和鼓励学生完成练习七。

第四节课

指导学生按要求当堂做完练习八（要求学生课外不要提前看，以免影响当堂的阅读效果）。若时间有余，可进一步讲解阅读三的内容，或安排话题讨论，或补充阅读材料等。

最后布置学生课后预习下一课，并公布下一教学单元要发言的2～4位学生的名单。

三、中级报刊课 PPT 示例

3.

语言点1"赢得":本课词语例释1→奖品、信任、掌声、机会、比赛。
例:他们赢得了今天下午的那场足球比赛。
● 如果你参加抽奖,你希望赢得什么奖品?
● 怎么做才能赢得别人的信任?
● 在找工作时,怎样才能赢得更好的工作机会?
● 什么样的表演可以赢得观众的掌声?
● 怎么做才能赢得你喜欢的男孩/女孩的心?

4.

第2段
问3:中国梦要回答哪些问题?
    中国梦不仅要回答人类文明进程中的历史性问题,而且要在实践中解决时代性问题。
问4:近代以来中华儿女的梦想是什么?
    实现中华民族伟大复兴。

5.

问5:孙中山先生领导了什么革命?推翻了什么制度?为中华民族带来了什么影响?
    孙中山先生领导的辛亥革命推翻了封建君主专制制度,中华民族开始觉醒。
问6:毛泽东同志领导了什么革命?为中华民族带来了什么影响?
    毛泽东同志领导的新民主主义革命取得了胜利,中华民族开始自立。

6.

    问7：邓小平同志做了什么？为中华民族带来了什么影响？

        邓小平同志领导开创了改革开放新时期，中华民族开始自强。

    问8：在近几代领导人的带领下，中华民族迎来了什么？

        中华民族迎来了伟大复兴的光明前景。

7.

    问9：中国梦有哪些特点？

        中国梦具有深厚的历史底蕴，带有鲜明的时代特征，世界价值也在与时俱进。

    问10：中国梦体现了什么？有什么意义？

        中国梦体现了中国走和平发展道路的价值理念，对促进世界和平发展和人类文明进步具有重要意义。

8.

    讨论1：你了解中国历史上的几次革命吗？如果了解，请简单介绍一下。

    讨论2：你觉得一个国家的历史会对这个国家的发展产生什么影响？

9.

第3段
问11：中国梦的目标是什么？
实现中华民族伟大复兴。

问12：中国梦倡导什么理念？
中国梦倡导的国家富强、民族振兴、人民幸福相统一的理念。

10.

问13：中国梦传递给世界的核心理念是什么？
个人的幸福是建立在国家发展基础之上的，国家发展根本上是为了人民幸福。

问14：中国梦的价值理念体现了什么？
这种价值理念不仅体现了中华民族浓厚的爱国主义情结，也深刻反映了中华儿女对美好幸福生活的不懈追求。

11.

问15：中国的发展和世界的发展之间有什么关系？体现在什么地方？
中国梦将中国的发展和世界的发展联系在一起。

问16：课文中提到的外国教授是怎么看待中国梦的？
他认为中国梦具有鲜明的民族特色和人类情怀。

问17：什么构成了中国梦的鲜明特征？
民族性与世界性的统一构成了中国梦鲜明的特征。

12.

讨论3：你怎么看待个人幸福与国家发展之间的关系？

讨论4：一个国家应该怎样和邻国相处？

13.

第4段：
问18：梦想的价值体现在哪两个方面？
梦想的价值体现在物质和精神两个方面。

问19：新中国成立以来取得了哪些成就？
新中国成立以来，已经解决了十几亿人口的吃饭问题，人民的生活水平不断提高，逐渐进入了小康社会。

问20：为什么说中国的经济发展改变了世界经济格局？
中国已成为世界货物贸易第一出口国，"中国制造"遍及世界。

14.

语言点2"不仅如此"：本课词语例释2。

例：这部中国电影在中国很受欢迎，不仅如此，它在国外也很有名。

15.
① 在大城市生活要面临很多问题,如生活成本太高。不仅如此,＿＿＿＿＿＿＿＿＿＿。
② 他很优秀,在学校时成绩一直很好,不仅如此,他还＿＿＿＿＿＿＿＿＿＿。
③ 她和同屋的关系不太好。她的同屋经常在她学习时看电视、打电话。不仅如此,她的同屋还＿＿＿＿＿＿＿＿＿＿。
④ 他非常喜欢旅行。他已经去过了国内大部分地方,不仅如此,＿＿＿＿＿＿＿＿＿＿。
⑤ 他是个世界知名作家。他的书销量很高,不仅如此,＿＿＿＿＿＿＿＿＿＿。

16.
问21:中国进口额一直在世界上排名靠前,对中国和世界有什么影响?
既为中国人民生活水平的提高提供了更加丰富的物质基础,也为世界经济发展做出了重大贡献。
问22:中国梦的精神价值体现在什么地方?
它向世界证明,任何一个国家都有实现国家富强、民族振兴和人民幸福的权利和可能。
问23:中国梦的精神会给别的国家带来什么影响?
这种精神价值,将鼓舞发展中国家人民积极探索适合本国国情的发展道路和模式。

17.
语言点3 "探索":本课词语例释3。
● 还有哪些地方需要人类探索?
● 有什么问题是你想探索的?
● 你怎么探索适合自己的学习方法?
● 怎么探索适合自己的穿衣风格?
● 怎么探索适合自己的职业?

18.

小结
问1：本文从哪几个方面讲述了中国梦的世界意义？
三个方面：历史性与时代性的统一；民族性与世界性的统一；物质性与精神性的统一。

问2：作者是怎样评价中国梦的？
有世界意义、体现了中国走和平发展道路的价值理念、对促进世界和平发展和人类文明进步具有重要意义、鼓舞发展中国家人民积极探索适合本国国情的发展道路和模式等。

19.

讨论5：你是怎样看"中国梦"的？

第三节　高级报刊课教案编写

一、高级报刊课一课原文

第二课　中餐遭遇"中国制造"式困境[①]

背景知识

中国美食让很多西方人心驰神往，中餐和法餐曾被认为是"世界餐饮史上的两朵奇葩"。据说世界上最早的餐馆就出现在中国汉

---

① 吴成年主编《新编读报纸，学中文——汉语报刊阅读》（高级上），北京大学出版社，即将出版。

代,而在19世纪前,中国还是"世界餐桌的中心"。如今,当法国、日本、韩国雄心勃勃打造美食软实力时,中餐依然靠着华人经营的小餐馆缓慢推广,以至不少外国人对中餐馆的印象就是廉价和嘈杂。在某种程度上,中餐馆跟廉价的"中国制造"处境相同,也许只有靠提升档次与树立良好的品牌形象,才能让中餐摆脱目前所面临的困境。

词语表

1. 困境　　　　　kùnjìng　　　（名）　困难的处境
   陷入困境/摆脱困境/丈夫失去工作让一家人的生活陷入困境。
2. 软实力　软实力　ruǎnshílì　（名）　综合国力的一部分,包括文化、意识形态等的吸引力
   在世界多元化和经济全球化背景下,中国正努力提升"软实力"。
3. 深处　深处　shēnchù　（名）　很深的地方
   心灵深处/他内心深处最渴望得到的是大家的支持。
4. 坚实　坚实　jiānshí　（形）　坚固,结实
   坚实的基础/他勤奋学艺,刻苦钻研,打下了坚实的功底。
5. 不值一提　　bù zhí yì tí　　不值得提起,形容事情很轻微或者不重要。
   他在这里所受的体肤之苦,与那深埋心底的心灵之苦相比,实在不值一提。
6. 神往　　　　shénwǎng　　（动）　内心向往
   心驰神往/令人神往/美丽的古城丽江,让她一直神往不已。
7. 料理　　　　liàolǐ　　　（名）　烹调,也指菜肴
   日本料理/他会做日本料理,而且做得很精致。
8. 主顾　主顾　zhǔgù　（名）　顾客

老主顾/大主顾/只有稳住老主顾，才能使生意越做越兴旺。

9. 光棍儿　光棍儿　　guānggùnr　　（名）　　没有妻子的成年
   打光棍儿/老光棍儿/他打了一辈子的光棍儿。　　人；单身汉

10. 夫妇　夫妇　　　　fūfù　　　　　（名）　　夫妻
    新婚夫妇/恩爱夫妇/他们夫妇二人的感情真好，每天都能看到他们手牵手散步。

11. 倒退　　　　　　　dàotuì　　　　（动）　　往后退；退回
    经济倒退/倒退三十年，我也是个壮小伙子。　　（后面的地方、
    　　　　　　　　　　　　　　　　　　　　　过去的年代、以
    　　　　　　　　　　　　　　　　　　　　　往的发展阶段）

12. 位列榜首　　　　　wèi liè bǎngshǒu　　　　排名第一
    一本成人涂色书在这个月的图书销售中位列榜首，可见现代社会人们的压力有多大了。

13. 官员　官员　　　　guānyuán　　　（名）　　经过任命的、担
    政府官员/在中国古代，官员享有特权，他　　任一定职务的政
    们按照官品级别，可以占有大量土地。　　　府工作人员

14. 交汇　交汇　　　　jiāohuì　　　　（动）　　聚集到一起；
    交汇处/在香港这座中西文化交汇的大都市，　　汇合
    传统节日也没有被人们遗忘。

15. 饮食　饮食　　　　yǐnshí　　　　（名）　　吃的和喝的东西
    饮食卫生/饮食业/合理的饮食和均衡的营养，能使身体更健康。

16. 口味　　　　　　　kǒuwèi　　　　（名）
    改善口味/新口味/食堂里的菜不对我的口味。

17. 调和　调和　　　　tiáohé　　　　（动）　　使混合在一起；
    色彩调和/画家周春芽的"桃花"系列色彩调　　使协调
    和得鲜艳、纯净，表现出了桃花的绚烂之美。

18. 含义　含义　　　　hányì　　　　（名）　　（词句等）所包
    含义深奥/我终于明白了"流浪的人在外想　　含的意义
    念家"那句歌词的含义。

19. 烹饪	烹饪	pēngrèn	（动）	做饭做菜

擅长烹饪／一些烹饪学校趁情人节开办各种巧克力的制作课程。

20. 差异	差異	chāyì	（名）	差别；不相同

南北气候差异很大／智力差异产生的原因是很复杂的。

21. 瓶颈	瓶頸	píngjǐng	（名）	瓶子的上部较细的部分，比喻事情进行中容易发生阻碍的关键环节

就业瓶颈／突破瓶颈／交通瓶颈
目前中国网络游戏发展的瓶颈在于内容缺乏吸引力和震撼力。

22. 伴随	伴隨	bànsuí	（动）	随同；跟随

伴随左右／诗歌是伴随劳动而产生的，是古老的文学体裁。

23. 海外		hǎiwài	（名）	国外

名扬海外／中国的丝织技术，早在公元前就流传到海外了。

24. 扩张	擴張	kuòzhāng	（动）	扩大（势力、疆土等）

向外扩张／在不到半个世纪的时间里，波斯扩张成了一个空前的大帝国。

25. 改革开放	改革開放	gǎigé kāifàng		20世纪70年代末中国开始实行的改革经济体制并对外开放的政策

中国实行改革开放政策以来，出国留学的人员大量增加。

26. 谋生	謀生	móushēng	（动）	设法寻求维持生活的门路

出外谋生／土地是中国农民千百年来最重要的谋生工具。

27. 庞大	龐大	pángdà	（形）	很大（常含过大或大而无当的意思，指形体、组织或数量等）

体积庞大／开支庞大／在庞大的"瘦身大军"中，只有7％的人在服用减肥药。

28. 查处　查处　　　　cháchǔ　　　（动）　　查明情况，进行
    依法查处/查处非法行为/国家禁止未满16　　　　处理
    周岁的未成年人就业，严格查处非法使用童
    工的行为。

29. 就餐　　　　　　　jiùcān　　　　（动）　　到饭食的地方去
    在外就餐/父母要注意不要经常在饭桌上批评　　吃饭
    孩子，创造一种愉快的就餐气氛对孩子的健
    康很重要。

30. 与此同时　与此同时　yǔ cǐ tóngshí　　　　和事情发生的时
    旅游业在西藏经济发展中的地位日趋提高。　　间相同
    与此同时，西藏也十分重视其发展中带来的
    破坏生态和环境污染的问题。

31. 恶性　恶性　　　　èxìng　　　　（形）　　能产生严重后
    恶性循环/恶性事故/酒后驾驶容易造成恶性　　果的
    交通事故。

32. 廉价　廉价　　　　liánjià　　　（形）　　价钱便宜的
    廉价机票/廉价服装/早市上的蔬菜要比超市
    廉价。

33. 自助餐　　　　　　zìzhùcān　　（名）　　一种由用餐者自
    中式自助餐/英式自助餐/虽然一律吃自助　　　取菜肴、主食的
    餐，但客人并未感到受冷落，反而觉得可　　　用餐方法
    口、卫生、方便。

34. 模式　　　　　　　móshì　　　　（名）　　某种事物的标准
    发展模式/合作模式/商业模式/人们比较乐　　　形式或使人可以
    于接受小家庭模式。　　　　　　　　　　　　照着做的标准
    　　　　　　　　　　　　　　　　　　　　　样式

35. 盛行　　　　　　　shèngxíng　（动）　　广泛流行
    盛行一时/时下，大家盛行用微信联系和
    交流。

36. 足以　　　　　　　zúyǐ　　　　（副）　　完全可以；够
    足以说明/与会法国专家认为，疲劳驾驶的　　得上
    危害性足以与酒后驾驶相比。

37. 高档　高档　　　gāodàng　　　（形）　　质量好、价格较
　　高档家具/十一期间，无论是高档商场，还　　高的（商品）
　　是小型店铺，过节期间大都打折促销。

38. 特性　　　　　　tèxìng　　　　（名）　　某人或某事物所
　　奇异特性/把苹果和梨进行比较，会发现它　　特有的性质
　　们都有着水果的特性，但在形状、味道等方
　　面又各不相同。

39. 显而易见　显而易见　xiǎn ér yì jiàn　　（事情、道理）
　　可再生能源的开发利用在经济上带来的好处　　非常明显，很容
　　是显而易见的。　　　　　　　　　　　　　　易看清楚

40. 沉淀　沉淀　　　chéndiàn　　　（动）　　比喻凝聚，积累
　　沉淀自己/沉淀心灵
　　时间会慢慢沉淀，有些人、有些事渐渐就不
　　会那么在意了。

41. 处境　处境　　　chǔjìng　　　（名）　　所处的境地（多
　　处境困难/处境危险/政府将面临更大的风险　　指不利的情况下）
　　和更艰难的处境。

42. 潜力　潜力　　　qiánlì　　　（名）　　可能发挥的潜在
　　发挥潜力/对于这些老字号，春节家宴是一　　的能力
　　个有很大潜力的市场。

中餐遭遇"中国制造"式困境(1)

纪双城　姚蒙　赫景秀　陶短房　蒋丰　赵小菁　万艳

中国曾是"世界餐桌中心"

　　意大利学者弗朗西斯科·西希不久前发表文章说，虽然音乐、影视、体育竞赛是许多国家试图营造的软实力(2)的组成部分，但比起通向灵魂深处(3)、直达人体肠胃的古老而又坚实(4)的渠道——食物，所有这些都不值一提(5)，而对于中国来说，"没有什么比中餐更有中国特色了"。

　　提起中餐，很多外国人都和这位意大利学者一样，神往已久(6)。日本著名小说家谷崎润一郎早在1919年就发表过题为"中国料理"(7)的文章，表示"从小就一直喜爱中国菜"。英国前首相布朗也是伦敦一家粤菜馆的老主顾(8)。餐馆老板王先生说，15年前，布朗刚来时还只是一

个光棍儿⁽⁹⁾，后来常带女友莎拉来此约会，现在，夫妇⁽¹⁰⁾俩每次来时还总带上两个可爱的孩子，他们用起筷子来也是得心应手。前伦敦市长利文斯通每逢接到中国记者的采访申请时，也总不忘提一句：要不要把采访的地点选在唐人街餐馆？英国的一位大学教授沃尔特虽然没去过中国，但非常喜欢到当地的"中国城"转一转。他说，只有坐在中国城里，看着来来往往的华人，听着街上传来的中国音乐，用筷子夹着盘中美食，才算是真正享受了中华美食。

曾在美国生活多年的孙哲说，中餐和大熊猫一样，被外国人视为中国的象征，"如今，中餐是美国很多百姓生活的一部分和大众化的一种享受，很多美国人也会用筷子。"

从中餐看中国的"和"文化

"倒退⁽¹¹⁾200多年，中国就已经是世界的'餐桌中心'。"一位日本学者说。中餐、法餐和土耳其餐曾是世界三大美食，中餐更是位列榜首⁽¹²⁾。从汉代至清朝早期，中国都是世界经济中心和贸易中心，于是很多食品都随着南来北往的商人与官员⁽¹³⁾交汇⁽¹⁴⁾于中国，这使得"中国菜采纳了许多其他民族的饮食⁽¹⁵⁾文化。在世界上的大多数国家，无论谁吃了中国菜都不会觉得不合口味⁽¹⁶⁾"。

中国文化学者张颐武也有相近的观点，"中餐调和⁽¹⁷⁾酸甜苦辣各种不同风味，体现出'和'的文化。"对于这个"和"的含义⁽¹⁸⁾，在美国新奥尔良郊区开川菜馆的汤米·王解释说："中国菜之所以能走遍天下，是因为它把传统的中国烹饪⁽¹⁹⁾技巧和本土元素结合起来。"不过，这也使得很多来过中国的外国人常常感叹，到了中国才知道在别处吃到的中餐与中国的中餐有很大差异⁽²⁰⁾。

事实上，中国人的饮食习惯在过去20年也融入了很多西方元素。自上世纪80年代末，从汉堡、炸鸡到牛奶、冰淇淋以及各类新式冷饮，越来越多的西餐美味被中国人吸收。

华人小餐馆成中餐推广瓶颈⁽²¹⁾

中餐是伴随⁽²²⁾着华人的海外⁽²³⁾足迹步步"扩张"⁽²⁴⁾的。在中国改革开放⁽²⁵⁾初年，海外流行着这样一句话——拿一把中华炒勺，就可走遍全天下。因此，有不少人"临时抱佛脚"，出国前匆匆忙忙到饭馆里面学艺。著名学者贝西莱分析说，华人作为外来人口，由于语言、文化障碍较多，中餐很容易成为谋生⁽²⁶⁾之路。

不过，虽然数量庞大⁽²⁷⁾，但海外中餐馆的形象却常与外国人印象里中餐的"美誉"不太相符。卫生是中餐馆在国外最常被曝光和查处⁽²⁸⁾的问题。由于饮食文化不同，中国菜炖、炒较多，油烟较大，酱油、豆豉和一些腌制品等就西方卫生评判标准而言是"不卫生"的，此外，部分中餐馆的确存在厨房脏乱差的问题。

在饮食习惯上，中餐尤其正统中餐也与西方饮食文化习惯多有互不适宜之处。比如，欧美国家的主流餐饮通常餐位较少，就餐⁽²⁹⁾时较为安静，灯光很暗，而正统中餐却讲究大开间、大台面，就餐时有说有笑，灯火通明。另外，还有一些传闻让中餐蒙上阴影，如中国人无所不吃等。

与此同时⁽³⁰⁾，"开中餐馆"被海外华人当成养家糊口的手段，使得中餐馆之间一直存在激烈的恶性⁽³¹⁾竞争，这不仅使中餐沦为廉价⁽³²⁾美食，也让中餐的"文化品位"几乎全部丧失。比如中餐在英国是廉价午餐的代名词，吃一次麦当劳的钱就能在伦敦唐人街饱食一顿不限量的中式自助餐⁽³³⁾。

中餐离具备软实力还有多远？

与中餐几乎全靠海外华人推广的模式⁽³⁴⁾不同，法、日、韩等许多国家以政府行为打造饮食软实力。"为什么在混合式烹饪盛行⁽³⁵⁾的时期，只有日本料理、韩国料理在美国大行其道，而中国菜却被美国厨师所忽视？为什么这道足以⁽³⁶⁾代表中国处在世界烹饪金字塔顶端的名菜——麻婆豆腐，不能在曼哈顿的高档⁽³⁷⁾餐厅出现？"《华尔街日报》如此感叹中餐在美国的落败。

但事实上，比起中餐来说，韩餐和日餐在海外推广时"先天不足"的特性⁽³⁸⁾是显而易见⁽³⁹⁾的。一位常住韩国的华人分析说，吃外国餐实际上吃的是该国的文化。中餐经过多年的文化沉淀⁽³⁹⁾，已经成为一个国家和民族文化的象征符号。现在世界公认的五大饮食国家分别是中、法、意、日、泰。比起中餐，韩餐最大的不足还在于饭菜种类不够丰富。

"中餐馆跟中国制造的处境⁽⁴¹⁾几乎一模一样"。孙哲感叹说，中餐目前最大的问题在于，高级餐馆不多，和日韩料理相比，中餐不够贵气。厦门大学的周宁教授则认为，中餐有潜力⁽⁴²⁾成为世界口味，"也许读《论语》的西方人不会超过10%，但吃中餐的西方人很可能达到100%；如果说孔子在外国人眼中是一个模糊的概念，那么中餐馆则是一个非常具体的文化标志"。

（全文字数：约 2000 字）

（节选自《环球时报》，2010 年 8 月 13 日第 7 版，略有改动）

词语例释

1. 中国菜之所以能走遍天下，是因为它把传统的中国烹饪技巧和本土元素结合起来。

"技巧"与"技术"

"技巧"与"技术"都是名词。指某种专门的本领。

技巧：意义范围窄，主要指熟练、巧妙的技能。一般不做定语。

技术：意义范围广，指经过一段时间而积累的系统的知识、方法和经验。常做定语。

写作技巧/表演技巧

科学技术/职业技术/美容技术/技术水平/技术工人

① 批评人要有技巧，否则不会收到好的效果。

② 初级滑雪者可以在这里练习基本技巧。

③ 目前的医疗技术还不能治好这种病。

④ 这个技术问题目前很难解决。

2. 虽然数量庞大，但海外中餐馆的形象却常与外国人印象里中餐的"美誉"不太相符。

"庞大"与"巨大"

形容词。都表示很大。都可以做谓语、定语。

庞大：主要从主观角度描述事物，用于形容具体事物的形体、规模、数量，不能用于抽象事物。中性词，但表示过大时带贬义，常含过大而无当的意思。

巨大：主要是从客观角度形容事物，可以形容具体的形体、规模，也可以形容抽象事物。中性词。

机构庞大/体积庞大/庞大的开支

巨大的工程/巨大的变化/场面巨大/耗资巨大

① 恐龙的身体很庞大，超过目前世界上任何一种动物。

② 领导庞大的组织并非易事。

③ 三峡大坝是一项巨大的工程。

④ 好像任何巨大的转变都无法改变他。

3. 厦门大学文学院教授周宁则认为，中餐有潜力成为世界口味。

"认为"与"以为"

动词。表示对事物作出判断，表明看法。都可做谓语，宾语一般是主谓短语。有时可互换。

认为：思考和分析后作出判断。语气肯定。有被动和否定用法。

以为：表示猜想、估计、推断或个人的看法与事实不符合。语气比较随便。做谓语时可加上状语表示不同情况，如"原以为"。

不认为／一致认为／被认为

误以为／原以为／本以为

① 玛丽被认为是班上最漂亮的女生。
② 我认为他适合担任公司的总经理。
③ 我以为这件大衣是老王的呢，原来是你的。
④ 若不是远远听见有人说话，你会以为果园里一个人都没有。

报刊、网络流行词语

1. 山寨，形容通过小作坊起步，通过模仿快速成为有名品牌的产品。

① 山寨版的《红楼梦》甚至火过新版《红楼梦》。
② 山寨手机的问题主要是外观侵权。
③ 山寨已经成为一种文化。

2. 粉丝，是英文"fans"的音译，泛指所有影迷、歌迷、追星人群。

① 费德勒的粉丝可以理解为喜爱、崇拜费德勒的网球迷。
② 家长与教育专家多对粉丝现象持怀疑或否定态度。
③ 演唱会结束以后，痴心的粉丝们还在兴奋的状态中，久久不肯离去。

3. 蚁族，指的是毕业后无法找到工作或工作收入很低而聚居在城乡结合部的大学生，现在也指没钱租房子，更没钱买房子，而住集体宿舍的人群。

① 蚁族的数量是很庞大的，而不是指少部分大学生。
② 现在的你是否属于蚁族？
③ "蚁族"群体的人数在全国已有上百万规模。

4. 拼客，指若干人凑在一起，为了节约成本共同完成某件事情。
   ① 拼客是近年来出现的新兴群体。
   ② 拼客是一种时尚，也是一种生活的方式。
   ③ 拼客们总是把能够想到的都拿来拼一拼。

练　习

一　在课外阅读一篇最新中文报刊文章，将它剪贴在你的笔记本上，然后写出摘要，并谈谈自己的想法。

二　给下列动词搭配适当的词语

　　输出_____　　　　烹饪_____

　　扩张_____　　　　查处_____

三　选词填空

　　　倒退　伴随　就餐　足以　盛行　与此同时　位列榜首

1. 二月，五位探险者乘坐一架飞机到达百慕大三角区上空时，刚要_____，突然叉子弯了，飞机上所有的钥匙都变了形。
2. 疑问和忧虑困扰着人们：经济发展一定要以道德_____为代价么？
3. 这一年，河南发生了新中国成立以来最严重的一次干旱。_____，有一些地区却发生了严重洪灾。
4. 莎士比亚的所有作品中，_____代表他最高成就的是四大悲剧。
5. 扮演毛泽东的优秀演员曹汝龙今年新获梅花奖且_____。
6. 辛酸与苦涩，希望与梦想，始终_____着我们这些外来打工的青年。
7. 采集和狩猎这种生活方式主要_____于旧石器时代。

　　　技巧　技术

8. 他嗓子很好，但没有什么演唱_____。
9. 很多国家都想发展航天_____。

　　　认为　以为

10. 他们一觉醒来，听见村里有人喊叫，还_____出了什么事情。
11. 心理学家_____，一个人走路的速度和姿势与他的心理状态有关。

　　　庞大　巨大

12. 我一直相信，假如我成功，将会是个_____的成功，假如我失败，也将会是一败涂地。
13. 非洲犀牛身体_____，四肢粗短，皮厚毛稀。

四 根据课文内容判断正误
1. 现在，英国前首相布朗也总是会独自去粤菜馆就餐。（　　）
2. 在外国吃到的中餐与中国的中餐味道相同。（　　）
3. 开中餐馆往往被海外华人当成养家糊口的手段。（　　）
4. 中餐目前最大的问题在于不够贵气。（　　）

五 按正确的语序将下列各个句子组成完整的一段话
1. A. 越来越多的西餐美味被中国人吸收
   B. 从汉堡、炸鸡到牛奶、冰淇淋以及各类新式冷饮
   C. 自上世纪80年代末
   正确的语序是：（　　）（　　）（　　）
2. A. 从来都是我们对旧事物的态度
   B. 有继承也有改造
   C. 食物链也是一样
   正确的语序是：（　　）（　　）（　　）

六 根据课文内容选择最适合的答案
1. 为什么说"无论谁吃了中国菜都不会觉得不合口味"？（　　）
   A. 中餐调和了各种不同风味　　B. 中餐种类繁多
   C. 在海外中国餐馆数量庞大　　D. 中餐与其他饮食差异不大
2. 为什么"开中餐馆"被海外华人当成养家糊口的手段？（　　）
   A. 海外华人只会做中餐　　　　B. 开中餐馆成本低，利润高
   C. 中餐在国外受欢迎　　　　　D. 中餐历史悠久
3. 中餐馆在海外所面临的困境不包括下面哪一项？（　　）
   A. 卫生问题　　　　　　　　　B. 恶性竞争
   C. 文化差异　　　　　　　　　D. 缺乏创新
4. 与中餐相比，下面哪项是韩餐和日餐在海外推广时的不足？（　　）
   A. 饭馆数量不够多　　　　　　B. 饭菜种类不够丰富
   C. 饭菜味道不够好　　　　　　D. 不能体现该国文化

七 完形填空

（一）

只有　把　也　虽然　才　但

前伦敦市长利文斯通每逢接到中国记者的采访申请时，____总不忘提一句：要不要____采访的地点选在唐人街餐馆？英国的一位大学教授沃尔特____没去过中国，____非常喜欢到当地的"中国城"转一转。他说，____坐在中国城里，看着来来往往的华人，听着街上传来的中国音乐，用筷子夹着盘中美食，____算是真正享受了中华美食。

（二）

| 而是　因为　在　所以　其实　就 |

____日本的肉食柜台，很少能看到售卖猪蹄、猪头、大肠等。____大多数日本人不吃任何动物的这类东西，包括我们中国人颇为喜爱的鸡头、鸡爪。在韩国人开办的烤肉店中，____有一道菜叫作"扔掉的东西"，____就是牛的内脏等。菜名的由来就是因为当时日本人不吃这些，____都当作垃圾扔了。____，日本人对中国人把各种动物的内脏，包括头、脚等都能加工成美味食品大惑不解。

八　用自己的话或原文中的关键句子概括下面两段话的主要内容

"倒退 200 多年，中国就已经是世界的'餐桌中心'。"中餐、法餐和土耳其餐曾是世界三大美食，中餐更是位列榜首。从汉代至清朝早期，中国都是世界经济中心和贸易中心，于是很多食品都随着南来北往的商人与官员交汇于中国，这使得"中国菜采纳了许多其他民族的饮食文化。在世界上的大多数地方，无论谁吃了中国菜都不会觉得不合口味"。

中国文化学者张颐武也有近似的观点，"中餐调和酸甜苦辣各种不同风味，体现出'和'的文化"。对于这个"和"的含义，在美国新奥尔良郊区开川菜馆的汤米·王解释说："中国菜之所以能走遍天下，是因为它把传统的中国烹饪技巧和本土元素结合起来。"不过，这也使得很多来过中国的外国人常常感叹，到了中国才知道在别处吃到的中餐与在中国吃的中餐有很大差异。

九　请尽量用以下词语进行话题讨论

| 显而易见 | 高档 | 盛行 | 差异 | 口味 |
| 烹饪 | 调和 | 特性 | 查处 | 处境 |

在你所在的国家，中餐的现状如何？中餐存在的问题有哪些？

十　快速阅读

阅读一（字数：约 1700 字；阅读与答题的参考时间：10 分钟）

纽约餐馆分级　中餐馆有喜有忧

李　芳

面对一家被评为"A"的餐馆和一家被评为"C"的餐馆，你会选择哪一家？为了让消费者吃得"明白"，有"美食之都"之称的纽约从今年 7 月 1 日起，推出了餐馆分级制。中餐从业者对此反应不一。有的认为这会促进中餐馆"改头换面"，吸引更多顾客；有的则担心卫生检查标准过于苛刻，影响中餐生存空间。

据美国《侨报》报道，纽约卫生局从 7 月 1 日开始实行餐馆字母分级制度。根据卫生检查人员的检查结果，共分四个级别，分别为 A、B、C 和 D 级。餐馆分数被扣 0 至 13 分的为 A 级，扣 14 至 27 分为 B 级，扣 28 分或以上为 C 级。

按照规定，被评为 A 级的餐馆要把等级张贴在门口的显著位置；B 级和 C 级的餐馆将在一个月内接受再次检查，并张贴检查结果；D 级餐馆不能继续营业。

此次参与分级制度的场所包括餐馆、咖啡店、酒吧和固定食品摊，学校餐厅、医院餐厅和非营利机构的餐厅不包括在内。卫生局计划在未来 14 个月内完成对全市 2.6 万家餐馆和食品制作单位的等级评分。据估计，纽约市目前只有 30％的餐馆能被评为 A 级，40％为 B 级，26％为 C 级，4％为 D 级。

纽约市卫生局副局长马库斯说，纽约的这个做法是效仿洛杉矶的。洛杉矶在 10 年前就推出了分级制，实行后当地餐馆卫生条件明显改善，食物中毒事件大幅减少，几年后已经有 90％以上的餐馆被评为 A 级。

业内人士认为，这次改革的一大亮点是把原来根据温度鉴定食品新鲜程度，改成根据存放时间鉴定食品新鲜程度。这一更改将改变华人餐馆因食品温度不符规定而屡屡被罚的现状。

美国中餐协会执行会长龚权伟说，温度是美国检查食品卫生的一项重要指标。检查人员用温度计去测量菜肴温度，如果低于标准，会被认为有变质的危险。但中餐有它的特殊性，比如烧腊和凉菜是做好了摆放在那里的，怎么能保证温度呢？

针对华人的疑问，马库斯在一次说明会上做出了回应。他说，此次餐馆分级的评定细则允许部分熟食在保证卫生的情况下，在室温下以存放时间来检查食品的新鲜程度。具体而言，热食在室温中可以摆放 4 个小时，超过这一时间就必须销毁；冷食在室温中存放时间为 6 小时，但每 2 小时需要检查一次温度，以保证其没有变质。

"我觉得引进分级制度很正常，因为卫生对餐饮业来说非常重要。"在"小辣椒"川菜馆工作的黄女士说。这家餐厅位于纽约华人聚集区法拉盛，口碑一直不错。黄女士说，纽约卫生局还没有检查到她的餐馆，但她认为只要清楚检查的各项标准，尽量让餐厅从操作到卫生规范化，就没有什么可担心的。

雷欧是纽约一家大型海鲜酒楼的经理。谈到餐馆分级制度，他认为一方面这是对消费者负责任的态度，另一方面也能督促餐厅改善卫生状况。

"来纽约之前，我在洛杉矶工作了很多年。分级制度在洛杉矶实行了很多年了，那里的人在选择餐厅前，都要先看一看门口标注的等级。"雷欧说，和西餐厅相比，中餐馆可能没有那么重视用餐环境，有时甚至会给人以"不卫生"的感觉，这次的改革可以促进中餐业提高卫生状况。

"其实中餐和西餐从选材到烹饪有很多不同，如果都用同一检查标准，对我们来说还是有难度的。"纽约"大茶饭"餐厅的钟先生说。

钟先生说，西餐菜式相对简单，而中餐从凉菜到汤可能有上百个品种，烹饪方法也是煎炒烹炸十分复杂，操作间的卫生难以像西餐厅保持得那样干净。如果说稍微有一点不规范的就要扣分，那对华人餐饮从业者来说就太苛刻了。钟先生认为，对于中餐业，应该根据实际情况实行弹性的检查制度。

执行会长龚权伟表示，中餐菜系繁多，很难像洋快餐那样实行标准化。比如宫保鸡丁，每天在美国可能卖出上万份，但百厨百味，无法保证它们的味道是一样的。美国现在有5万多家中餐馆，从业者有30多万人，虽然标准化有难度，但在规范化、卫生化方面还有很多可以改进的地方。

龚权伟说，应该向外国的主流社会多介绍中餐，减少对中餐的误解。人们有时会认为中餐做好后摆放在那里不卫生，容易发生食物中毒，但其实中餐经过蒸、炸、炖、烤，进行了高温消毒，可以放心食用。与此同时，还应该推广中餐背后的饮食文化，让外国朋友领略到中餐的博大精深。

(《人民日报·海外版》，2010年7月22日)

回答问题：
1. 为什么要实行餐馆分级制度？
2. 中餐从业者对实行餐馆分级制度有哪些反应？
3. 为什么中餐很难实行标准化？

阅读二（字数：约1800字；阅读与答题的参考时间：12分钟）

中餐申遗　主打哪道菜？

王海鹏

都说中华饮食文化博大精深，可当日本和食、韩国泡菜相继成功申请联合国教科文组织"世界非物质文化遗产"后，拥有八大菜系、无数名吃的中餐该拿什么去"申遗"呢？是拿"中国奶酪"之称的豆腐，还是享誉海外的北京烤鸭？抑或是遍布全国的民间小吃、名满天下的满汉全席？这是摆在中国烹饪协会面前的一个不大不小的难题。

申遗失败　中国菜不服

美食申报世界非物质文化遗产，首例是"法餐"。2010年，法餐被正式列入了"非物质文化遗产代表作名录"，此后，地中海饮食、土耳其传统美食、墨西哥传统饮食也相继加入。每一样入选的饮食类项目都不仅仅是单纯的食物，更是民族文化与传统风俗的体现。去年，"韩国越冬泡菜""日本料理和食"相继申遗成功，使全球以饮食文化被纳入世界"非遗"行列的项目达到6个。

中国烹饪和法国烹饪、土耳其烹饪并称为世界烹饪的三大风味体系，在世界饮食文化中的地位举世公认。可为什么中餐却没有出现在饮食类世界文化遗产的名单上呢？实际上在2011年，中餐就曾经尝试申遗，只可惜未能如愿，甚至连资格都没得到。

但是中国烹饪协会并没有就此放弃中餐申遗的念头，三年来一直在积极准备寻找机会。中国烹饪协会的一位副会长边疆对记者说："中餐申遗成功是早晚的事情，关键是思路要对、准备要足，这样才能尽快实现！"

泡菜、和食都打文化牌

　　日本和食、韩国泡菜都已进入世界非遗名录，而它们打的都是文化牌。日本申报的是："和食——日本人的传统饮食文化"，韩国则以"腌制越冬泡菜文化"为主题进行申报。也许有人不以为然："这泡菜与和食，不过是人们常吃的食物，如何就算是世界遗产了呢？如果这样，八大菜系岂不更应入选？"日本人称和食的食材新鲜多样，装盘呈现自然风物，体现了日本的四季分明、地理多样性以及日本人尊重自然的精神。同时，和食营养均衡，与传统节日密切相关。和食文化代表了日本独有的价值观、生活方式和社会传统。

　　韩国人则认为，代代相传的越冬泡菜，反映了邻里间"分享"的精神，增强了人们之间的纽带感和归属感。韩国一直致力于向世界宣传"泡菜文化"，还专门为泡菜设立了国家节日。从1994年起，每年的10月在被誉为韩国的"文化之都"和"泡菜之乡"的光州举行"泡菜节"，时间持续长达一个月。光州还建有"泡菜博物馆"，按泡菜的历史、种类、制作及保存方法、功效等主题划分展厅，展示了泡菜及其文化的文献、考古发现等。2013年，韩国首尔超过3000人一边随歌起舞，一边腌制了100多吨韩国泡菜，打破最多人一同腌制泡菜的吉尼斯世界纪录。

中华美食最不缺文化

　　历史悠久的中华美食最不缺的就是文化。尤其是最近两年纪录片《舌尖上的中国》持续热播，激发了中国人对美食的热情，唤起了对中华美食的思考，人们逐渐认识到美味背后的文化内涵。外国游客来北京去后海吃小吃、去前门品尝北京烤鸭似乎成为潮流。可以说历经千年的发展传承，中国饮食文化成为中国文化中影响最为深远的组成部分。专家评价说："饮食通过一日三餐，把人们的物质生活和文化精神聚在一处，这是中国饮食文化的精髓所在。"

烤鸭、饺子等初定为重点项目

　　当然最重要的是确定主体项目，也就是到底选择什么代表中华美食去世界申遗。针对中餐申遗，记者先后采访10位厨师，河南厨师推荐洛阳水席、兰州厨师推荐兰州拉面、四川厨师推荐火锅……基本上都说自家好。

　　根据联合国教科文组织的申遗规则，中餐申遗方案分成三大类：一是技艺类，以传承烹饪技术为主，比如兰花刀；二是饮食习俗类，比如中餐吃饭为什么要用圆桌，为什么春节要吃饺子；三是一些传承与保护的成功案例，比如山西清除县老陈醋的酿制。实际上，最有希望的还是从饮食习俗类上做文章。

　　目前，中国烹饪协会组织了一个30人的专家团队在全国积极寻找、论证中餐申遗的最佳候选，团队中有烹饪协会的专家，也有大专院校的学者，还有一些文化名人，这其中包括著名作家舒乙。目前进入专家组视线的重点项目包括：北京烤鸭、年夜饭、饺子、月饼、豆腐、兰州拉面、火锅、粽子。

　　今年下半年中国烹饪协会将与联合国教科文组织在海外举办一次中华美食饕餮

之夜活动，为中餐申遗造势。"我们这次很有信心，让不懂烹饪技艺的人也能读懂我们的美食故事，不仅让外国评委认可，还要让全世界的人欣赏中华美食背后的文化！"边疆对记者说。

（选自《北京晨报》，2014 年 8 月 1 日，略有改动）

回答问题：
1. 为什么中餐没有出现在饮食类世界文化遗产的名单上？
2. 为什么日本和食能进入世界非遗名录？
3. 《舌尖上的中国》对饮食产生了什么影响？
4. 中餐申遗方案分成几类？分别是什么？

阅读三（字数：约 1800 字；阅读与答题的参考时间：13 分钟）

食物链上的家春秋

郭茗儿

表妹叫她的母亲"后妈"，原因是晚餐桌上，每人面前只有一碗黑米粥，一盘拌菜，紫甘蓝、茄子、青椒都是生的，只加盐、醋凉拌，三个月里雷打不动，说是为了"养生"。表妹来我家，捧着一大盘鸡翅，吃得酣畅淋漓、满手流油，边吃边比画："在家，我都快成小白兔了！"

女友买了一堆菜谱，一心想要展示自己的贤良本质，可是，就在她今天柠檬海带汤，明天金枪荷兰豆，后天雪梅捧鱼轮番轰炸之后，她的老公却很不好意思地说："我很没品位，就喜欢豆瓣酱炖鱼、小炒肉、烤肉串、油条啥的。"费尽心机却不讨好，女友简直哭笑不得。

还有一位男友的父母，不久前突然从他家搬走，也是餐桌不合惹的祸。男友本来高血脂，父母却偏喜欢重油重盐，今天红烧肉，明天炖羊排，还有，那些剩菜剩饭，热了多少遍，还吃得不亦乐乎，男友终于受不了了："你们能不能吃得健康点！"一嗓子，就把父母给吼跑了。

餐桌上的事情，说大不大，说小也不小。不出意外，每天我们都要坐在自家的餐桌前，和家人一起分享食物。备餐的那个人，早早起床，在菜场里打转，在超市里流连，把食材请进冰箱，再把它们变成餐桌上的美食。他们以为，自己能把握家庭的饮食大局，可现实却不容乐观——食物链上的碰撞，总是经久不息。

小时候的食物链是父母决定的。吃什么，怎么吃，你通常没太大的发言权，最多是用嘴投票，好吃的多夹点，不好吃的完全不碰。你可能会抱怨，这个菜早吃腻了，那个菜没味道；你也可能觉得同学家的饭真好吃，隔壁家做的面就是不一样；你还可能跑到亲戚家，就点他拿手的那道菜，吃不到誓不罢休。总之，自家餐桌总是不那么令人满意……可是，就算你当时觉得不太好吃，日积月累也渐渐生出一些喜好，习惯的力量让你觉得家里的那道菜就是不一样。

长大了，你开始不自觉地沿袭这些习惯。不信，看看你家餐桌上，有多少是自己小时候偏爱的；出去吃饭时，有多少次在找家乡的那道菜；甚至过节回家，妈妈炖糊的那条鱼，你和同样远在他乡的兄妹一起用筷子打架抢着吃，又是多么怀念过去的时光……遗憾的是，这是你自己的事，你的另一半不参与其中，他也有他的故事，他的家族遗传。在这点上，你们之间是存在巨大差异的。于是，磨合碰撞中，餐桌文化总不那么和谐，就算风平浪静，也多少有点貌合神离。

　　我那位费尽心机的女友，每次到了婆婆家，唯一的感觉就是"饿"，婆婆做的那些菜，她几乎不想动筷子，可是老公却吃得很高兴；老公到了她父母家也是一样，吃得很勉强，可她却嚼得津津有味。她终于明白，为什么自己处心积虑的菜单老公毫不领情，老公爱吃的那些食物自己同样不敢恭维，更深的源头在上一代这里。

　　不过，有继承也有改造，从来都是我们对旧事物的态度，食物链也是一样。

　　长大了，你还想改造父母。你以丰富的营养学知识告诉他们，菜最好不要腌着吃，腌菜吃多了容易缺乏维生素C得结石病；你坚持绿叶蔬菜不能过夜，会产生亚硝酸盐；你看到父母把不再新鲜的食物端到餐桌上，恨不得把它们倒进垃圾桶……还有，你住上了联排别墅，父母却在花园里种起了韭菜；你要吃有机蔬菜，父母却专拣便宜的往家买；你要吃新鲜水果，父母却把水果分三六九等，你吃好的他们吃差的……用心良苦，可有时候，你真的忍不住发火。

　　你是为了他们好，但几十年的习惯，加上固有观念、代际遗传，变革真的不是一朝一夕的事。就算你无比正确，就算老一辈从理论上不反对，迎战现实，这种餐桌分歧也会演化成饮食冲突，让两代人心生隔膜。很多时候，你讲的是道理，父母要的是尊重。于是，叮叮咚咚中，春夏秋冬就这样过去了。

　　食物链展示了一个人的历史脉络。每个人的饮食习惯，都是有着家族血统的。你可能没意识到，自己深得家庭精神遗传。那些奇奇怪怪的喜好和偏爱，如同胎记一样长在你的身上，平时隐藏得很深，只有在最安全的空间、面对最亲近的人时，才会一览无余。

　　食物链也展示了一个人的现实诉求。你现在身处什么样的社会阶层，经济实力如何，也会多少决定你的家庭餐桌档次。你想要营造的中产阶级家庭方式，很可能是你内心一直渴望达到的理想状态。你想要改造父母的那些方面，也正是你拼命想剪断的家庭脐带。

　　只是，你可能忘了，到最后，每个人的内心味蕾都是指向记忆、指向家庭的，饭桌上那些沾着家庭边儿的熟悉味道，总是如同磁场一样，强烈吸引着藏在你内心深处的记忆指针。

（选自《中国青年报》，2010年4月20日，略有改动）

判断正误

1. 表妹称她母亲为"后妈"的原因是三个月以来母亲都没有做她爱吃的菜。

　　　　　　　　　　　　　　　　　　　　　　　　　　　　（　　）

2. 哪怕是一家人，饮食差异也是存在的。　　　　　　　　　（　　）

3. 家庭的饮食大局完全可以由一个人来把握。　　　　（　）
4. 夫妻的饮食习惯都很相似。　　　　　　　　　　（　）
5. 习惯的力量让人觉得家里的饭菜就是不一样。　　（　）
6. 一个人长大之后，就不会再喜欢小时候爱吃的菜。（　）
7. 对父母饮食习惯上的改造很难取得成功。　　　　（　）
8. 每个人都可以清楚地知道自己在饮食方面的全部喜好和偏爱。（　）
9. 饮食体现了一个人的生活状态。　　　　　　　　（　）
10. 餐桌上的饭菜能勾起人们关于家庭的回忆。　　　（　）

二、高级报刊课教案示例

第二课　中餐遭遇"中国制造"式困境

教学目标：掌握课文内容、纲内词和重要语言点，培养阅读中文报刊的技能。

教学重点：1. 设置问题，让学生在熟悉课文内容中形成阅读能力。
　　　　　2. 操练并掌握课文中的3个重要的语言点（a. 技巧、技术　b. 庞大、巨大　c. 认为、以为）
　　　　　3. 当堂做完练习十，培养快速阅读能力。

教学时间：4课时

教学过程：

第一节课

（前20～30分钟让1～2位事先指定好的学生作报刊发言）

第一段

（在对课文内容提问之前，可以让一位或几位学生把要讲的课文段落读一遍，然后提问题，再让学生回答）

问1：国家营造软实力的手段有哪些？

问2：第一段的主要内容是什么？

第一段的主要内容：中餐具有中国特色，可以作为国家营造软实力的重要手段。

第二～三段

问3：外国人对中餐的态度如何？请举例说明。

问4：第二～三段的主要内容是什么？

第二～三段的主要内容：很多外国人对中餐神往已久，视中餐为中国的象征。

第一～三段：中餐在海外很受欢迎。

讨论1：提起中餐，你最先想到的是哪道菜？

讨论2：你喜欢吃中餐吗？为什么？

第四段

问5：中餐为什么能成为世界的"餐桌中心"？

问6：第四段的主要内容是什么？

第四段的主要内容：中餐曾是世界的"餐桌中心"。

第五段

问7：中餐如何体现中国的"和"文化？

语言点1"技巧、技术"：见本课词语例释1。

请选择：

① 人类运用科学_____仿造人体器官，还是近十几年的事。（技术）

② 小提琴的演奏_____十分复杂。（技巧）

问8：第五段的主要内容是什么？

第五段的主要内容：中餐体现中国的"和"文化。

第二节课

第六段

问9：中国人的饮食习惯在过去20年中有什么变化？

问10：第六段的主要内容是什么？

第六段的主要内容：中餐不断包容西方饮食元素。

第四～六段：中餐体现出中国的"和"文化。

讨论3：在你的国家吃到的中餐与中国的中餐有哪些差异？

第七段

问11：为什么很多中国人出国之前到餐馆学艺？

问12：第七段的主要内容是什么？

第七段的主要内容：中餐是伴随着华人的海外足迹步步"扩张"的。

第八～十段

问13：中餐馆在国外最常被曝光和查处的问题是什么？

问 14：中餐与西餐的饮食习惯有哪些差异？

问 15：中餐为何沦为廉价食品？

语言点 2 "庞大、巨大"：见本课词语例释 2。

请选择：

① 每一位球星的成长，都要付出_____的代价。（巨大）

② 这个_____的机构每年职工工资就要支付 200 万元。（庞大）

问 16：第八～十段的主要内容是什么？

第八～十段的主要内容：海外中餐馆存在不卫生、与西方饮食文化有差异、廉价等问题。

第七～十段：中餐馆在海外的数量庞大，但存在许多问题。

讨论 4：除了课文中提到的三个方面，你认为中餐存在的问题还有哪些？

第十一段

问 17：中餐与法、韩、日等国家饮食的推广模式有何不同？

问 18：第十一段的主要内容是什么？

第十一段的主要内容：中餐海外推广缺少政府支持。

第十二段

问 19：为什么说与中餐相比，韩餐和日餐在海外推广时"先天不足"？

问 20：第十二段的主要内容是什么？

第十二段的主要内容：与中餐相比，韩餐和日餐在海外推广时"先天不足"的特点是显而易见的。

第十三段

问 21：中餐目前最大的问题在于什么？

问 22：为什么说中餐与"中国制造"的处境几乎一模一样？

语言点 3 "认为、以为"：见本课词语例释 3。

请选择：

① 北京大学一直被_____是中国最好的大学。（认为）

② 你怎么还在这儿？我_____你早走了。（以为）

问 23：第十三段的主要内容是什么？

第十三段的主要内容：尽管目前中餐面临困境，但仍有潜力成为世界口味。

第十一～十三段：中餐有潜力成为中国的文化标志，但仍需政府的支持。

讨论5：你认为中餐如何才能摆脱困境？

布置学生完成练习一～九，练习十不要提前看、留着当堂做；并公布下一次课发言的两位学生的名单。

第三节课

（前20～30分钟让1～2位事先指定好的学生作报刊发言）

讲练习：

练习二的参考答案：

输出　　商品　　　　　　　　烹饪　　美食

扩张　　领土　　　　　　　　查处　　非法行为

练习一～练习九的要求：

练习一的作业在第三节课与第四节课的课间休息时收上来检查，教师可利用课间休息时间和第四节课做练习八阅读题的时间批改作业，应优先改好下一周（两次）需发言的四位学生的作业本，以便及时发给他们，其他未改完的作业教师带回去改好，下次课再发给大家。教师在批改学生的摘要和看法时，注意纠正作业中出现的字、词、语法错误，并在学生作业的后面适当写上评语。如果学生提出要老师谈谈对某一问题现象的看法，教师应简要地写上自己的看法。教师的批注要注意：（1）字迹要工整、清楚；（2）用语要简洁、易懂。

练习二～八，略讲，让不同的学生依次说出答案，再核对正误。这些练习都有参考答案，但不要暗示学生看参考答案，鼓励学生独立做完练习，即使做不出来或做错了，都没关系，都要比直接看参考答案好。参考答案主要供学生复习时用，平时最好不要看。

练习九的讨论题，可让学生在课外做练习时提前写好讨论的发言提纲，并尽量用上所提供的词语。教师对发言积极、能较好使用所提供的词语的学生应予以适当的肯定。教师最好将学生练习九的作业和报刊摘要的作业都一起收上来进行批改，以督促和鼓励学生完成练习九。

第四节课

指导学生按要求当堂做完练习十。若时间有余，可进一步讲解阅读三的内容，或安排话题讨论，或补充阅读材料。

最后布置学生课后预习下一课，并确定下一教学单元要发言的学生的名单。

三、高级报刊课 PPT 示例

1.

第二课　中餐遭遇"中国制造"式困境

2.

中国曾是"世界餐桌中心"

★ 国家营造软实力的手段有哪些？

★ 外国人对中餐的态度如何？请举例说明。

 八大菜系：粤菜、川菜、鲁菜、淮扬菜、浙菜、闽菜、湘菜、徽菜

潮州菜

3.

讨论：
★提起中餐，你最先想到的是哪道菜？

宫保鸡丁　　　　西红柿炒鸡蛋

麻婆豆腐

★你喜欢吃中餐吗？为什么？

4.

 从中餐看中国的"和"文化

★ 中餐为什么能成为世界的"餐桌中心"？
★ 中餐如何体现中国的"和"文化？

和：
　　古代的和，口在左，禾在右，意为口中有禾，表达了人人口中有禾，人人饱暖的美好世界。
　　现代的和，有和平、和谐、包容、和而不同的意思。

5.

语言点1：技巧、技术

① 人类运用科学_____仿造人体器官，还是近十几年的事。（技术）

② 小提琴的演奏_____十分复杂。（技巧）

6.

★ 中国人的饮食习惯在过去20年中有什么变化？

讨论：在你的国家吃到的中餐与中国的中餐有哪些差异？

一所美国中餐馆提供的中餐：

茄子烧鱼条　　　　　　　葱油鸡和清炒菜心

7.

华人小餐馆成中餐推广瓶颈

★ 为什么很多中国人出国之前到餐馆学艺？

8.

★ 中餐馆在国外最常被曝光和查处的问题是什么？
★ 中餐与西餐的饮食习惯有哪些差异？
★ 中餐为何沦为廉价食品？

9.

语言点2：庞大、巨大

① 每一位球星的成长，都要付出_____的代价。（巨大）

② 这个_____的机构每年职工工资就要支付200万元。（庞大）

10.

讨论：除了课文中提到的三个方面，你认为中餐存在的问题还有哪些？

11.

中餐离具备软实力还有多远？

★ 中餐与法、韩、日等国家饮食的推广模式有何不同？
★ 为什么说韩餐和日餐在海外推广时"先天不足"？

满汉全席：
满汉全席原是清代宫廷中举办宴会时满人和汉人合做的一种全席。满汉全席上菜一般起码108种（南菜54道和北菜54道），分3天吃完。
满汉全席菜式有咸有甜，有荤有素，取材广泛，用料精细，山珍海味无所不包。

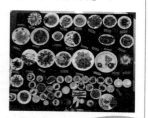

12.

★ 中餐目前最大的问题在于什么？

★ 为什么说中餐与"中国制造"的处境几乎一模一样？

水晶肴肉——淮阳名菜

13.

语言点3：认为、以为

① 北京大学一直被_____是中国最好的大学。（认为）

② 你怎么还在这儿？我_____你早走了。（以为）

14.

讨论：你认为中餐如何才能摆脱困境？

参考文献

Cunningsworth A. *Choosing Your Coursebook*，Shanghai Foreign Language Education Press，2002（Original work published 1995）.

McDonough，J. & Show，C. *Materials and Methods in ELT*：*A Teacher's Guide 2nded*，Blackwell Publishing Ltd，Oxford，Peking University Press，2004.

Ur，P. *A Course in Language Teaching*：*Practice and Theory*，Cambridge University Press，1996，Foreign Language Teaching and Research Press，Beijing，2000.

白崇乾、朱建中《报刊语言教程（上）》，北京语言文化大学出版社，1999年。

白崇乾、朱建中《报刊语言教程（下）》，北京语言文化大学出版社，1999年。

包文英《对外汉语报刊课教学研究》，《对外汉语教研论丛（第二辑）》，华东师范大学出版社，2002年。

北京语言学院世界汉语教学交流中心信息资料部《世界汉语教学书目概览（第一分册)》(1899—1990)，国际文化出版公司，1991年。

卞觉非《21世纪：时代对对外汉语老师的素质提出更高的要求》，《语言文字应用》，1997年增刊。

曹贤文《明德模式与中国大陆高校基础汉语教学常规模式之比较》，《暨南大学华文学院学报》，2007年第4期。

陈昌娟《报刊语言特点探讨》，《天津商学院学报》，1997年第3期。

陈昌娟、董淑慧《报刊语言常用结构浅析》，《天津师范大学学报》，1998年第3期。

陈君宏《读报课的设置与教学问题》，《第二届国际汉语教学讨论会论文选》，北京语言学院出版社，1988年。

陈佩秋《对外汉语报刊课教与学的几个问题》，《新世纪新视野——华东地区对外汉语教学研究论文集》，山西人民出版社，2002年。

陈若凡《谈成绩测试的科学化》，《世界汉语教学》，1999年第2期。

陈田顺、朱彤、徐燕军《对外汉语教学中高级阶段课程规范》，北京语言文化大学出版社，1999年。

陈贤纯《外语阅读教学与心理学》，北京语言文化大学出版社，1998年。

程棠《对外汉语教学目的原则方法》，华语教学出版社，2000年。

程晓堂《英语教材分析与设计》，外语教学与研究出版社，2002年。

参考文献

程晓堂《任务型语言教学》，高等教育出版社，2004年。
程裕祯《新中国对外汉语教学发展史》，北京大学出版社，2005年。
崔颂人《略谈对外汉语成绩考试的改进》，《语言教学与研究》，2006年第4期。
崔希亮《试论对外汉语教师的知识和能力》，《汉语教学：海内外的互动与互补》，商务印书馆，2007年。
崔永华《对外汉语教学学科概说》，《中国文化研究》，1997年第1期。
崔永华、杨寄洲《汉语课堂教学技巧》，北京语言文化大学出版社，2002年。
邓恩明《谈教师培训的课程设置》，见《第三届国际汉语教学讨论会论文选》，北京语言学院出版社，1991年。
丁安琪《利用互联网资源辅助报刊课教学》，《汉语学习》，2002年第5期。
董 萃《报刊语言课在汉语水平考试中的反馈及对策》，《锦州师范学院学报》，2000年第2期。
董 萃《关于对外汉语教师培训模式的思考与探索》，《沈阳师范大学学报（社会科学版）》，2006年第3期。
浮根成《缩略词与对外汉语报刊课教学》，《汉语学习》，1999第4期。
付继伟《对外汉语兼职教师培训模式新谈》，《云南师范大学学报（对外汉语教学与研究版）》，2006年第5期。
甘甲才《对外汉语报刊阅读教学的尝试》，《广东外语外贸大学学报》，2003年第2期。
高 典《从思维模式谈报刊阅读》，《中国对外汉语教学学会第六次学术讨论会论文选》，华语教学出版社，1999年。
顾曰国《网络教育的本质及其定位》，《网络教育初探》，外语教学与研究出版社，2004年。
国家汉办《高等学校外国留学生汉语教学大纲（长期进修·附件）》，北京语言文化大学出版社，2002年。
国家汉办《高等学校外国留学生汉语言专业教学大纲（附件一）》，北京语言文化大学出版社，2002年。
国家汉办《高等学校外国留学生汉语言专业教学大纲（附件二）》，北京语言文化大学出版社，2002年。
国家汉办《汉语水平词汇与汉字等级大纲》，经济科学出版社，2001年。
国家汉办《国际汉语教师标准》，外语教学与研究出版社，2008年。
韩孝平《试论对外汉语教学工作的评估》，《语言教学与研究》，1986年第4期。
郝 琳《试论报刊选读课的定位》，《北京第二外国语学院学报》，1998年第2期。
侯 敏、王秀清《报刊课的教学设想与安排》，《语言教学与研究》，1996年第2期。
胡明扬《对外汉语教学中的文化因素》，《语言教学与研究》，1993年第4期。
胡明扬《对外汉语教学基础教材的编写问题》，《语言教学与研究》，1999年第1期。
华霄颖《报刊课程三议》，《对外汉语教研论丛（第二辑）》，华东师范大学出版社，2002年。

黄锦章、刘焱《对外汉语教学中的理论和方法》，北京大学出版社，2004年。
黄祥年《关于课堂教学评估的实践与认识》，《世界汉语教学》，1991年第2期。
汲传波《论对外汉语教学模式的构建》，《汉语学习》，2006年第4期。
姜丽萍《关于有效陈述对外汉语教学目标的思考》，《云南师范大学学报（对外汉语教学与研究版）》，2006年第4期。
姜丽萍《对外汉语教学论》，北京语言大学出版社，2008年。
蒋可心《对外汉语教学法研究》，黑龙江教育出版社，2001年。
金学丽《对外汉语〈报刊语言基础〉教学方法初探》，《沈阳师范学院学报（社科版）》，1997年第2期。
靳洪刚《现代语言教学十大原则》，《世界汉语教学》，2011年第1期。
黎　敏《新编汉语报刊阅读教程（高级本）》，北京大学出版社，2000年。
李春红《试谈报刊语言教学中的固定表达》，《四川职业技术学院学报》，2004年第1期。
李　杰《试论语域理论用于报刊阅读课》，《嘉应大学学报》，1995第4期。
李　泉《论对外汉语教材的针对性》，《世界汉语教学》，2004年第2期。
李　泉、杨　瑞〈〈汉语文化双向教程〉的设计与实施》，《第六届国际汉语教学讨论会论文选》，北京大学出版社，2000年。
李　泉《对外汉语教学理论思考》，教育科学出版社，2005年。
李　泉《对外汉语教学理论研究》，商务印书馆，2006年。
李　泉《对外汉语课程、大纲与教学模式研究》，商务印书馆，2006年。
李　泉《文化内容呈现方式与呈现心态》，《世界汉语教学》，2011年第3期。
李　泉《论专门用途汉语教学》，《语言文字应用》，2011年第3期。
李　泉《汉语综合课教学理论与方法》，北京大学出版社，2011年。
李　泉《国际汉语教师培养规格问题探讨》，《华文教学与研究》，2012年第1期。
李绍宠《外国报刊选读课因特网辅助教学》，《外语电化教学》，2001年3月。
李　巍《报刊语汇的文化特色及教学策略》，《吉林师范学院学报》，1997年第6期。
李晓琪《对外汉语文化教学研究》，商务印书馆，2006年。
李秀坤《报刊语言教材刍议》，《对外汉语教学与教材研究论文集》，华语教学出版社，2001年。
李　杨《中高级对外汉语教学论》，北京大学出版社，1993年。
李　杨《对外汉语教学课程研究》，北京语言文化大学出版社，1997年。
李振杰《报刊词语和报刊语言课教学》，《第一届国际汉语教学讨论会论文选》，北京语言学院出版社，1986年。
刘继红《关于报刊阅读教学的思考》，《对外汉语教学与中国文化——2003国际汉语教学学术研讨会论文选集》，汉学出版社，2003年。
刘谦功、王世巽《汉语新闻阅读教程》，北京大学出版社，2005年。
刘士勤《坚持三个结合，搞好报刊课教学》，《世界汉语教学》，1988年第2期。

刘士勤、彭端情、王世巽《对外报刊语言教学的地位与教学原则》,《对外汉语教学课程研究》,北京语言文化大学出版社,1997年。

刘颂浩《预设和阅读理解》,《语言教学与研究》,1995年第3期。

刘颂浩、林 欢《阅读教学中的若干问题》,《语言教学与研究》,1996年第1期。

刘颂浩《汉语听力教学与方法》,北京大学出版社,2008年。

刘晓雨《对对外汉语教师业务培训的思考》,《北京大学学报(哲社版)》,1999年第4期。

刘 珣《新一代对外汉语教材的展望——再谈汉语教材的编写原则》,《世界汉语教学》,1994年第1期。

刘 珣《关于汉语教师培训的几个问题》,《世界汉语教学》,1996年第2期。

刘 珣《对外汉语教育学引论》,北京语言大学出版社,2000年。

刘智伟《试论汉语作为第二语言教学集体备课方式》,《语言文字应用》,2006年增刊2。

鲁健骥《说"精读"和"泛读"》,《中国对外汉语教学学会第七次学术讨论会论文选》,人民教育出版社,2002年。

鲁 俐《关于完善对外汉语教学兼聘制教师管理机制的几点思考》,《清华大学教育研究》,2000年第2期。

陆俭明《汉语教员应有的意识》,《世界汉语教学》,2005年第1期。

闫 燕《多媒体辅助教学手段的运用与反思》,《甘肃科技纵横》,2005年第6期。

吕必松《对外汉语教学探索》,北京语言学院出版社,1987年。

吕必松《对外汉语教学发展概要》,北京语言学院出版社,1990年。

吕必松《对外汉语教学研究》,北京语言学院出版社,1993年。

吕必松《对外汉语教学概论(讲义)》,国家对外汉语教师资格审查委员会办公室内部资料,1996年。

罗青松《试论定向汉语教材编写的环境文化因素》,《语言文字应用》,2005年第4期。

马荣华、陈晓琳《多媒体辅助教学CAI的设计与开发》,《郑州铁路职业技术学院学报》,2005年12月。

莫彭龄《汉语成语与汉文化》,江苏教育出版社,2001年。

潘兆明、陈 如《读报刊看中国(初级本)》,北京大学出版社,1992年。

潘兆明、陈 如《读报刊看中国(中级本)》,北京大学出版社,1992年。

潘兆明、陈 如《读报刊看中国(高级本)》,北京大学出版社,1992年。

彭瑞情、王世巽、刘谦功《报刊阅读教程(下)》,北京语言大学出版社,1999年。

彭小川《关于对外汉语语篇教学的新思考》,《汉语学习》,2004年第2期。

齐白桦《谈谈报刊阅读课中的知识文化教学》,《汉日语言研究文集(一)》,北京出版社,1998年。

施光亨、王绍新《新闻汉语导读》,北京语言文化大学出版社,1993年。

史艳岚《报刊阅读课的网上教学》,《对外汉语阅读研究》,北京大学出版社,2005年。

苏迈凯《对外汉语教学有关报刊阅读方面的几个问题》,《第一届国际汉语教学讨论会论文选》,北京语言学院出版社,1986年。

苏新春《对外汉语词汇大纲与两种教材词汇状况的对比研究》,《语言文字应用》,2006年第2期。

孙萍萍《报刊阅读课中的文化教学》,《对外汉语阅读研究》,北京大学出版社,2005年。

孙瑞珍《中高级对外汉语教学等级大纲(词汇·语法)》,北京大学出版社,1995年。

王葆华《略论报刊语言教学中的文化导入》,《学语文》,1994年第5期。

王国安、王小曼《汉语词语的文化透视》,《汉语大词典》出版社,2003年。

王海龙《报纸上的中国——中文报纸阅读教程(上)》,北京大学出版社,2004年。

王海龙《报纸上的天下——中文报纸阅读教程(下)》,北京大学出版社,2004年。

王弘宇《中国大陆汉语教材出版的成就与不足》,《世界汉语教学》,2003年第1期。

王际平《汉语教学的全球化推进探析》,《云南师范大学学报(对外汉语教学与研究版)》,2006年第3期。

王建勤《对外汉语教材现代化刍议》,《语言文字应用》,2000年第2期。

王魁京《谈"报刊文章阅读课"》,《对外汉语教学论文选》,1983年。

王晓钧《互动性教学策略及教材编写》,《世界汉语教学》,2005年第3期。

王小宁《对外汉语的教师组合模式探讨》,《清华大学教育研究》,2000年第2期。

王新文《对外汉语新闻听读教学的原则和方法》,《语言文字应用》,2000年第4期。

王钟华《谈课文的编写》,《对外汉语教学》,1984年第4期。

吴成年《报刊语言的特点与教学对策》,《语言文字应用》(对外汉语教学与研究专辑),2002年。

吴成年《读报纸,学中文——中级汉语报刊阅读(上册)》,北京大学出版社,2004年。

吴成年《读报纸,学中文——中级汉语报刊阅读(下册)》,北京大学出版社,2004年。

吴成年《读报纸,学中文——准高级汉语报刊阅读(上册)》,北京大学出版社,2006年。

吴成年《对外汉语报刊教材的特点与编写原则》,《新疆师范大学学报》,2007年第1期。

吴成年《读报纸,学中文——准高级汉语报刊阅读(下册)》,北京大学出版社,2010年。

吴成年《对〈读报纸,学中文〉系列报刊阅读教材编写的思考》,见袁焱、印京华主编《国际汉语教学实践与思考:第八届国际汉语教学学术研讨会论文选集》,

外语教学与研究出版社，2010年。

吴成年 《读报纸，学中文——高级汉语报刊阅读（上册）》，北京大学出版社，2011年。

吴成年 《报刊教材编写面临的挑战与对策研究》，《语言文字应用》，2011年第4期。

吴成年 《读报纸，学中文——中级汉语报刊阅读（上）》，北京大学出版社，2010年。

吴成年 《"1＋X"：一种有效的对外汉语管理模式》，《语言学与应用语言学研究》第三辑，中国社会科学出版社，2012年。

吴成年 《读报纸，学中文——中级汉语报刊阅读（上册）》（第2版），北京大学出版社，2013年。

吴成年 《增强汉语课堂互动性的教学设计：学生述评报刊文章与讨论》，《国际中文教学新视野》，2014年第2期。

吴成年 《任务型网络中文阅读课教学探讨》，《加州中文教师协会通讯》，2015年第1期。

吴成年 《新编读报纸，学中文——汉语报刊阅读》（初级），北京大学出版社，2015年。

吴成年 《新编读报纸，学中文——汉语报刊阅读》（中级·上），北京大学出版社，2016年。

吴成年 《新编读报纸，学中文——汉语报刊阅读》（中级·下），北京大学出版社，2016年。

吴成年 《新编读报纸，学中文——汉语报刊阅读》（准高·上），北京大学出版社，2016年。

吴成年 《新编读报纸，学中文——汉语报刊阅读》（准高·下），北京大学出版社，预计2017年出版。

吴成年 《新编读报纸，学中文——汉语报刊阅读》（高级·上），北京大学出版社，预计2017年出版。

吴成年 《新编读报纸，学中文——汉语报刊阅读》（高级·下），北京大学出版社，预计2017年出版。

吴丽君 《新编汉语报刊阅读教程（初级本）》，北京大学出版社，2000年。

吴丽君 《新编汉语报刊阅读教程（中级本）》，北京大学出版社，2000年。

吴晓露 《论语言文化教材中的文化体现问题》，《语言教学与研究》，1983年第4期。

吴雅民 《报刊阅读教学要立足实际能力培养》，《北京地区第三届对外汉语教学学术研讨会论文选》，北京大学出版社，2004年。

吴雅民 《读报知中国——报刊阅读基础（上）》，北京语言大学出版社，2005年。

吴一安 《优秀外语教师专业素质探究》，《外语教学与研究》，2005年第3期。

吴中伟、郭 鹏 《对外汉语任务型教学》，北京大学出版社，2009年。

夏纪梅 《现代外语课程设计理论与实践》，上海外语教育出版社，2003年。

徐富平 《汉语报刊阅读教学中的语感问题研究》，《云南师范大学学报（对外汉语教学与研究版)》，2005年第3期。

徐家桢《基础语言课中语言教学与文化教学结合的问题》，《世界汉语教学》，2000年第3期。

徐晶凝《基于语言教学的报刊教材编写问题探析》，《华文教学与研究》，2011年第4期。

徐俐珍《报刊课之我见》，《中国对外汉语教学学会成立十周年纪念论文选》，北京语言学院出版社，1996年。

徐子亮、吴仁甫《实用对外汉语教学法》，北京大学出版社，2005年。

许嘉璐《汉语规范化和对外汉语教学》，《语言文字应用》，1997年第1期。

杨德峰《试论对外汉语教材的规范化》，《语言教学与研究》，1997年第3期。

杨惠元《汉语听力说话教学法》，北京语言文化大学出版社，1996年。

杨惠元《课堂教学评估的作用、原则和方法》，《汉语学习》，2004年第5期。

杨惠元《课堂教学理论与实践》，北京语言大学出版社，2007年。

杨可晗《多媒体教学在高等教育实践中的应用》，《塔里木大学学报》，2005年6月。

杨庆华《新一代对外汉语教材的初步设想——在全国对外汉语教学基础汉语推荐教材问题讨论会上的发言》，《语言教学与研究》，1995年第4期。

叶长荫《对外汉语报刊语言的长句教学探索》，《北方论丛》，2000年第4期。

印京华《在美国大学普及汉语教学的策略》，《云南师范大学学报（对外汉语教学与研究版)》，2006年第3期。

于丛扬《文化与报刊语言教学》，《第二届国际汉语教学讨论会论文选》，北京语言学院出版社，1988年。

余维钦《简论对外汉语教学中的报刊课》，《中国对外汉语教学学会成立十周年纪念论文选》，北京语言学院出版社，1996年。

张崇富《问题与对策——报刊课之我见》，《汉语学习》，1999年第4期。

张德鑫《功夫在诗外——谈谈对外汉语教师的"外功"》，《海外华文教育》，2001年第1期。

张和生《关于对外汉语报刊课的一点思考》，《北京师范大学学报（人文社会科学版)》，1994年第3期。

张和生《关于对外汉语词汇教学大纲建设的一点思考》，《汉语教学学刊》，北京大学出版社，2005年第1辑。

张和生、洪芸《简论基于互联网的对外汉语教学》，《北京师范大学学报（人文社会科学版)》，2001年第6期。

张和生《对外汉语教师素质与培训研究的回顾与展望》，《北京师范大学学报（社科版)》，2006年第3期。

张和生《对外汉语教师素质与教师培训研究》，商务印书馆，2006年。

张和生《对外汉语课堂教学技巧研究》，商务印书馆，2006年。

张和生《汉语报刊课教学理论与方法》，北京大学出版社，2007年。

张娟云、王锡三《报刊课教学的一点新尝试》,《世界汉语教学》,1988年第3期。
张宁志《浅谈汉语教材难度的确定》,《中高级对外汉语教学论文选》,北京语言学院出版社,1991年。
张宁志《汉语教材语料难度的定量分析》,《世界汉语教学》,2000年第3期。
张亚军《对外汉语教法学》,现代出版社,1990年。
赵　洁《论计算机辅助教学存在的问题及解决思路》,《大众科技》,2006年第1期。
赵金铭《对外汉语教学概论》,商务印书馆,2004年。
赵金铭《对外汉语教学理念管见》,《语言文字应用》,2007年第3期。
赵金铭《教学环境与汉语教材》,《世界汉语教学》,2009年第2期。
赵金铭《对外汉语教学法回视与再认识》,《世界汉语教学》,2010年第2期。
赵金铭《国际汉语教育中的跨文化思考》,《语言教学与研究》,2014年第6期。
赵守辉《汉语报刊课教材编写的思考》,《中国人民大学学报》,1993年第4期。
赵守辉《〈人民日报导读〉编写设计简介》,《第四届国际汉语教学讨论会论文选》,北京语言学院出版社,1995年。
赵贤州《建国以来对外汉语教材研究报告》,《第二届国际汉语教学讨论会论文选》北京语言学院出版社,1988年。
赵贤州、陆有仪《对外汉语教学通论》,上海外语教育出版社,1996年。
赵　勇、郑树棠《几个国外英语教材评估体系的理论分析——兼谈对中国大学英语教材评估的启示》,《外语教学》,2006年第3期。
郑　蕊《对外汉语教材练习编写的偏差与应遵循的原则》,《华文教学与研究》,2000年第1期。
郑通涛《对外汉语网络教学平台的技术与应用》,《海外华文教育》,2006年第1期。
郑艳群《计算机技术与世界汉语教学》,外语教学与研究出版社,2008年。
郑懿德《一部颇具特色的汉语报刊课教材——〈读报技巧〉简介》,《世界汉语教学》,1994年第1期。
周　健《论汉语教学中的文化教学及教师的双文化意识》,《语言与翻译》,2004年第1期。
周　健、唐　玲《对汉语教材练习设计的考查与思考》,《语言教学与研究》,2004年第4期。
周上之、Susian Staehle《中文报刊阅读教程(德文注释)》,北京大学出版社,2004年。
周小兵、李海鸥《对外汉语教学入门》,中山大学出版社,2004年。
周小兵、宋永波《对外汉语阅读研究》,北京大学出版社,2004年。
周小兵、张世涛、干红梅《汉语阅读教学理论与方法》,北京大学出版社,2008年。